农村政策与法规

周建华 陈亚平 主编

华南理工大学出版社
SOUTH CHINA UNIVERSITY OF TECHNOLOGY PRESS

·广州·

图书在版编目（CIP）数据

农村政策与法规/周建华，陈亚平主编．—广州：华南理工大学出版社，2012.3（2019.1重印）
ISBN 978－7－5623－3632－7

Ⅰ．①农… Ⅱ．①周… ②陈… Ⅲ．①农业政策－中国 ②农业法－中国 Ⅳ．①F320 ②D922.4

中国版本图书馆 CIP 数据核字（2012）第 042451 号

农村政策与法规
周建华　陈亚平　主编

| 出 版 人：卢家明
| 出版发行：华南理工大学出版社
（广州五山华南理工大学 17 号楼，邮编 510640）
http://www.scutpress.com.cn　E-mail：scutc13@scut.edu.cn
营销部电话：020－87113487　87111048（传真）
| 责任编辑：胡　元
| 印 刷 者：虎彩印艺股份有限公司
| 开　　本：787mm×960mm　1/16　印张：15.75　字数：368 千
| 版　　次：2012 年 3 月第 1 版　2019 年 1 月第 6 次印刷
| 印　　数：13 501～14 500 册
| 定　　价：35.00 元

版权所有　盗版必究　　印装差错　负责调换

前　言

在我国农业发展进入新阶段、农业和农村经济结构进行战略性调整、农村开始全面建设小康社会的形势下，我国农村经济与社会正面临着全面而深刻的转型，党中央十六大第一次明确提出统筹城乡经济社会发展的方略，十七大进一步提出形成城乡经济社会发展一体化的新格局，十七届三中全会再次强调，要始终把着力构建新型工农、城乡关系作为加快推进现代化的重大战略。在此过程中，新世纪以来连续九个中央一号文件关注农业、农村与农民问题，有关的研究成果大量涌现，为我国农村经济发展的转型与升级作出了重大贡献。

本书编写密切结合我国当前农业、农村与农民工作的实际情况，以国家颁布的最新农业与农村政策和法律法规为依据，力图反映我国当前农业与农村政策法规研究的最新成果，并体现编写人员对于农村政策与法规的长期关注与深入思考。

本书是集体合作的成果，由周建华、陈亚平拟定体系框架和章节安排，在各位编写人员的通力合作下，最后由周建华、陈亚平总纂定稿。本书的编写任务的承担情况如下（按撰写章节的顺序排列）：周建华（第一章、第二章）、钟珺（第三章）、李瑞（第四章、第五章）、陈亚平（第六章、第七章）、邝长策（第八章、第九章）。在编写过程中，力求做到由浅入深、循序渐进阐明农村政策与法规基本原理和核心内容，并从学生的学习实际需要出发，删繁就简，适当取舍，内容求精，着重实用性与及时性。本书可以作为高等院校有关经济管理类专业的本科生和研究生教材，也可以作为继续教育本专科教材，还可以作为研究农业与农村政策与法规方面有关行政管理人员的参考材料。

本书在编写过程中，参考了大量国内外农业与农村政策与法规研究方面的论著和材料，这些专家与学者的研究成果给予了我们很多有益的借鉴与参考，我们在此表达诚挚的谢意！在出版过程中，得到了华南理工大学出版社的鼎力支持，尤其是责任编辑胡元女士以及其他审稿人对书稿所做的细致而全面的审稿工作，没有他们的努力，教材难以及时出版，在此向以上个人和单位表示衷心的感谢！

由于编者水平有限，虽经过多次审稿仍难免存在疏漏之处，热忱希望学界同仁和各位读者及时反馈意见和建议，以使本书不断走向完善。

周建华　陈亚平
2012 年 3 月 16 日

目 录

第一章 农村政策与法规概述 (1)
- 第一节 农村政策概述 (1)
- 第二节 农业法规概述 (13)
- 第三节 农村政策与农业法规的关系 (28)
- 第一章练习题 (31)

第二章 统筹城乡发展的政策与法规 (32)
- 第一节 促进农民增加收入 (32)
- 第二节 提高农业综合生产能力 (41)
- 第三节 推进社会主义新农村建设 (46)
- 第四节 加大统筹城乡发展 (52)
- 第二章练习题 (57)

第三章 农业基本法律制度 (58)
- 第一节 农业法概述 (58)
- 第二节 农业生产经营制度 (62)
- 第三节 农业生产的法律制度 (67)
- 第四节 农产品流通的法律制度 (71)
- 第五节 农业投入与支持保护的法律制度 (75)
- 第六节 农民权益保护的法律制度 (78)
- 第三章练习题 (87)

第四章 农村土地法律制度 (88)
- 第一节 农村土地法律制度概述 (88)
- 第二节 农村土地承包法律制度 (92)
- 第三节 农村土地纠纷 (103)
- 第四章练习题 (107)

第五章 农民专业合作社法律制度 (108)
- 第一节 农民专业合作社法律制度概述 (108)
- 第二节 农民专业合作社的设立与登记 (112)
- 第三节 农民专业合作社的成员与组织机构 (114)
- 第四节 农民专业合作社的财务管理 (120)
- 第五节 农民专业合作社的合并、分立、解散与清算 (123)
- 第五章练习题 (126)

第六章　农村合同法律制度 …… (127)
  第一节　合同法概述 …… (127)
  第二节　农村合同的订立与履行 …… (131)
  第三节　合同的效力 …… (146)
  第四节　无效合同 …… (149)
  第五节　合同的变更、转让、解除与终止 …… (150)
  第六节　合同的管理与纠纷处理 …… (155)
  第七节　违反合同的责任 …… (158)
  第八节　有名合同 …… (162)
  第六章练习题 …… (168)

第七章　农业自然资源保护法律制度 …… (169)
  第一节　农业资源与农业自然资源保护法律制度概述 …… (169)
  第二节　农业土地资源保护法律制度 …… (172)
  第三节　森林资源保护法律制度 …… (178)
  第四节　渔业资源保护法律制度 …… (180)
  第五节　水资源保护法律制度 …… (182)
  第六节　草原资源保护法律制度 …… (183)
  第七节　农业生物资源保护法律制度 …… (184)
  第七章练习题 …… (190)

第八章　村民自治法律制度 …… (191)
  第一节　村民自治制度概述 …… (191)
  第二节　村民委员会的组成和职能 …… (193)
  第三节　村民委员会的选举 …… (199)
  第四节　村民会议和村民代表会议 …… (205)
  第五节　村务公开和村务监督 …… (209)
  第八章练习题 …… (212)

第九章　农村社会保障制度 …… (213)
  第一节　农村合作医疗制度 …… (213)
  第二节　农村医疗救助制度 …… (219)
  第三节　农村社会养老保险制度 …… (222)
  第四节　农村最低生活保障制度 …… (226)
  第五节　农村五保供养制度 …… (231)
  第九章练习题 …… (236)

附录　中华人民共和国村民委员会组织法 …… (237)

参考文献 …… (243)

第一章 农村政策与法规概述

中华人民共和国国民经济和社会发展第十二个五年（2011—2015年）规划纲要强调："在工业化、城镇化深入发展中同步推进农业现代化，完善以工促农、以城带乡长效机制，加大强农惠农力度，提高农业现代化水平和农民生活水平，建设农民幸福生活的美好家园。"中国共产党第十七届中央委员会第三次全体会议进一步指出："全党必须深刻认识到，农业是安天下、稳民心的战略产业，没有农业现代化就没有国家现代化，没有农村繁荣稳定就没有全国繁荣稳定，没有农民全面小康就没有全国人民全面小康。我国总体上已进入以工促农、以城带乡的发展阶段，进入加快改造传统农业、走中国特色农业现代化道路的关键时刻，进入着力破除城乡二元结构、形成城乡经济社会发展一体化新格局的重要时期。"在新的历史时期，如何建立和健全我国农村政策与法规体系，给加强对农业或农村经济政策与法规建设问题的研究提出了具有重要意义的课题。本章着重讲授农村政策与法规的概念、发展历程、特点、实施以及它们之间的联系与区别。本章的难点是正确理解实施农村政策影响因素及正确推行农村政策的方法与措施，农村政策与农村法规之间的联系与区别。在学习过程中，应把农村政策与农村法规结合起来分析，以便掌握其实质。

第一节 农村政策概述

分析农村政策的相关内容，首先要对农业、农村、农民、农户、政策等重要概念进行界定，理解其本质内容。

一、重要概念的界定

按照维基百科的定义，农业，指国民经济中一个重要产业部门，是以土地资源为生产对象的部门。它是人类有目的地通过培育动植物，生产出有用农作物或牲畜，提供工业原料以及加工出食品的产业。农业属于第一产业。广义的农业包括种植业、林业、畜牧业及渔业；而狭义的农业通常指种植业，包括粮食作物、经济作物、饲料作物和绿肥等的生产活动。农业分为植物栽培和动物饲养两大类，农业是人类最重要的经济活动之一。土地是农业中不可替代的基本生产资料，劳动对象主要是有生命的动植物，生产时间与劳动时间不一致，受自然条件影响大，有明显的区域性和季节性。农业是人类衣食之源、生存之本，是一切生产的首要条件，它为国民经济其他部门提供粮食、副食品、工业原料、资金和外汇。农业是人类社会赖以生存的基本生活资料的来源，是社会分工和国民经济其他部门成为独立的生产部门的前提和进一步发展的基础，也是一切非生产部门存在和发展的基础。国民经济其他部门发展的规模和速度，都要受到农业生产力发展水平和农业劳动生产率高低的制约。

农村，相对于城市的称谓，属于区域性范畴，指农业区，有集镇、村落，以农业产业（自然经济和第一产业）为主，包括各种农场（畜牧和水产养殖场）、林场（林业生产区）、园艺和蔬菜生产等。跟人口集中的城镇比较，农村地区人口呈散落居住。在进入工业化社会之前，社会中大部分的人口居住在农村。以从事农业生产为主的农业人口居住的地区，是同城市相对应的区域，具有特定的自然景观和社会经济条件，也叫乡村。农村是生产力发展到一定阶段的产物，在生产力高度发达的未来社会中，城市与农村的本质差别将消失。农村同城市相比有其自身的特点：①人口相当稀少，居民点分散在农业生产的环境之中，具有田园风光；②家族聚居的现象较为明显；③工业、商业、金融、文化、教育、卫生事业的发展水平较低。

农民，指占有或部分占有生产资料，以农业为主要职业并从事农业生产的劳动者。其中包括以种植业、林业、畜牧业及渔业等自然经济为主的劳动者。我国法律界和政策制定的决策者在认定农民时用了一个极为简单的办法，即户籍标准。1958年1月《中华人民共和国户口管理条例》正式实施以后，我国形成了农村户口和城市户口"二元结构"的户籍管理体制。凡是具有城镇户口的居民（不管他从事何种职业）就是城市居民；凡是具有农村户口的居民（不管他从事何种职业）就是农民。这是我国目前法律上确认农民的唯一标准，即把农民演变成身为"农业户口"者的代名词。

农户是指户口在农村的常住户，指中国农村地区以农业、林业、渔业或畜牧业（自然经济）为主的家庭。在我国，汇总农户数是指参加乡村集体经济组织，并具有明确权利、义务的家庭户数。不包括在乡村地区内的国家所有的机关、团体、学校/企业、事业单位的集体户。

政策是指国家政权机关、政党组织和其他社会政治集团为了实现自己所代表的阶级、阶层的利益与意志，以权威形式标准化地规定在一定的历史时期内，应该达到的奋斗目标、遵循的行动原则、完成的明确任务、实行的工作方式、采取的一般步骤和具体措施。政策的实质是阶级利益的观念化、主体化、实践化的反映。政策是国家或者政党为了实现一定历史时期的路线和任务而制定的国家机关或者政党组织的行动准则。

二、农村政策的概念

（一）农村政策的概念

农村政策是根据党的路线和方针，为了实现一定的社会、经济及农村经济发展目标，在一定时期内对农村经济发展过程中应该达到的奋斗目标、遵循的行动原则、完成的明确任务、实行的工作方式、采取的一般步骤和具体措施的总称。农村政策从属于一般的经济政策，是区域性经济政策。由于农村政策与农业、农民和农村关系密切，其内容也涉及农业、农民和农村以外的政策领域，如环境政策、社会政策已超出农村本身的范畴。

农村政策是党和国家指导农业、农民与农村工作，推动农村经济发展和改革的基本手段和措施。60多年来，农村政策的实施既取得了巨大成就，也出现了一些失误的地方，造成了一定的损失。目前，党在农村改革和发展的实践中，已逐步形成了一系列基本政策，主要包括：实行以家庭联产承包为主的责任制，建立统分结合的双层经营体制的政策；以公有制经济为主体，允许并鼓励其他经济成分适当发展的政策；以共同富裕为目标，允许和鼓励一部分地区和一部分人通过诚实劳动，合法经营先富起来的政策；在确保粮食增产的同时，积极发展多种经营，鼓励和引导乡镇企业健康发展的政策；实行科教兴农，鼓励科技人员深入农村，为农村发展服务的政策；推进农产品流通体制改革，逐步理顺农产品价格，实行多渠道、少环节流通的政策；扶持老少边穷地区脱贫致富的政策；支持农业发展的政策；新农村建设扶持的政策；城乡统筹发展的政策等。这些基本政策符合我国的基本国情，适应我国现阶段农村生产力发展水平，深受广大农民群众的欢迎，必须长期保持稳定，并根据客观情况的不断变化而加以完善和发展。

实践表明，要保持农业和农村经济又好又快发展，必须深入贯彻落实科学发展观，全面落实"重中之重"战略思想，完善强农惠农政策，健全农业支持保护体系；必须坚持立足国内保障粮食基本自给的方针，切实加强农业基础设施和装备建设，不断提高农业综合生产能力和抗风险能力；必须坚持强化农业科技创新和推广服务，切实增强农业科技支撑能力，推动农业和农村经济发展方式转变；必须坚持和完善农村基本经营制度，推动农业生产经营体制机制创新，不断增强农业和农村经济发展活力；必须坚持统筹城乡发展方略，深入推进社会主义新农村建设，加快形成城乡经济社会一体化发展新格局。

(二) 农村政策的形成与发展

农村政策是在社会主义经济建设实践基础上产生，并不断得到发展和完善，是党长期领导社会主义新农村建设实践的经验总结，是党的集体和人民群众智慧的结晶。

根据重大的农业经济管理体制的变革与农村经济发展状况，可以把新中国成立后我国农村政策的发展过程分为六个阶段。

1. 土地改革阶段（1949—1952年）

我国经历了两千多年的封建制度，其赖以生存的经济基础主要体现在：地主阶级封建剥削的土地所有制极不合理，占乡村人口不到10%的地主、富农，占据着70%～80%的土地，而占农村人口90%的贫雇农和中农，却只占有20%～30%的土地，导致农村生产力水平低下，农民极端贫困。消灭封建土地所有制，实现农民土地所有制是新民主主义革命的主要内容，也是解决农业与农村发展问题的关键所在。这项工作在新中国成立前的解放区内已开展了小规模的土地改革，也制定了一系列的政策和措施。新中国成立后，1950年6月中央人民政府颁布了《中华人民共和国土地改革法》，在全国范围内开展了大规模的土地改革运动。到1952年底，除台湾省和一些少数民族地区外，全国土地改革任务基本完成。土地改革使3亿多无地或少地的农民分得了7亿亩土地，摆脱了每年向地主缴纳350亿公斤粮食的地租负担。土地改革彻底消灭了封建剥削制度，解放了农业生产力，使农业生产得到了较快的恢复和发展，农村经济得以快速发展。

土地改革任务的完成，使广大农民真正拥有了土地，不仅解放了农村生产力，调动了农民的生产积极性，促进了农村经济的发展，为整个国民经济的恢复和发展奠定了基础，而且提高了农民的政治觉悟和对共产党的拥护，巩固了工农联盟和人民民主专政，为农业的社会主义改造创造了有利条件。

2. 农业合作化阶段（1953—1957年）

土地改革运动后，我国农村以生产分散、技术落后、资金和生产资料匮乏为特点的小农经济不仅导致农村出现了两极分化的状况，而且严重制约了水利建设、自然灾害防御等农村基础性建设的发展，农业生产仍处于较低水平。为了克服这些家庭分散经营带来的困难，一些农民自发结成农业互助组。1951年9月，中共中央召开全国第一次农业互助合作会议，制定了《中共中央关于农业生产互助合作的决议（草案）》，其不仅认同了互助组的做法，而且引导农民在一些比较巩固的互助组内试办初级社。1953年12月，中共中央做出《关于发展农业生产合作社的决议》，指出了农业逐步实现社会主义改造的道路。从1953年初开始到1956年底，经历了互助组、初级社到高级社，用了不到4年的时间（实际上主要是1956年），完成了农业合作化的进程。到1956年底，全国96%的农户已加入农业生产合作社，其中88%的农户参加了高级农业合作社。1956年6月30日，第一届全国人民代表大会第3次全体会议通过并颁布了《高级农业生产合作社示范章程》，章程规定社员私有的主要生产资料转为合作社集体所有。在党的各项政策的支持下，1956年底，我国完成了对农业的社会主义改造，5亿农民走上了社会主义道路。

农业合作化也有不足之处。比如速度过快，原定10～15年完成的农业社会主义改造，在3年多的时间内完成；有些农村地区违背了农民自愿入社的原则，强迫农民加入合作社，严重挫伤了农民的生产积极性，阻碍了农业生产力的发展。

3. 人民公社化阶段（1958—1978年）

这是一个漫长的、灾难性的阶段。农村人民公社化运动是我党受"左倾"思潮的影响，错误地估计了当时农村生产力发展水平而发动的一场冒进的农村土地政策。受"一大二公"的极"左"思想的影响，1958年把高级农业生产合作社合并成为人民公社，这种"政社合一"的政治经济体制，严重挫伤了农民的生产积极性，极大地破坏了农村社会生产力，它是造成灾难性的"三年困难"的原因之一。农村政策经过多次调整，逐步形成了"三级所有，队为基础"的体制，相对明确了各级所有权，但仍然没有从根本上解决管理过分集中、经营方式过于单一和分配上的平均主义的弊病。再加上"文化大革命"的冲击，造成了我国农业长期徘徊不前的状况。在1958—1978年的20年间，农民纯收入由87.6元增加到133.6元，年平均增长不到3元，而且几乎全部来自集体分配收入。粮食总产量也在1958年后一直减产，直到1966年才恢复到1958年的水平。1977年，平均一个生产大队的公积金不到1万元，买不起一部中型拖拉机，甚至于简单的再生产都难以维持。到20世纪70年代后期，农业已经成为国民经济中最薄弱的环节，农民口粮人均在300斤以下，连吃饱肚子都不可能。全国有近1/4的生产队年人均分配在40元以下，有2.5亿人吃不饱饭。实践证明，人民公社远远超越了我国社会生产力发展的水平，给我国社会经济的发展造成了不可挽回的损失。遗憾的是，我们并没有及时从根本上改变这种体制，而是采用了"农业学大寨"这样的群众运动来维持这种体制的继续运转。但这一阶段的大规模农业基础设施建设（如平田整地、兴修水利等）的成就是前所未有的，它为我国农业进入20世纪80年代后的大发展奠定了一定的物质基础。

4. 家庭联产承包责任制形成与发展阶段（1978—1984年）

这一阶段是中国农村经济发展的重要转折时期。旧的农村经济体制对农民来说没有任何吸引力，而且不能维持农民的基本生活需要。在这种情况下，农民自发地开始搞起了"包产到户"和"包干到户"，承包给农业生产和农民生活带来了生机和希望。党和政府顺乎民意，尊重群众的创造精神，中央在1980年出台《关于进一步加强和完善农业生产责任制的几个问题的通知》的75号文件后，1982—1986年中央连续五年相继出台了1号文件，对家庭联产承包经营责任制进行了不断推进，完善了农村改革和发展的新政策，调整了工农关系，增加了农业投资，提高了农产品的收购价格。党的农村政策调整的取向是让农民获得自主和实惠。这一阶段的农村政策主要内容有：改革原有的农村经营体制，确立家庭联产承包责任制；废除人民公社制度，建立新的乡村管理模式；调整农村经济和农业结构，发展多种经营经济；发展农村商品经济，建立农产品市场；扶持引导乡镇企业，调整优化农村产业结构；增加农业投入，确保农业发展后劲。

这一系列有利于农村经济发展的措施极大地调动了农民的生产积极性，推动了农业生产和农村经济的全面发展。据统计，1984年全国粮食总产量达到4 073亿公斤，比1977年的2 827亿公斤增长了44%，创造了以占世界7%的耕地养活占世界22%的人口的奇迹；农业总产值以每年6%的速度持续增长；1978年到1984年，农民人均纯收入由133.57元增加到355.33元，年均递增17.71%，其中1982年的年增长率为19.9%，为历史最高。家庭承包制的实质是把生产资料的所有权和使用权适当分离，土地等主要生产资料的所有权不变，仍然是社会主义集体所有制，但通过承包，实行统分结合，把经营使用权和土地的所有权相对分离。这种经营形式一方面发挥了集体经济统一经营的优越性，另一方面发挥了农民家庭分散经营的积极性。国内外实践证明，农业生产适宜于家庭经营，即使在发达国家，家庭经营仍然是现代化农业的重要经营形式，社会化的服务则是不可缺少的前提条件。因此，家庭承包制是适合中国农业实际情况的、大大促进农业生产发展的、具有中国特色的社会主义农业经营体制。

在此阶段，农村政策主要围绕着恢复发展农村经济这一中心展开，政策调整的目标是变革现有农村经济体制，调动农民积极性和创造性，提高农民生活水平。中央出台了以土地政策、农户经营政策为核心的多项具体政策，这些政策的制定和实施行之有效，对当时农业的恢复发展起到了积极的作用，最大限度地代表了广大农民的根本利益，为农村改革开了一个好头。

随着改革进程的深入以及农业生产效率的不断提高，自1985年起农产品供求逐步趋于平衡，农业生产带给农民的利益相对减少，新的矛盾日益凸现。这些矛盾包括：产权界定不明晰，市场保障机制缺位，农民仍然缺乏产品处置权，难以进入市场；政策空间有限，引导机制不健全，农民缺乏新的创收路径；流通机制缺失，剩余劳动力滞留严重，造成资源浪费。这些矛盾导致我国农业发展出现了徘徊不前的局面，特别是粮食生产还有所下降，这实际上并不是家庭承包制本身的原因造成的，而是我国农村政策（特别是农业投资减少，农用生产资料涨价等）的失误以及家庭承包制的不完善引起的。党中央从实际出发，提出了在保证农业基础地位的同时，发展农村二、三产业，调整农村产业结构的发展思路。这一时期的农村政策围绕这一主线，引导传统农业向市场化转变，清除了农村生产力发展的制约因素，改变了农民靠种粮过日子的传统观念，为农村经济的多元化、商品化、市场化找到了新出路，对后来农村发展和农民增收产生了深远的影响。特别是乡镇企业如雨后春笋般涌现，到20世纪90年代初期，乡镇企业成为中国经济中最活跃的部分，中国工业产值中"三分天下有其一"。

5. 农村市场经济建立与发展阶段（1992—2002年）

1992年邓小平"南方讲话"和中共"十四"大提出，我国经济体制改革的目标是建立社会主义市场经济体制。这标志着传统的计划经济体制的结束，新的具有中国特色的市场经济体制开始运作。在新的经济体制下，农村经济发展进入一个新的历史时期。这一阶段党的农村政策主要以建立农村社会主义市场经济体系为取向，推动农村改革全面深化，攻克农村经济社会中的深层次问题和改革开放中出现的新困难。政府基本上放开各种农产品市场，农业的生产与销售主要按照市场信号来决定，各种要素市场逐步形成（包括土地市场、劳动力市场、资金市场和信息市场）。市场经济为我国农业的发展提供了一个更加适宜的环境条件。

这一时期农村政策的总目标是推进农业和农村现代化进程，实现农村经济由计划向市场的转变。中央农村政策，首要目标是稳定发展，改革主要围绕两大思路进行：政策制度化、法制化是政策调整的一大思路，其中包括土地政策、所有制政策的法制化；农村的市场化转型要求政策调整的对象不能局限于农业经济领域，要扩大到农村社会生活领域，要求解决包括农村教育、农民保障、农村环境、农民收入在内的突出问题。同时，农村的改革和发展不断面临新的难题，特别是从1997年开始，农民收入增幅连续4年下降。1997年至2003年，农民收入连续7年增长不到4%，不及城镇居民收入增量的1/5。自1999年后，我国粮食连续减产，2003年回落到20世纪90年代初期的水平，粮食主产区和多数农户收入持续徘徊甚至减收，农村各项社会事业也陷入低增长期。

6. 统筹城乡发展与建设农村小康社会阶段（2003年至今）

这一阶段中央农村政策取向是统筹城乡发展，让农民共享改革发展成果。这一时期政策以农村税费改革和建设社会主义新农村为中心，推动城乡经济社会统筹，着力增加农民收入，提高农业综合生产能力，展开农村综合改革。

到20世纪90年代中后期，农村社会经济发展进入瓶颈期，农民收入增速逐年减缓，深层次矛盾突出，农民负担重，城乡差别加大。原有部分政策制度效应释放呈衰减趋势，随着改革重心自农村向城市的转移，新的农村政策出台少、针对性不强，造成农村发展的停滞落后。2002年8月29日，全国人大常委会通过了《中华人民共和国农村土地承包法》，以法律的形式赋予农民长期的、有保障的农村土地承包经营权，使土地承包权成为目前为止农民享有的最广泛的权益，这标志着中国农村土地承包政策进入一个相对稳定期。2003年10月，中共十六届三中全会召开并通过了《中共中央关于完善社会主义市场经济体制若干问题的决定》，提出解决"三农"问题三个方面的改革思路，即统筹城乡发展，建设农村小康社会，调整城乡二元政策。"统筹城乡"是新时期农村工作的战略思路，"建设社会主义新农村"是这一思路的具体化。税费改革和农民直补的惠农政策，县乡财政体制改革、农村义务教育经费保障机制改革、公共财政覆盖农村改革等政策是城乡一体的中央农村政策的体现。十七届三中全会通过的《中共中央关于推进农村改革发展若干重大问题的决定》对这一阶段的农村政策进行了系统的阐述。

党的"十六大"以来，党中央、国务院坚持以邓小平理论和"三个代表"重要思想为指导，深入贯彻落实科学发展观，与时俱进地制定了加强"三农"工作的大政方针，连续出台了8个指导农业和农村工作的中央一号文件，分别以促进农民增收、提高农业综合生产能力、推进社会主义新农村建设、发展现代农业和切实加强农业基础设施建设等方面为主题，共同形成了新时期加强"三农"工作的基本思路和政策体系，构建了以工促农、以城带乡的制度框架，开启了建设社会主义新农村的新阶段。

(三) 农村政策实施取得的经验与启示

新中国成立60多年来的实践表明，我国农业农村经济发展实现了历史性跨越，农业农村面貌发生了翻天覆地的变化，农业生产持续发展，农村经济全面繁荣，农民生活显著改善，农村社会和谐稳定，为中国特色社会主义事业发展全局作出了巨大贡献。

党的十一届三中全会的召开，为农村改革探索创造了政治前提，提供了思想基础。中国改革开放率先从农村拉开序幕，农村改革又是首先从变革农村经营体制开始，建立以家庭承包经营为基础、统分结合的双层经营体制，废除人民公社体制；通过农村组织制度创新，稳定和完善农村基本经营制度，丰富、统一经营层次、内容；全面改革农村税费制度，推进农村综合改革，创立强农惠农政策体系，有效激发了亿万农民的生产积极性，农民合法权益受到重视和保护。全国粮食产量从1978年的30 477万吨提高到2010年的54 641万吨，农民人均纯收入由134元增加到5 919元，分别增长79.3%、43.17倍。

(1) 确立双层经营体制，实行家庭承包经营，建立社区合作经济组织。各地大胆迈出了探索农村经营体制改革的步伐，从定额包工到联产到组、专业承包，从联产到劳到包产到户，多种形式的农业生产责任制由点到面逐步推开。到1983年底，98%左右的基本核算单位都实行了包干到户，集体承包经营的土地面积占总耕地面积的97%左右，绝大多数地方在人民公社、生产大队和生产队解体后，相应组建了不同层次社区性合作经济组织。至此，以家庭承包经营为基础、统分结合的双层经营体制在全国农村得以普遍确立，极大地调动了亿万农民的生产热情，农业生产快速增长。1979—1984年，农业产量和农民收入分别以6.6%和15.1%的速度增长，迅速解决了广大农民的温饱问题，农村贫困人口减少了2/3。为了进一步稳定土地承包关系，中央在1984年明确土地承包期为15年，1993年提出再延长土地承包期30年，2008年强调现有土地承包关系要保持稳定并长久不变，赋予了农民更加充分而有保障的土地承包经营权。家庭承包经营制使广大农民普遍获得了基本就业和收入保障，成为具有生产经营和劳动就业自主权的市场主体。

（2）创新农村经营组织，农业产业化经营组织、农民专业合作组织兴起。20世纪80年代初，我国开始流通体制改革，逐步放开农产品市场和价格。党的"十四大"提出了建立社会主义市场经济体制的目标，市场化进程大大加快。随着城乡居民收入的提高和需求的多样化，小规模农户生产的无序性、盲目性已难以适应千变万化的大市场需求，农产品"买难"、"卖难"时有发生，迫切需要创新组织制度来解决生产与市场有效对接问题，农业产业化龙头企业、市场中介组织、农民专业合作组织等应运而生，创新、丰富了符合国情、有利于生产力发展的农村经营体制，呈现出组织数量增加、经营效益提高、带动能力增强的发展势头。到2008年底，全国各类农业产业化组织总数达到20.15万个，其中龙头企业8.15万家，实现销售收入3.83万亿元；带动农民9808万户，参与产业化经营的农民年户均增收1797元，2000年以来年均增幅达10%。2007年《农民专业合作社法》颁布实施后，与法律相配套的法规和扶持政策也相继出台，截至2009年上半年，已依法登记的全国农民专业合作社17.91万个，成员总数232.31万个，不仅拓展了就业领域和增收渠道，而且增强了农民自我发展能力。

（3）建立惠农政策体系，实行农村税费改革，惠农补贴力度逐步加大。2000年中央启动了以"减轻、规范、稳定"为目标的农村税费改革试点工作，2003年在全国范围推开。2004年开始在全国降低农业税税率，并选择黑龙江、吉林两省进行全部免征农业税试点，同时取消了除烟叶外的农业特产税。从逐年降低农业税税率，直至2006年在全国范围内结束了延续2600多年的农民缴纳"皇粮国税"的历史。同时，积极推进以乡镇机构、农村义务教育和县乡财政管理体制三项改革为重点的农村综合改革。到2007年，全国全部免除农村义务教育阶段学生学杂费、贫困家庭学生课本费，并补贴住宿生生活费，使农村1.5亿中小学生受益；同时，建立农村最低生活保障制度，全面推进农村新型合作医疗制度。从2004年起，对粮食主产区种粮农民实行直接补贴，对部分地区农民进行良种补贴和购置大型农机具的补贴，2006年首次实施农业生产资料综合补贴。随后，补贴品种增加、数额逐年增长，2010年中央财政支农资金8579.7亿元，上述四项补贴资金达到1258亿元，初步形成了新时期全面建设小康社会向"三农"倾斜的强农惠农政策体系。

建立农村市场经济是一项艰巨的系统工程，目前面临着三个方面的艰巨任务：首先是明晰的产权关系。市场经济首先要有明确的市场主体，市场主体是市场经济的微观基础。长期以来，集体经济并没有很好地解决产权问题，因此，必须通过股份制、股份合作制、合作制等多种形式承认农民自主权利来明晰产权关系。其次是有效的农村市场经济体系。农村市场经济依靠市场机制和市场价格信号使资源得到最佳的配置。因此，必须逐步放开价格，组建各种农村专业市场、批发市场、期货市场，使全国农村形成统一市场，并逐步把全国农村统一市场与国际市场联结起来。同时，一定要使产品市场和要素市场同时发育起来，逐步使我国农村市场体系现代化。最后是国家的宏观经济调控。市场经济并不等于自由放任的经济。政府必须做好宏观调控，制定科学的政策目标，采取合理的政策手段，保证农村市场的合理竞争和高效运行。另外，从整个国民经济结构与我国所处的发展阶段来考虑，政府必须加大对农业与农村的支持与保护力度，增加更多惠农政策，促进国民经济各部门协调发展。

（四）农村政策的特点

从本身的性质出发，农村政策具有以下特点：

（1）农村政策的动态性。农村政策一般是从整个国家或地区农业发展的要求出发，规定农业经济活动应遵循的共同原则。制定和实施某项农村政策的目的是协调不同领域内的农村经济活动方向，区分某些部门或专业工作的轻重缓急，调整其方向，扩大或约束其发展规模。因此，农村政策的制定要随着农村经济发展环境的变化，不断进行调整。

（2）农村政策的针对性。针对性就是要区别对待各种具体的农村经济发展问题，制定政策必须区分轻重缓急。农村政策的针对性要求问题、对策明确；政策适用范围和条件清晰；政策效果考核办法具有针对性。除国家有关农村发展总体规划方面的大政方针可以是原则性外，具体的农村发展政策的规划一定要具体、鲜明，对解决问题能提供明确的指引。如果制定政策过于原则化，虽然在表述和内容上完全正确，但会让政策对象无所适从，因而也就起不到政策应有的作用。

（3）农村政策的预见性。有了详细而准确的预测，就为及时发现问题、找出解决对策提供了先决条件。对未来的预测可能不一定准确，也可能有片面性，但只要通过不断地反馈、调整，就能使政策越来越完善，指导意义越来越大。

（4）农村政策的时效性。政策的时效性就是对政策要有强烈的时间观念，它是与具体的时间紧密联系在一起的。制定农村政策必须及时。问题既已发生，就要及时研究，并制定相应的政策加以解决。如果政策不及时，有可能在政策发布之后，问题的性质、程度等均已发生了变化，从而使政策不但起不到应有的作用，反而成了解决问题的阻碍。所以，政策的及时性是政策生命力的一个表现。

（5）农村政策的两重性。一方面，农村政策与其他政策一样，也是为了解决某方面的问题而制定的，一旦政策经过科学的和法律的程序确定下来，就具有权威性和一定的强制性，因此政策必须得到贯彻执行。另一方面，一项政策尽管花费了大量的资源，采取了程序化的手段，但并不能保证一定能对解决问题奏效。政策的这种两重性允许政策研究部门和专家对现行政策提出不同意见，甚至反对意见。政策既要保证其权威性，又要使之行之有效，既要使政策研究真正实现全面、科学、民主，又要建立相应的政策反馈机制，使政策执行的效果能不断反馈回来，以对政策进行及时修正。

三、农村政策的实施与调整

（一）农村政策实施的内涵与特点

1. 农村政策实施的概念

农村政策制定出来以后，并不等于有关的农业问题就解决了。从农村政策的制定到其目标的实现，还需要一个极其复杂和重要的过程，这就是农村政策的实施。农村政策的实施就是指农村政策方案被批准并正式颁布之后，把农村政策所规定的内容转变为现实的过程。具体来看，农村政策的实施是各级人民政府和农业主管部门以及其他有关部门，按照客观经济规律的要求，将农村政策付诸实际行动的行政活动。因此，把农村政策的实施理解为一个过程，它是农村政策的执行者运用各种政策资源，通过建立各种组织机构，采取宣传、解释、执行等各种行动将农村政策观念形态的内容转化为现实生产力，从而使既定的农村政策目标得以实现。

2. 农村政策实施的特点

（1）具体性。一般说来，农村政策方案的制订是针对普遍的情形，以整体的面貌出现的，是比较抽象的观念体系。而执行部门要贯彻落实决策中心发布的农村政策指令，仅有对农村政策指令的整体了解是远远不够的，还必须对整体目标加以分解，使其具体化，这样才能把农村政策指令通过层层分解，落实到各个具体实施部门，最后落实到农村政策对象身上，通过他们的经济利益受益或受损，使农村政策的实际效益体现出来。可见，农村政策的执行是一项十分细致的工作，必须明确、具体，讲求条理性和规范性。

（2）灵活性。现实的社会经济生活是极其复杂的，农业又是一个高风险的产业，新问题、新情况不断出现，尤其在改革开放的年代，各种矛盾错综复杂，偶然随机因素激增，动态多变的态势更加突出，各种利益的冲撞以及大量特殊问题的涌现，对农村政策的执行提出了更高的要求。一方面，农村政策方案无论设计得怎样科学合理，它都不可能与纷繁复杂的客观实际情况完全一致；另一方面，随着时间的推移，执行活动的进展和环境条件的变化，农村政策的执行者必须因地制宜、因时制宜，适应各种现实情况的变化，灵活地使农村政策目标得以实现。

（3）综合性。农村政策的执行是个复杂的活动过程，要采取很多必要的措施和行动，牵涉到许多动态要素，人、财、物、时间、信息、管理技术、规章制度等都是执行中必然要涉及的基本要素。执行是否顺利有效，既要受主观因素的影响，也要受客观因素的制约。农村政策的执行过程就是将各种因素加以系统综合，使其处在一种有序状态下，发挥最大整体效应的过程。实践证明，杂乱无章只会带来执行的负效应，执行系统必须通过某种机制实现各种要素的协调效应和动态平衡。因此，执行者在农村政策执行过程中必须善于运筹各种政策要素,使整个农村政策执行过程成为一个要素得当、结构合理、功能优化的动态系统。

(4) 阶段性和连续性。由于农村政策目标和方案带有阶段性,因而它反映在农村政策的执行上也必然呈现出时间上的阶段性,即农村政策方案的实施和目标的实现都只能分阶段逐步进行。与农村政策执行的阶段性密切联系的是它的连续性,这就是说,在整个农村政策执行过程的各个阶段之间存在着前后相继的内在联系,农村政策的执行过程是阶段性和连续性的统一。为此,执行者应充分注意各个执行阶段的衔接和统一,不能只顾上阶段目标而影响下阶段目标或其他阶段目标的实现,而应该在实现一阶段目标的过程中积极为下阶段目标的实现创造条件。

(5) 目标的统一性和途径的多样性。在农村政策执行过程中,其目标不论是在时间上还是在空间上都具有统一性,这是农村政策执行的特点和要求。如果执行机构的领导者及其执行人员在主观上忽视了这种统一性,则会造成整个执行的紊乱,出现巨大的内耗,不利于农村政策目标的实现。农村政策目标的统一性并不意味着农村政策执行途径的单一性。相反,在坚持农村政策执行目标统一性的前提下,还必须坚持农村政策执行途径的多样性,因为在农村政策执行过程中客观上存在着多种多样的途径。

(6) 决策的多层次性。由于农村政策执行是一个需要不断变化和调整的动态过程,因此农村政策执行者就要依据农村政策的原则和自己所处的条件,不断选择和决定自己的行动。在执行上级政策的过程中,不仅各级执行机构的领导者要结合地区、本部门的特点制定切实可行的农村政策执行措施,而且各级执行机构的工作人员也要据此制定自己的具体行动计划,尤其是基层的农村政策执行人员则更应根据自己所处的特定条件,按照农村政策的要求进行具体的决策,以处理各种实际问题。因此,农村政策的执行绝不是一个简单的照章办事的过程,而是一个由一系列不同层次的决策组成的过程。

(二) 农村政策实施的影响因素

1. 政策的制定

政策的制定是影响政策实施的一个主要因素。制定科学的政策,要求政策目标准确、明白,政策规划清楚、具体,并有科学的理论作基础。

2. 政策的资源

政策实施所需要的资源,主要包括人力、经费、物力、信息等,缺乏必要的资源政策就难以实施,或达不到政策目标规定的要求。

3. 政策执行者

国家行政机关是政策执行机关。执行人员的素质如何,是政策实施的关键。合格的执行人员,应该具有较高的思想素质、合理的知识结构与能力结构以及较高的管理水平等。

4. 社会环境

任何政策的实施,都要与各种社会因素发生相互作用,都要受到一定社会环境的影响。社会环境不仅包括政治文化、大众传播媒介、国内外政治气候以及经济环境在内的各种政治经济环境，同时还包括群众的生活习惯和心理能力等，它们都会影响和制约政策的实施。

（三）农村政策实施的方法

农村政策实施方法一般有以下几种形式：

1. 行政方法

行政方法是指凭借行政机构的权威，运用命令、指示、指令或任务，按照行政层次和行政秩序来推行政策实施的方法。行政方法的主要特点是直接性、单一性、强制性和无偿性。

2. 经济方法

经济方法是指在客观经济规律直接作用和经济组织自主活动的情况下，通过利用与价值有关的经济杠杆和经济手段来调节人们之间的物质利益关系，以实现政策目标的方法。经济杠杆主要有价格、税收、利率、工资、成本、利润、货币、信贷、财政等；经济手段主要有经济责任制、生产补贴、物质奖励、罚款等。经济方法的主要特点是非直接性、广泛性、平等性和等价有偿性。由于经济方法是从人们的物质利益出发，充分尊重调节对象的自主权，因而可以促进人们对自身物质利益的关心，并由此激发人们工作和从事农业经营活动的积极性、主动性、创造性。然而，经济方法也有自身的局限性，其作用的发挥需要一个过程，因而难以解决要求立即采取措施的问题。

3. 法律方法

法律方法是指行政机关应用国家法律和根据宪法、法律制定各种有效措施推行农村政策实施的方法。法律方法的特点是权威性、规范性、强制性和稳定性。法律方法能否有效地发挥对政策的实施作用，取决于法律法规是否适应经济基础和规律的要求，同时法只是整个上层建筑的一部分，其调整范围有限。因而，强调"以法治农"并不排除和否定其他农村政策实施方法的有效性。

4. 思想教育方法

思想教育方法就是通过加强思想政治工作，提高行政人员和农民的思想政治觉悟和对政策的理解水平，增强推行政策实施的主观能动性和自觉性。

（四）农村政策的调整与延续

1. 农村政策的调整

农村政策在实施的过程中，由于政策本身存在某些问题或出现新情况，需要对新情况进行调研，形成新的认识进而对政策进行修正和补充，以适应新的认识和发展变化了的情况，这就是农村政策的调整。任何一项农村政策的出台，可以说都是对以前该项农村政策的某种调整，或者充实，或者完善，或者局部调整，或者全部调整。农村政策进行不断调整是有其必要性的。

我国农村政策调整是党和国家对农村政策不适应经济基础和不符合客观经济规律要求的某些环节和方面所做的局部修正、修改和补充。政策调整是社会主义国家上层建筑的自我完善和发展，而不是对整个农村政策的全盘否定。在社会主义革命和建设中，党把马克思主义的基本原理同中国革命和建设的实际结合起来,一切从实际出发,实事求是,勇于探索和创新,在实践中检验和发展真理,敢于正视和纠正自己的失误,体现了社会主义执政党的坦荡胸襟和雄伟胆略。党的十一届三中全会以来,党在全面总结社会主义农业建设经验教训的基础上,大胆地纠正了在农村政策上的重大失误,制定了一系列适应新的历史时期农业发展要求的农村政策,极大地调动了广大农民的积极性,促进了农业的迅速发展。实践证明,党的十一届三中全会以来,我国农村政策调整不但是必要的,而且是正确的。

2. 农村政策的延续

农村政策延续包括三层含义:一是党的基本农村政策长期稳定不变;二是党的农村政策实施的连续性,不因政府部门主要领导人的变更而中断或被扭曲;三是保持新旧政策的衔接继起,避免出现政策真空。

3. 农村政策调整与延续的关系

政策调整与延续既相互联系、相互依存,又相互区别。农村政策的调整是延续的基础,没有政策的调整,政策也就难以延续。因为政策不可能总是保持与经济基础相适应,不适应经济基础的政策,即使强行保持其延续,不但不能发挥政策对农业经济活动的正确指导作用,反而会阻碍农业的发展,最终会被抛弃。但农村政策的调整不等于不要保持农村政策的稳定和延续。没有农村政策,特别是基本农村政策的指导作用,甚至会导致对经济基础的破坏,阻碍农业生产力的发展。从这个意义上讲,政策的稳定是基本的,政策的局部调整也是必要的。但是,任何农村政策的稳定和延续都是相对一定历史时期而言的。在不同的历史时期,由于社会政治经济形势、阶级关系和实际情况的变化,农村政策也必须作出相应的调整,以适应新的历史时期国家政治经济任务的需要。从这个意义上讲,政策的稳定和延续是相对的、暂时的,而政策的调整是绝对的、经常的。

第二节 农业法规概述

法是国家意志的体现,完备的法律体系是治国安邦的重要依据。《中华人民共和国农业法》是我国农业的基本"大法",是保障农业生产经营活动正常运转和发展的基本法律,然而,农业的立法工作还需要建立一套比较完善的法律体系。

一、农业法的概念、调整对象与范围

1. 农业法的概念

广义的农业法是国家权力机关、国家行政机关(包括有立法权的地方权力机关、地方行政机关)制定和颁布的规范农业经济主体行为和调控农业经济活动的法律、行政法规、地方法规和政府规章等规范性文件的总称。广义的农业法不是指某一部涉农的法律,而是一个法律体系。此外,广义的农业法不仅包括农业经济法,而且还包括农业生态法与农业社会法,如农村社会保障法。由于农业与生态环境保护和农村社会文化建设以及农民的权益保护具有十分紧密的联系,因此欧盟和美国的农业法学说都采用了广义的农业法概念而不采用农业经济法概念,本书采用的也是广义农业法概念。狭义的农业法则仅是农业法典,即国家权力机关通过立法程序制定和颁布的,对于农业领域中的根本性、全局性的问题进行规定的规范性文件,即《中华人民共和国农业法》。

广义农业法所包括的法律、法规和规章,按照其效力级别、与农业相关的程度和调整内容的相对集中程度,又可以分为以下三类:①宪法中调整农业的有关法律规范,如《宪法》第8条、第10条的规定。宪法对农业的有关规定构成狭义的"农业宪法"内容,它具有最高的法律效力,其他法律、法规不得与之抵触。②农业基本法律、法规。农业基本法就是直接或者相对集中调整农业或者农村领域某一特定法律关系的法律或法规。除《农业法》外,农业基本法律、法规还包括《土地管理法》、《农村土地承包法》、《种子法》、《基本农田保护条例》、《农民专业合作社法》等。③与农业相关的法律、法规。与农业相关的法律、法规是指间接地或零星地调整农业法律关系中的局部领域的法律、法规。这一类法律、法规众多,涉及民法、刑法、行政法等众多领域,如《民法通则》、《公司法》、《合同法》、《劳动法》、《行政许可法》、《民事诉讼法》等。

2. 农业法的调整对象

农业法的调整对象是特定农业经济关系,具体分为两类:一类是农业经济管理关系,它是农业法的主要调整对象。具体来说,包括国家对农业经济的管理关系、国家机关与农业生产经营组织或农业劳动者之间的农业经济管理关系、农业经济监督关系、农业生产经营组织内部的农业经济管理关系。另一类是与农业经济管理关系密切相关的农业经济关系,主要是在农业经济活动中所发生的经济流转和经济协作关系,主要包括农业承包合同关系、土地租赁关系、农产品购销关系、农业环境保护关系、农业社会化服务关系、农业技术推广关系、联合开发农业自然资源合同关系等。

3. 农业法的调整范围

农业法的调整范围是:既包括从事农业生产经营活动,即种植业、林业、畜牧业和渔业,又包括与农业生产经营直接相关的活动。通俗地说,以农、林、牧、渔业为基础,并适用于为农、林、牧、渔业全面发展而在产前、产中和产后发生的各种关系或活动。

二、国外农业立法

国外具有现代意义的农业立法,最早可追溯到1933年美国颁布的《农业调整法》。目前,世界上一些发达国家都有比较完善的农业立法,农业法在指导和调整农业生产中起到重要的作用。

(一)国外农业立法的历史背景

由于各国的社会和经济历史条件的不同,法律介入农业的背景也有所不同。美国、法国等较早实现工业化的国家,由于本国自然条件优越,生产力水平较高,相继出现了农产品生产过剩的问题。尤其是在美国,20世纪30年代经济大萧条时期,农产品大量过剩，价格猛跌，农场负债累累，入不敷出。为了实施政府对农业的有效干预，1932年罗斯福当政后，立即主张制定《农业调整法》，并于次年由国会通过。此后，《农业调整法》每四五年修订一次。而以日本为代表的一些东亚国家或地区的情况有所不同。它们是在工业高速增长、农业相对萎缩、工农业比例严重失调的情况下制定和实施农业法的。由于战争原因，二战时期的日本，农业人口大量减少，国家对农业的投入也降至最低限度，农业严重衰退，导致战后出现了全国性的粮食危机，1945年农业生产下降到1933—1935年间平均水平的58.2%。虽然日本进行了全面的农地改革，但土地制度呆板、产业结构失调、经营规模狭小的矛盾仍未解决，继之而来的是农民收入增长明显落后于非农就业者，大量优秀农业劳动者离农进城。随着日本国民结构的改革，传统的农业结构越来越不能适应社会发展的需要。因此，从1954年4月开始，日本政府在总理府下设立了"农林渔业基本问题调查会"，专门调查研究日本农业的现状及存在问题，经过两年系统、全面调查，提出一个题为《农业的基本问题与基本对策》的报告。日本政府在此报告的基础上，制定《农业基本法》，并于1961年6月颁布实行。韩国也是在20世纪60年代工业高速发展、农业相对萎缩的背景下，于1966年12月颁布了《农业基本法》。

（二）农业法的发展

通过农业立法和执法，促进了农业的发展；随着农业的发展，又会进一步推动农业法的不断发展和完善。美国农业法专家认为，随着国际贸易、世界经济和对外关系在农业发展中重要性的提高，国际条约和有关政策对农业的作用会逐步加强，农业法也必将得到进一步发展。日本农业专家认为，搞农业，立法是根本，政策虽有突出作用，但毕竟替代不了法律。从长远看，农业发展速度的快慢，主要不在于每年的政策，而取决于有没有一部好的农业法。没有农业大法，其他法律法规的作用就会受到限制，农业的潜力也就不能很好地挖掘；没有农业大法，仅靠政策指导农业发展的做法本身就是一种短期行为。战后，特别是20世纪60年代以来，日本农业迅速发展的关键原因就是制定了农业大法——《日本农业基本法》，提出了农业及农村发展的战略目标及其措施，同时还分别规定了农业生产、农产品价格流通、农业结构调整、农业行政机关、农业团体等政策目标，然后，政府根据农业大法制定每年的农村政策。

（三）国外农业立法目标

1. 立法的任务

农业立法是各国干预农业的基本手段，其共同任务是：稳定农业和农地经营，促进农业产业结构合理化，提高农民的收入，缩小农民与其他就业者收入的差别。处于工业化过程的国家和地区的农业法，还特别强调发展适度规模经营，促进农业现代化发展的问题。而工业化已完成的国家的农业法，则更多强调如何减少农业生产过剩和协调发展的问题。

2. 立法的目标

日本《农业基本法》规定，国家的农村政策目标是，鉴于农业及务农人员在产业、经济等方面完成的重要使命，适应国民经济的发展及社会生活的提高，克服不利于农业在自然、经济、社会方面的限制，提高农业生产率以降低同其他产业之间的劳动生产率上的差别以及增加务农人员的收入，使其生活达到其他产业人员水平，以谋求提高农业和务农人员的地位。

法国《农业指导法》规定，法国农业指导法的宗旨是在经济与社会政策中，建立农业与其他经济活动完全平等，在增加农业对法国经济的发展和社会生活的提高以及农产品外贸贡献的同时，通过消除从事农业人员与其他行业人员在收入上的不平等因素，使农业公平地分享经济发展所带来的好处。

3. 具体措施

为了实现立法的目标和完成立法任务，这些国家和地区均在法律中规定了相应的经济措施。日本《农业基本法》第二条明确了国家为实现本法所规定的任务与目标，以及必须采取的合理调整生产结构等八项措施，还分别在财政、金融、土地经营规模等方面规定了一系列相应的政策法律措施。例如，日本的《农林中央金库法》、《中央农林渔业金融公库法》、《农业现代化资金助成法》就政府财政对农业的直接投资、贴息、金融机构发放长期低息贷款等方面作了详细规定。法国的《农业指导法》为了实现其立法目标，对农业生产经营，特别是只有两个劳动力的中小农场进行援助。该法规定，贷款，特别是长期专项贷款、补贴、部分或全部免税等国家财政援助应优先照顾给直接由两个劳动力经营的农场。与此同时，该法还明确规定，要促进和支持家庭农场，加速农场结构调整，普及中等规模的家庭农场。为此，法律一方面限制大农场无止境地扩大（关于"兼并"的限制），另一方面为了提高中小农场的经济实力，建立能够扶持中小农场扩大的机构，扶持新型农场的发展。

美国1933年的《农业调整法》详尽地规定了土地休耕、信贷和价格支持、农产品贮存制度等，以实现其立法的目标。美国1990年新的农业法除继续坚持以市场为导向的政策方向外，还极为重视资源的保护，计划在5年内为实施该法要开支410亿美元。韩国为了有效地执行《农业基本法》，先后制定了大量的配套法规，针对在经济高速增长之初农产品相对不足的问题，颁布了《粮食管理法》，规定农民每年上缴国家的粮食限定在年产量的1/3以内，剩余部分由农民自行处理，鼓励农民进一步发展粮食生产；随着农业发展五年计划的执行，又制定了《土地改良事业法》、《开垦促进法》、《农渔村高利贷整理法》以及加强对农业投入的《农业银行法》等；为通过地方农业合作组织，间接管理具体的农业生产和农村社会经济的整体建设，颁布了《农业协同组合法》和《农村振兴法》，普遍建立农协和农业生产合作社组织。此外，还制定了《农业教育法》、《农渔村电气化促进法》等配套法律，使在农业领域内的诸多方面都可以做到有法可依，依法决策，从而走上了全面法制化的道路。

各国农业法对农产品流通和价格问题都作了相应规定。日本《农业基本法》中专门规定，政府对重要农产品，必须考虑生产、供求、物价及其经济情况，采取稳定其价格的必要措施，作为弥补农业生产、交易等不利条件的措施之一；还规定，国家要通过改进和发展农业协同组织联合会所进行的出售和购买事业实现农产品交易的现代化，促进与农业有关的事业，改进和发展农业协同组织为出资者的农产品加工事业和农业生产资料生产事业。此外，国家对于本国农产品因外贸竞争压力所导致的价格方面可能遭受的损失，采取调整关税、限制进口等措施予以保护。法国《农业指导法》对农产品流通、进出口市场调节基金问题作了规定。农产品流通和价格在美国《农业调整法》中也占有相当大的篇幅，对各种农产品在市场上的销售配额、价格补贴、罚息和外贸等方面的具体问题均详加规定，操作性很强。韩国为了强化政府对农产品价格的干预，保护农民利益，除在《农业基本法》中对农产品价格与流通有所规定外，又进一步制定了《农业价格维持法》、《农安法》等法律。

（四）欧美农业支持政策现状及对我国的影响

美国颁布了新农业法，大幅度提高了对农业的补贴，完成了新一轮的农村政策调整。之后，欧盟又对共同农村政策《2000年议程》进行中期审议，在提高食品安全和质量、改善农村发展环境等方面作出政策调整。在这种形势下，如何利用WTO规则，抓紧完善我国农业国内支持政策，提高农产品国际竞争力，促进农民增收，已成为一个重要的政策问题。

1. 美国、欧盟农业支持政策的调整及特点

（1）自20世纪30年代以来，美国政府一直通过对农业实行巨额补贴，实施对农业的有效干预。其不同时期对农业干预的侧重点不同，有重点解决生产过剩危机的，有重点提高农场主收入的，有重点促进农产品出口贸易的。2002年5月13日颁布的新农业法，则以为农场主"提供可靠的收入安全网"为主要目标，在农产品补贴、资源保护、农产品贸易促进、农业信贷、食品营养、农村发展、科研和技术推广、林业发展、能源发展、作物保险和灾害救助等方面，出台了一揽子支持措施。其中，关于建立农场主收入安全网的条款，即"农产品补贴"条款，在国际上引起了广泛争议。2007年，美国参议院又以压倒性的优势通过了《2007年农场、营养学以及生物能源法案》，补贴程度较之前有过之而无不及。新法案维持了对于如玉米、小麦、大麦、大豆等农作物的补贴，还将补贴范围扩大到了其他所谓的专业农作物，如水果、蔬菜，而水果及蔬菜在美国已经接近于自由市场竞争状态。这项法案将会对农产品市场造成重大影响，美国政府通过财政补贴手段推进生物能源的计划将使得食品供应更加紧张，而其中玉米将受到最直接的影响。

美国新农业法有以下四个突出特点：

一是大幅度提高补贴水平。据美国农业部测算，新农业法规定，今后10年（2002—2011年）政府补贴农业的资金为1900亿美元，比1996年农业法增加约830亿美元。2002—2007年6年间，按1996年农业法，法定农业补贴为666亿美元，2002年农业法在此基础上增加了519亿美元，6年总计达1185亿美元，如表1-1所示。

表1-1 美国农业部估算的农业补贴支出 （单位：亿美元）

	2002年	2003年	2004年	2005年	2006年	2007年	合计
1996年法案计划额	174	116	108	98	87	83	666
2002年新法案增加额	34	103	114	105	87	76	519
合计	208	219	222	203	174	159	1185

注：美国农业部通过商品信贷局的支出，不包括食品券计划等。
资料来源：美国农业部网站。

二是调整补贴方式。通过"销售贷款补贴"、"固定直接补贴"和"反周期补贴"三道保护线，对种植小麦、玉米、大米、棉花、油料的农场主提供收入补贴，构成严密的收入安全保护网。"反周期补贴"是这次新增加的一种补贴方式，其实质是提高农产品的目标价格水平，降低农场主的生产成本，使其产品在国际市场上更具竞争力。

三是扩大补贴范围。除了继续对大米、小麦、玉米、高粱、大麦、棉花等农产品进行补贴外，又把大豆、油料、花生等产品纳入"固定直接补贴"和"反周期补贴"范围；把花生、羊毛、蜂蜜、杂豆等产品纳入"销售贷款补贴"范围；把水果、蔬菜等农产品也纳入了补贴范围。此外，对乳制品、食糖等的生产者继续提供价格、贷款补贴和进口保护。这在美国农村政策史上是前所未有的。

四是补贴分配相对集中。由于补贴与农产品的面积和产量挂钩，巨额补贴将主要流向少数大规模农场。美国农业部估计，按新农业法的补贴方式，目前30%的大农场将获得70%的补贴，这将有利于提高大农场的规模和竞争力。

（2）在美国颁布新农业法之后，欧盟也对共同农村政策《2000年议程》进行中期审议。与美国不同的是，欧盟政策调整的重点有三个：一是突出食品安全、环境保护以及动物福利，宏观上将有助于构筑新的贸易技术壁垒。二是减少与产量挂钩的补贴。三是减少对大中型农场的直接补贴，提高对农村发展的支持水平。

欧盟农业支持政策主要采取以下六种方式：

一是价格支持。政府事先确定保护价格，分干预价格和目标价格两种，当市场价格低于干预价格时，由政府按干预价格收购；当市场价格低于目标价格时，政府直接向农民支付市场价格与目标价格的差价。这种支持保护方式，属于WTO协议规定需要逐步削减的"黄箱"政策。

二是收入直接补贴。分两大类：一类是不挂钩的收入补贴，另一类是挂钩的收入补贴（按中期审议方案，这类补贴将逐步减少）。两类补贴都以土地面积和常年产量为基础确定补贴水平，但前者以历史基期为基础，一经确定，不再与当前生产挂钩，属"绿箱"政策；后者则仍然与当前的生产挂钩，但计算中的单产不是单个农场的实际单产，而是一个地区的平均单产，属"蓝箱"政策。

三是对农业的公共服务。主要是中央和地方各级财政为农业发展提供的各种服务性支出，包括农业科研、病虫害控制、农民培训、推广和咨询、检验检测、市场服务和基础设施服务等。一些国家还设有农业灾害救助、结构调整援助、生态环境补贴、休耕和贫困地区支持补贴项目。

四是信贷和税收支持。信贷支持是通过政策性的农业金融机构发放低息贷款，鼓励农户增加农业投入。也有一些国家采取财政补贴的办法，鼓励商业金融机构发放农业贷款。税收支持主要是不单独设面向农业的税种，并在增值税和所得税政策上给农产品和农民以优惠。如在所得税政策上，包括增加农产品的成本分摊，允许将生产费用一次性从税基中全部扣除，允许农民出售固定资产所获得的收入作为长期资本收益，农民还可享受一定比例的税额减免；在增值税政策上，采取免税、适用特别税率和按比例税率纳税等多种优惠措施。

五是贸易促进。包括采取传统的关税措施控制进口；设置技术性贸易壁垒限制进口；实行出口补贴和出口信贷，降低农产品出口价格；采取营销宣传、信息服务、贸易服务以及技术、食品援助等手段，扶持行业团体、协会开拓国际农产品市场；利用双边或多边贸易谈判，签订双边或多边贸易协议，促使对方降低关税，开放市场等。

六是农业保险。政府对农产品在备耕、种植、管理和销售四个阶段进行保险，与农民分担风险。农业保险的基本形式有补给保险机构和补给投保农民两种，无论是采取暗补或明补方式，都起到了有效化解农业风险的作用。

(3) 欧美农业支持政策的特点：

一是依市场变化调整补贴方向。当前欧美农业支持政策出现两种值得注意的倾向：一为调整支持方向，二为加大支持力度。美国增加"黄箱"支出，加大了价格补贴，直接扭曲农产品价格，目的是扩大出口，占领国际农产品市场。欧盟着重提高农产品质量，改善环境，目的之一是加强"绿色壁垒"，增大国外农产品进口的难度。

二是以立法形式确定支持政策。在欧美国家，农业支持政策和实现政策目标的措施，都通过立法形式确定下来，而不是政府发布政令。法律法规对政策目标、预算安排、政府执行机构的职责范围均作出明确规定，行政机构只能在授权的范围内行使职责。有关农业立法每隔一定时间调整（如美国是5～6年）。这一做法保证了农业支持政策的稳定性和公开性，也规范了项目管理。

三是支持政策项目化，项目管理法制化。所有的支持政策都细化到具体项目，由政策到法规，由法规到项目，由项目到资金。所谓落实政策，就是落实资金项目。项目管理是公开透明的，美国新农业法总计400多页，其中90%以上都是对项目计划的详细分类和具体描述，包括项目预算、资金分配、申请程序、实施过程监控等。

四是有比较完善的政策执行主体。美国的农产品信贷公司是实施联邦政府农业补贴政策的执行部门，隶属于美国农业部。该公司可以向农民收购农产品，也可以直接支付农民直接补贴。近几年，农产品信贷公司年净支出达300亿美元，其中包括对农民的直接补贴、风险管理与作物保险、产品营销贷款、紧急灾害救助、环境保护与长期休耕、市场贸易促销与拓展以及与农民相关的社会福利措施等。其补贴也是到位的，多年来，美国农业部没有收到一例农民关于补贴操作不当的投诉。

2. 欧美农业支持政策调整对我国的影响

欧盟、美国是世界农产品生产和贸易大国,其农村政策调整对世界及我国的农产品贸易格局都将产生重大影响。

一是压低农产品国际市场价格。据测算,美国新农业法 2002—2007 年增加的 519 亿美元农业补贴中,290 亿美元将通过农产品信贷公司直接支付给农场主,作为对农产品价格的补偿。这种补偿,一方面间接降低了农产品生产成本,使农场主可以用更低的价格销售农产品,另一方面模糊了价格反映的供求信号,鼓励农场主扩大生产。在新法案支持下,美国小麦、饲料谷物和油料作物将出现不同程度的增产。有关专家测算,美国上述农产品产量每增加 1%,国际市场上述农产品价格将分别下降 0.85%、1.3% 和 1.4%。

我国农业生产规模小,农民组织化程度低,农产品生产成本高,大宗农产品在国际市场上竞争力不强。据测算,2001 年,我国稻谷生产成本比泰国高 69%,小麦和油菜子生产成本分别是加拿大的 1.3 倍和 3.1 倍,大豆和棉花生产成本分别比美国高 15.3% 和 10.3%。从 2011 年 5 月份的价格比较看,我国小麦(红小麦)、玉米(二级黄玉米)、大米(晚籼稻标 1)和大豆(三级)的国内市场价格分别为 1 050 元/吨、1 030 元/吨、1 500 元/吨和 2 110 元/吨,比国际市场价格分别高 13%、33%、43% 和 34%;豆油的国内市场价格为 4 690 元/吨,比国际市场高 37%。棉花的国内价格(到厂价,8 500～8 600 元/吨)略低于国际市场(进口棉花运至我国后的完税价格为 8 700 元/吨)。

二是高筑农产品国际贸易的技术壁垒。欧盟农村政策提高了食品质量、环境和动物福利标准,欧盟国家将以同样标准要求进口的农产品。这将使发展中国家农产品在国际市场上处于更加不利的地位,向发达国家出口受阻问题雪上加霜。

由于长期以数量增长为中心,我国农产品的质量安全水平与国外一些贸易大国相比有一定差距。农产品质量检测检验体系薄弱,检测能力不足,远不能适应农产品国际贸易的要求。2011 年 3 月,欧盟以我国兽药残留监控体系存在缺陷为由,禁止从我国进口禽肉、兔肉、蜂蜜等畜产品,进而又禁止从我国进口动物源性产品,使农民和企业蒙受重大损失。

三是影响我国农民增收。欧美增加补贴,高筑贸易壁垒,将使欧美的农产品在质量和价格竞争上都处于更加有利的地位。欧美国家得到大量补贴的小麦、玉米、大豆、棉花等农产品,竞争力进一步提高,可能增加对我国出口,挤占我国主销区农产品市场,损害我国主产区农民收入和就业。欧盟提高农产品质量标准,对我国优势产品,如园艺产品、水产品和畜产品出口形成障碍。上述两方面的压力,都可能直接影响到我国农民的收入。1997—2000 年,由于农产品供大于求,价格持续低迷,我国农民收入增幅连续下降,年均递增仅 3.7%。在部分粮食主产区,农民收入绝对额是下降的。2001 年,农民增收 4.2%,仍只是恢复性增长,制约收入增长的因素没有根本性变化。农民增收困难,不仅影响农村经济发展,影响农村稳定,而且不利于启动农村市场,不利于落实扩大内需的方针,影响国民经济健康发展。据统计,1998年以来,农民人均家庭经营费用出现了减少趋势,1999年比1997年减少了15.1%,2001年虽然有所增加,但只恢复到1997年的水平。1998年、1999年农民人均生活消费支出也连续两年减少,1999年比1997年减少了2.5%。为了保障农民收入在农产品供大于求的格局下实现稳定增长,需要对农民进行直接补贴。

3. 我国现有农业产业支持和保护政策

对农业与农民给予支持和保护是国际普遍现象。对农业产业的支持和保护主要包括两个方面的内容,一是在国际贸易中通过关税、市场准入、进出口调控、贸易救济和出口激励等措施,对本国农业产业进行保护。二是在国内生产和流通领域采取一系列直接或间接措施,支持本国农业产业发展,提高农产品竞争力,促进农民增收,实现城乡统筹协调发展的国内农业支持。支持和保护措施是我国加入WTO后,实现粮食增产、农业增效、农民增收和农村发展目标的主要政策手段。近几年来,随着我国综合国力的不断增强和国家对"三农"问题的重视,在"以工补农,以城带乡"和"多予、少取、放活"两个基本方针的指导下,国家出台了一系列对农业、农村和农民的支持保护政策,初步形成了一个围绕以粮食生产、农业增效、农民增收和农村综合发展为目标的农业产业支持和保护政策框架体系。主要包括以下内容:

(1) 不断加大对农业的投入,农业支持保护水平稳步提高。2004年以来,中央连续出台八个"一号文件",提出明确具体的财政支农资金增量要求。坚持财政支出优先支持农业农村发展,预算内固定资产投资优先投向农业基础设施和农村民生工程,土地出让收益优先用于农业土地开发和农村基础设施建设等支农政策。2006年全部取消农业税,农民每年减负总额超过1000亿元,人均减负120元左右,8亿农民得到实惠。2008年国家"三农"财政支出金额达到5625亿元,比2004年的2626.22亿元增长了114%。2008年"三农"财政支出占中央财政支出的比例达到17.5%。这些政策促进了财政支农资金的持续增加,为我国农业发展和增加农民收入发挥了重要的作用。

(2) 初步建立国内农业支持和保护政策框架。近年来,在国家加大对"三农"支持力度、减轻各项农民负担的同时,财政对农业的支持形式也在发生变化。继2004年开始对农民实行种粮直接补贴、良种补贴和农机具购置补贴之后,2006年又增加了对农民的生产资料价格综合补贴。2011年,中央粮食直补、农资综合补贴、良种补贴、农机具购置补贴等四项补贴共1406亿元。根据农业发展需要,国家还实施了奶牛良种补贴、生猪良种补贴、能繁母猪补贴、后备母牛饲养补贴和蛋鸡补贴等畜禽养殖补贴,重大动植物疫病防疫补助、农业保险补贴,以及劳动力转移培训补助、新型农民培训补助、测土配方补助、科技入户技术补贴、渔业生产柴油补助等其他补贴。同时,国家还增强了对农业生产大县的奖励政策。除农业补贴政策外,国家逐年提高粮食最低收购价,实施临时收储制度。

(3) 利用国际规则,探索开展农业贸易救济。加入WTO以后,我国农业的对外开放程度迅速扩大,国内外市场的联系更加直接和紧密。农业发展不仅要面临自然风险,而且,在国外农产品大量进口的冲击下,农业的市场风险明显增加。在WTO规则允许的范围内,贸易救济是一国农产品生产、流通的有效保护手段和措施,主要有三种,即反倾销、反补贴和保障措施。几年来,我国初步开展了农业贸易救助立法和贸易救济措施。1994年的《对外贸易法》对我国实施贸易救济,采取反倾销、反补贴和保障措施作出了原则性规定,提供了法律依据。1997年我国颁布《反倾销和反补贴条例》,成为我国建立健全贸易救济制度的重要步骤。经过几年的实践和经验积累,2001年国家又重新制定和颁布了《反倾销条例》、《反补贴条例》、《保障措施条例》,并在2004年对上述三个条例做了进一步修改,标志着我国的贸易救济法律体系进一步健全,基本上实现了贸易救济的有法可依。2006年中国发起针对欧盟进口马铃薯淀粉的反倾销调查,并最终采取反倾销措施,成为中国农业贸易救济实践发展的重要标志。中国调查机关经调查认定欧盟马铃薯淀粉出口存在倾销行为,并对中国国内相关产业造成了实质性损害,据此裁定对欧盟进口马铃薯征收反倾销税。2009年4月17日,中国就美国某些影响中国禽肉进口的措施向WTO争端解决机构提起与美国磋商的申诉。这是中国加入WTO七年来,第一次针对农产品出口受阻向WTO提起申诉。

(4)完善农产品进出口调控,实施农产品出口促进政策。出口退税已成为中国政府调整农产品贸易结构的重要政策工具。2007年底和2008年初,面对国际市场粮价不断攀升,我国政府对粮食采取了取消出口退税、征收出口暂定关税和实行出口配额许可证管理等一系列措施。从2007年12月20日起取消小麦、稻谷、大米、玉米、大豆等原粮及其制粉的出口退税,共涉及84个税则。此举有利于抑制粮食出口,确保国内粮食安全和粮价稳定。但随着由美国"次贷"问题引发的全球金融危机不断深化,主要发达国家陆续出现经济衰退,发展中国家的经济随之也受到冲击,全球消费市场趋于萧条,农产品价格开始急剧下滑。在此情况下,为稳定国内农产品市场,促进农产品贸易平衡,我国政府对农产品税率进行了调整,税率调整也成为我国政府调控农产品贸易的重要手段。2008年11月17日对农产品出口退税的政策进行了调整,自12月1日起取消玉米和大豆5%的出口关税,小麦20%和稻米5%的出口关税税率则下调至3%。此外,在粮食制品方面,玉米制粉及淀粉10%的出口关税被取消,小麦面粉及淀粉出口关税从25%下调为8%。并且,从2009年7月起,我国取消了对粮食出口的临时性干预措施。

此外,为促进贸易平衡,国家还采取了一系列促进农产品出口的有效政策。从2007年10月1日起至2008年12月31日止,国家对实施法定检验检疫的出口农产品减免出入境检验检疫费。其中,对出口活畜、活禽、水生动物以及免验农产品全额免收出入境检验检疫费,对其他出口农产品减半收取出入境检验检疫费。农产品出口在质量可追溯体系建设、出口信用保险、加强质量安全认证等方面也得到了政策的有力支持。

为落实国家"扩内需、促出口、稳价格"的政策部署,我国农业贸易促进部门积极推进农产品市场营销促销工作,组织国内农业企业赴东盟进行农产品推介活动,努力拓展优势农产品出口,取得了初步成效。2006年开始,农业部农业贸易促进中心组织国内农业产业化龙头企业在马来西亚、新加坡等国家举办了多场农产品推介活动：2006年组织参加了在马来西亚和新加坡举办的中国农产品推介会；2007年和2008年分别组织参加了马来西亚国际饮食品展，参展产品以蔬菜、水果、茶叶、食用菌、调味品、水产品、畜产品及杂粮等十多类产品为主，取得了良好的交易成果。目前农业部以马来西亚国际饮食品展为平台，面向东盟各国的系列推介活动，已经成为促进中国与东盟农产品贸易的稳定和有效的渠道。这一系列灵活的农产品进出口调控政策的实施，为保证实现我国粮食连续6年增产和国内市场平稳运行，发挥了积极作用。

4. 我国现有农业产业支持和保护政策存在的问题

我国现有农业产业支持和保护政策存在的问题体现在：

一是农业国内支持总量不足。长期以来，我国财政支农资金严重不足，不仅与农业增加值占GDP的比重不一致，与发达国家的农业财政支出相比，绝对数额也有很大差距。近年来，虽然中央财政支农资金数量增幅较大，但是财政支农资金占中央财政收入的比重处于波动状态，一些年份甚至是降低的。国家财政支农支出与财力增长状况不相匹配，财政支农资金的增长速度低于财政收入的增长速度。从当前农业生产的实际状况来看，国家用于农业的财政支出大幅度增加，但仍然没有达到《农业法》规定的投入水平，农业的基础仍然非常脆弱。目前，我国农业国内支持总量约占农业增加值的15%，而按同口径计算，发达国家一般为30%～50%，美国和欧盟分别为50%和60%，日本更是高达70%以上；巴基斯坦、泰国、印度、巴西等发展中国家也在20%以上。从最近几年财政支农资金的支出结构来看，对农田水利的投入总体呈下滑趋势，农田水利设施建设严重滞后；对农业科研和科技推广服务的投入很低，农业科技支撑不足，农业科技成果到户困难；动植物防疫体系不健全，基层防疫力量相当薄弱；政策性农业保险制度还处于探索阶段，缺乏现代农业发展需要的保险手段；对市场流通基础设施、食品安全等方面的投入偏低；农业生产成本大幅上升，农产品价格保护政策不健全，价格总体水平偏低，有些农产品价格大起大落，农业生产比较收益总体上处于弱势。农业支持和保护政策运作方式不规范，影响了整体效能的发挥。

二是农业发展面对的国际竞争压力全面加大。加入WTO以来，随着我国农业与国际市场联系的日趋紧密，影响我国农业发展、农产品市场和价格稳定的因素更加复杂。国际价格传导机制的作用明显增强，国内市场价格受到冲击的压力日益加大。我国已经成为世界上农产品市场最开放的国家之一。随着我国对外开放度的大幅提高，优势农产品出口快速增长，但一些农产品的进口也大幅增长。农产品大量进口，满足了国内需求，节省了土地资源，但也对国内主产区农业生产造成一定冲击。2006年中国取消了豆油、棕榈油、菜子油的进口关税配额，降低了植物油的进口门槛。2007年，植物油进口数量为556.5万吨，进口金额为310.6亿美元。据国家粮油信息中心统计，2006年国内产需缺口达到760.5万吨，占国内总消费量的33.4%。其次，中国禽业正在经历禽流感后的恢复期，由于国内肉类供应偏紧，2007年1—10月禽肉进口数量和金额分别为68.6万吨和7.87亿美元，同比增长44%和112%，其中大部分为鸡副产品。国外的厂家借此将禽肉副产品大量低价销售到了中国,势必对我国禽业发展带来冲击。2008年,受三聚氰胺事件影响,国内消费者对国产乳品的消费信心受到沉重打击,使国内婴幼儿配方奶粉供需缺口扩大,导致了乳制品,特别是鲜奶和奶粉进口额的大幅增长。其中,2008年鲜奶的进口额为1286万美元,较2007年的666万美元增长了93%;奶粉的进口额为4亿美元,较2007年的3.3亿美元增长了21%。这些产品进口的过快增长加剧了农产品价格的波动,抑制了这些产业的发展,对主产区农民收入产生了较大的负面影响。另外,不容忽视的是,外商凭借其庞大的资本和先进的管理技术,较容易在我国农业相关产业形成垄断地位。

三是我国农产品市场开放和准入度高,农产品进出口调控的政策手段和空间有限,重要农产品关税保护功能偏低。加入WTO以来,我国农业较大幅度地开放了国内农产品市场,取消了数量配额、进出口许可证、限量登记、指定公司经营等非关税措施,实行单一关税措施来管理农产品进口。农产品平均关税水平为15.2%,不足世界平均水平的1/4;关税形式单一,几乎是清一色的从价税;关税结构平坦,没有太高的关税高峰,实施税率与约束税率同一;对小麦、玉米、大米、食糖、棉花、羊毛等重要农产品实现关税配额管理,但关税配额量大,配额内关税低,多数为1%~5%,配额外关税有限,最高65%,意味着配额管理的农产品的配额外关税形同虚设,已成为世界上农产品市场开放度最高的国家之一。在关税保护功能偏低的同时,新型的保护措施还没有建立起来,符合WTO规则的贸易保护措施,如贸易救济措施发挥的作用有限。从进口的角度看,我国市场高度开放,保护程度已非常低,难以有效抵御国外产品的进口。特别是随着WTO新一轮谈判和我国与有关国家自由贸易区谈判的推进,农产品的保护水平还会进一步降低。从出口的角度看,由于国外高关税、高补贴,而且越来越普遍地使用动植物检疫检验措施(SPS)和技术性贸易措施(TBT)等控制进口,致使我国有价格优势的农产品出口频频受阻,优势难以发挥。2008年我国出口美国、日本和欧盟的农产品受阻分别达到590、228和298批次。

目前,各国农产品关税保持较高水平,世界平均为62%,不少国家的农产品进口关税水平远远高于世界平均水平,存在大量关税高峰。发达国家普遍实施高额农业补贴支持政策,对农业的补贴和支持水平居高不下。各国越来越多地使用技术性限制措施来控制农产品进口,实施的动植物检疫检验措施和技术性贸易措施呈快速增长的态势。高度保护和高度扭曲的国际农产品市场,一方面限制了中国农产品比较优势的发挥和农产品出口的扩大,另一方面使中国开放的农产品市场成为农产品出口国聚焦的目标,增加了中国农产品进口的压力。这就要求中国在贸易自由化进程中,在积极推动其他国家开放农产品市场、减少贸易扭曲的同时,加强对本国农业的保护。

四是还没有形成一个系统完善的农业支持保护政策体系。实现农业支持保护的目标,需要设置相应的政策,不同政策之间的相互联系构成农业支持保护体系。目前,我国技术推广、病虫害防治等政策补贴标准和补贴规模不到位,促进资源集约利用、提高农业组织化程度、发展社会化服务等政策缺位,出现了政策"短腿"。政府、市场、农民的功能定位不清晰，作用发挥不充分。现有政策主要依靠财政直接投入，对价格干预、税收优惠、信贷担保、贷款贴息、以奖代补等作用研究和运用不够。现有的支持保护措施，不论是"黄箱"措施还是"绿箱"措施，措施之间缺乏相互协调，实施支持保护措施的部门之间也缺乏必要的协调和监督，没有形成一个系统完善的农业支持保护政策体系。

（五）国外的农业执法监督

1. 执法监督

各国都在农业法中明确规定：执行农业法是政府部门。日本《农业基本法》规定，农政审议会除根据本法规定处理权限内的事项外，还按内阁总理大臣或有关大臣咨询，对有关本法实行的主要事项进行调查审议。审议会的庶务，由农林大臣处理。德国和美国农业法也分别对农业部在实施农业法中的职权作了规定。此外，各国农业法都十分重视议会对政府执行农业法的监督作用。日本《农业基本法》规定，政府每年必须提出农业动向以及政府关于农业措施的报告。

2. 以法治法

围绕着《农业基本法》或类似性质的农业大法的制定和实施，美、日、德、法、韩等国家均制定了大量的配套农业法律、法规和政策。日本的农业法已自成体系，仅1980年政府监修的《农业大法》一书就载有法律200余项，约100万字。美国农业法在整个国家的法律体系中占据越来越重要的位置，如1985年出版的《美国法典》，《农业法》占据整整一篇，近百项法律，上千万字。法国围绕《农业指导法》制定了一部庞大的《农村法典》。

《农业基本法》或类似的农业大法，在农业法群中处于一个国家的"小宪法"或农业"母法"的地位，众多的农业"子法"以其为依据和实施对象，各层次法律相互补充、互相配合，形成了比较严密的农业法律调控体系。由于政府重视，农业法的实施一般比较得力，依法行政的效果显著。仅以日本为例，20世纪60年代日本步入"基本法农政"时期后，农业综合生产能力成倍增加，战后40年，日本农业生产指数提高了3.3倍。1955年，农业总产值为16.617亿日元（不包括林业和水产业），到1985年已猛增到117.563亿日元，增长了6.1倍。目前，日本单位面积土地的生产率已居各农业发达国家之首。战后几十年，日本人口稠密，耕地资源稀缺，但国内食用农产品的综合自给率一直保持在70%以上，基本满足了国民日益增长、不断变化的食物需求。其次，农户收入急剧增加，1945年，农户平均收入仅1.4万日元，而到1985年已猛增到550.3万日元。目前，日本农民的收入消费水平已超过城市职工家庭。1985年城市职工家庭的平均收入为469.3万日元，比农户约低15%。从生活水准系数来看，仅就收入和消费水平而言，日本的城乡差别已不存在。再次，农业技术水平提高，战前及战后初期，日本农业技术水平，尤其在农业机械化方面，远远落后于欧美发达国家，基本上处在手工劳动、畜力耕作阶段。但经过战后尤其是60年代的发展，日本的农业技术水平空前提高，机械化程度也跃居发达国家前列，农业结构得到显著改善。"基本法农政"

时期，实际整个60年代至70年代前半期是日本农业现代化的高潮时期。通过这一阶段的发展，日本的农业已基本上完成现代化，赶上并在某些方面超过欧美发达国家。

总的来看，各国依靠农业立法，指导和鼓励农业发展都取得了较好的效果，在很大程度上遏制了因工业化而日趋严重的农业萎缩，增加了农产品的有效供给，并大幅度地提高了务农人员的收入，逐步缩小乃至消除了城乡差别。

（六）国外农业立法的启示与借鉴

农业发展有其普遍的规律和共同特点，各国农业立法一方面要体现本国政治、经济和社会制度的要求，另一方面也要反映农业发展的普遍规律和特点，这就是各国农业立法进行比较研究和相互借鉴的基础和依据。国外农业法的产生与发展凝聚了世界各国人民在合理利用农业资源、科学组织农业生产经营活动和有效协调经济、社会关系等方面的智慧和经验，是人类社会的共同财富。

1. 树立依法治农的思想，加强农业法制建设

运用法律手段管理农业，是当今世界各国普遍的做法，也是农业发达国家的成功经验。新中国成立以来的很长一段时间内，国家对农村经济的管理几乎完全靠单一的行政手段。党的十一届三中全会以后，农村经济体制改革的展开和深化，特别是党的"十四大"确立了建立社会主义市场经济体制的目标，要求高度重视法制工作，农业法制工作有了较快的发展。但是，相对于农村改革与发展的进程，特别是按照建立社会主义市场经济体制的要求来看，农业法制建设还是明显滞后于农业经济发展的要求。因此，必须提高认识，进一步增强搞好农业法制建设的紧迫性和责任感。

2. 克服义务本位思想，确立保护农业劳动者合法权益的观念

权利和义务对等，这是最基本的法制原则，特别是在市场竞争环境中，农业常常处于软弱和不利的地位，农业劳动者处于一个自我保护能力很弱的社会阶层。在市场经济体制下，农业劳动者成为独立的生产经营主体，实行自主经营、自负盈亏，这就要求必须建立保障权利与义务相对应、相制衡的法律机制，赋予他们相应的权利，并保障其独立行使这些权利。因此，我国在农业立法时应该重视保障农业劳动者应有的法律地位，使农村居民能够获得与城市居民平等的地位，农业劳动者能够获得与其他从业人员平等的待遇。

3. 尊重农业发展的客观规律，重视农业特别法的制定

农业经济的运行有其自身的客观规律，农业的特点决定了农业立法的特殊性，普遍法替代不了农业的特别立法。许多国家在立法过程中都很重视这一点，而我国在立法过程中往往忽略了这个问题，或对提出制定有关适用农业的特别规定不大理解。今后，必须加强对农业特别立法与其他相关立法关系的认识，重视农业特别法的制定，比如关于合同法、保险法、劳动法等，都需要制定专门适用于农业的法律法规或特别条款。

4. 明确立法目标，增强立法的针对性

一个立法项目的确立、一个法律提案的提出，都必须目标明确，做到有的放矢，具有很强的针对性。美国国会在审议法案时，首先要解决的一个问题就是要不要这样一个

法律；总统在向国会递交法律提案时，要就草拟该提案的目的及其理由等作出说明；农业部长就某个问题提出法律提案时，首先要决定该项政策的目标，在目标确定之后，拟订方案。

5. 严密立法程序，确保立法质量

严格周密的立法程序是立法质量的重要保证。据美国专家估计，美国一项重要立法，从提案的提出到总统最后签署成法律，要经过多达 28 个步骤，每届议会会议期间的提案多达上万件，但最后成为法律的提案只是其中很小一部分。美国立法程序有两个明显的特点，一个是参与性，另一个是公开性。参与立法的除国会议员、行政官员外，几乎所有与立法有直接或间接关系的个人或利益集团都参与了立法；任何人都可以参加国会的辩论会和听证会，对于特别重大的法律提案甚至可在报刊上公开讨论。由于美国立法机制允许几乎所有的个人和集团公开发表自己的意见，也允许各种意见之间的充分辩论，因而法律考虑得比较全面，也更增强了法律条文的一致性。

6. 明确执法主体及其职责，保障法律的有效实施

执法主体模糊、职责不明确是当前我国农业立法中存在的一个突出问题。大多数农业立法对法律执行机关的规定不明确，对职权的规定不具体，致使法律实施过程中出现无人执法或多头重复管理的局面，有利的事，各部门都争着管，无利的事，大家又相互推诿，使得法律不能很好地实施。借鉴国外一些国家农业立法的经验，在法律实施过程中应对执法主体及其职责作出明确的规定，尽量避免由于职责不清而导致扯皮或者执法主体不明而导致法律束之高阁的现象。

三、我国农业立法

1. 我国农业立法的现状

我国具有现代意义的农业立法开始于党的十一届三中全会以后，在此之前，我国虽然在建国初期制定了一些有关农业经济的法律，如《中华人民共和国土地改革法》（1950 年）、《政务院关于棉花实行计划收购的命令》（1954 年）、《农村粮食统购统销暂行办法》（1955 年）、《农业生产合作社示范章程》（1956 年）等，但这些法律、法规主要担负的是完成民主革命和对农业进行社会主义改造的任务，以及满足国家工业化发展对农产品的需要，与现代意义的农业法相去甚远。后来在农村工作和农业问题上，由于"左"的错误指导思想长期占据支配地位，农村工作和农业长期靠政治运动推进。政策上的严重失误，使农业经济遭受到严重挫折，农业立法也基本处于停滞状态。十一届三中全会以后，经济体制改革首先从农村开展并取得了巨大成就。这期间，中共中央、国务院先后制定和颁布了一系列农业经济政策。从 1982 年到 1985 年间，中共中央连续 5 年发布了 5 个"一号文件"，这些政策性文件在当时起到了农业法的作用。在农业经济政策的先导作用下，农业经济迅速发展，农业立法随之提上了议事日程。随后制定的农业法律法规主要有：《中华人民共和国森林法》（1984 年）、《中华人民共和国草原法》（1985 年）、《中华人民共和国土地管理法》（1986 年）、《中华人民共和国水法》（1988

年)、《中华人民共和国种子管理条例》（1989年)、《中华人民共和国水土保持法》（1991年)、《进出境动植物检疫法》（1991年)、《中华人民共和国农业技术推广法》（1993年)、《中华人民共和国农业法》（1993年)、《乡镇企业法》（1996年)、《农药管理条例》（1997年)、《中华人民共和国种子法》（2000年)、《中华人民共和国农村土地承包法》（2002年）等。

2. 我国农业立法的发展趋势

从农业法规的制定来看，我国农业立法有如下几个发展趋势：

（1）从单独个别立法向成龙配套体系化发展。《农业法》以基本法的形式对我国农业的发展目标、发展农业的政策措施、农业生产经营体制、农业生产、农产品流通与加工、粮食安全、农业投入与支持保护、农业科技与农业教育、农业资源与农业环境保护、农民权益保护、农村经济发展、执法监督、法律责任等农业经济的重大问题作了规定，为建立和健全农业法律体系提供了基础和依据，并制定了各个具体的农业经济法律法规，农业经济立法走上了成龙配套体系化发展的道路。

（2）从计划经济立法向市场经济立法转变。社会主义市场经济体制的确立，我国农业经济立法必然由计划经济立法向市场经济立法转变，更多地确认农业市场经济主体的地位和权利，维护农业市场经济秩序的稳定与发展。

（3）从对农业经济活动的微观管理转向对农业经济的宏观调控。我国《农业法》的制定，标志着农业经济立法已转向对农业经济的宏观调控，以完善政府对农业经济宏观调控法律体系为重点，会有农业产业结构法、农业投资法、农业信贷法以及农产品价格稳定法陆续出台。

第三节 农村政策与农业法规的关系

发展农业，除了靠政策、科技和投入以外，还要靠法律作保障。中外农业发展的历史说明，适应农业生产力发展要求的政策和先进的科学技术对促进农业经济发展具有决定作用，而政策的实施和科学技术的利用，要运用法制手段和法律形式来保证农业经济政策的贯彻实施和农业科学技术的推广、应用，否则难以产生应有的效果。

一、农村政策与农业法规的联系性

1. 同一阶级属性

农村政策与农业法规都是工人阶级和广大人民意志的表现，都是党和国家进行社会主义革命和社会主义建设的重要工具，都是上层建筑的不同组成部分，都是由社会的物质生活条件所决定，也同为经济基础服务，其基本内容是根本一致的。例如，《农业法》规定，国家稳定农村以家庭联产承包为主的责任制，完善统分结合的双层经营体制。这与中央关于加强农业和农村工作的政策，即把以家庭联产承包为主的责任制、统分结合的双层经营体制，作为我国乡村集体经济组织的一项基本制度长期稳定下来，并不断充实完善是一致的。

2. 政策是制定法律的依据，法律是政策的体现

政策是党和国家为指导和影响经济活动所制定并付诸实施的准则和措施，政策具有号召性和指导性。政策由于其所指导、调整的关系不同，任务不同，又分为总政策和具体政策。党的十一届三中全会以来，把工作的着重点转移到经济建设上来，坚持四项基本原则，坚持改革、开放、搞活，这就是党的总方针、总政策。然而，在经济类别不同的地区，如在沿海地区和内地、在城市和农村、在发达地区和西部欠发达地区，对改革开放、搞活，则规定了不同的政策，这就是具体政策。农村经济体制改革的巨大成功，就是那些把握总政策、具体政策的农村首先实现的结果。在现阶段，我国法律就是根据党的总政策和具体政策而制定的，同时，法律又充分反映了党的政策。例如，《农业法》就是以《中共中央关于进一步加快农业和农村工作的决定》和党的"十四大"通过的有关文件为指导，充分肯定了15年来农村改革的成功经验和基本政策，并以此为依据制定的。在《农业法》总则和各章条款中充分体现了农村政策的内容，否则，法律难以制定和实施。

3. 法律是政策的具体化、条文化和定型化

法律是以行为规范的方式约束人们的行为，政策是以原则要求引导人们的行为。国家制定法律是把政策加以规范化，把原则加以具体化，以肯定、明确的形式，规定人们应该做什么，可以做什么，不应该做什么。这在法学上称为"作为"和"不作为"。这就是法律对政策的具体化、条文化、定型化。政策之所以要运用法律形式固定下来和表现出来，就是因为它可以具有法律的明确性、稳定性和强制性，便于适用国家强制力来保证法制化了的政策的贯彻执行。因此，法律就成为实现政策的重要手段和有力武器。但政策是否都要制定为法律，这不是绝对的。哪些政策制定为法律，何时制定为法律，要看具体情况、实践检验、贯彻执行政策的经验成熟程度等因素而定。如1983年中央关于《当前农村经济政策的若干问题》的文件和以后的党和国家的农村文件，都对农业技术推广作了政策性规定，后来实践证明农业技术推广是必要的。但不少地方在农业情况好转时不重视农业技术推广，农业生产出现了不少问题。为了促进农业科研成果和实用技术尽快应用于农业生产，保障农业的发展，1993年7月2日全国人大常委会颁布了《中华人民共和国农业法》。为了应对新情况，解决新问题，推动农业和农村经济更好地向前发展，全国人大常委会经过三次审议后，于2002年12月28日第三十一次会议通过了农业法修订案。

二、农村政策与农业法规的主要区别

1. 法具有国家强制力的保证

法是国家意志和国家权力的体现，是由国家专政机关的强制力来保证实施的，具有人人必须遵守的属性。违法就要承担法律责任，受到法律制裁。然而，政策本身不具有这一属性，但党的政策通过国家接受，形成法律，便具有人人遵守的法律效力。有人违

反或破坏了党的政策而受到法律制裁，那是因为他的行为已构成了违法，而不是因为党的政策本身就具有国家强制性。所以，用政策所指导和规范的社会行为较之法律缺乏威力：一是政策的约束力不如法律，政策执行与否、执行好坏，除了作为考核干部的依据外，难以有量化指标和追究责任的标准，从某种意义上讲，政策是"软件"，法律是"硬件"；二是政策的权威性不如法律，党的政策除了以法的形式来体现，从而具有强制性外，很多政策是通过社会团体和群众组织的活动来体现，通过宣传、教育和党员的模范带头作用来体现，缺乏法的强制性，从而出现有些单位和部门，对农业发展政策视而不见、充耳不闻，合口味就执行，不合口味就搁在一边。有的采取上有政策、下有对策的做法，软拖硬抗，顶着不办，甚至以"地方土政策否定中央政策"，严重影响了农村正常经济秩序的建立，挫伤了农民发展商品生产的积极性。

2. 法具有明确的规范性

法表现为国家的规范性文件和原则性的规范，表现为设立权利义务和保护这些权利义务而规定的法律措施、法律手段。所以通俗地讲，法就是以国家的名义明确规定人们在一定关系中的行为规则，确定人们在一定关系中的权利和义务；明确规定人们应该做什么，可以做什么，不能做什么；怎样做是合法的，怎样做是非法的，以及违法将会招致怎样的法律后果。这就便于人们遵守和执行，便于广大群众、社会舆论和专门机关对执法的监督，做到有法可依。

然而，政策虽然也规范人们的行为，但一般比较原则，不具体，没有解释性的内容，只有应该怎样或者怎样，没有为什么应该这样和为什么是那样。因此，有些政策的执行者对政策也不甚了解，很难创造性地开展工作。

3. 法具有相对的稳定性

法具有国家意志的属性，法的制定和颁布要经过法定的程序，修改也要通过一定的法律程序，不能随意修改和废止。然而，党的政策表现为党的文件，其内容主要涉及政治原则、政治方向和领导国家事务的重大决策。政策在一定程度上是针对当时当地的情况而作出的规定，往往随着时间的推移或客观情况的变迁甚至人为的因素而失去效力。广大农民对党的农村政策是衷心拥护的，但怕政策"变"，在一定程度上成了深化改革的一大心理障碍。

在调整的灵活性方面，政策优于法。法是调整经济生活、政治生活、社会生活中的一些重要的、必要的须用权力进行干预的行为。而政策，特别是党的政策调整的范围更为广泛，包括精神生活、伦理道德、文化教育等。

三、农村政策与农业法规辩证运用的统一

1. 理论上要提高认识

政策与法规都是治理国家的重要工具，相辅相成，但是由于两者的特点不同，作用不同，不能只运用一个工具而丢掉另一个工具，不能互相替代。在这个问题上，要正确认识，既要反对把两者完全割裂开、对立起来的观点，又要反对把两者简单等同起来的

观点。这两种倾向都是错误的，它们都会导致只重视法律而忽视政策，或者只重视政策而忽视法律的片面性错误。实际上，这两者各有所用，各有各的价值，应当相互配合、互相促进，使之各得其所，起到相得益彰的作用。应特别重视维护法律的权威，同时也不应忽视政策的重要意义。既要依靠政策，也要依靠法律。依靠政策指导法律、法规的正确制定和实施，依靠法律、法规保证政策的稳定和有效贯彻。既要执行政策，也要执行法律。要在维护法律的威信的前提下，及时、正确地处理好两者之间的矛盾，充分发挥它们之间相互联系、相互促进的作用。

2. 在实践运用中应掌握的原则

（1）有法律规定的，应依法办事和执行。

（2）无法律规定，但有政策规定的，应依政策办事和执行。

（3）法律与政策本身有冲突的，应依法办事和执行。

3. 执行与调整

如果在实际工作中，发现法律法规不符合当前的实际情况，原则上仍应按现行法律法规办事和执行，但应尽快通过法定程序修改法律法规，使之符合实际。由于我国正处在从计划经济向社会主义市场经济机制转换的过程中，现有的法律法规可能不完全适应发展的需要，必须通过法定程序修改。如1993年通过的《中华人民共和国宪法修正案》第8条第1款修改为："农村中的家庭联产承包为主的责任制和生产、供销、信用、消费等各种形式的合作经济，是社会主义劳动群众集体所有制经济。参加农村集体经济组织的劳动者，有权在法律规定的范围内经营自留地、自留山、家庭副业和饲养自留畜。"这一条就是根据中共中央1993年2月14日向第七届全国人民代表大会常务委员会提出《关于修改宪法部分内容的建议》八点中的第三点修改的。

第一章练习题

1. 农村政策的概念、特点是什么？
2. 影响农村政策实施的因素是什么？实施农村政策应遵循的原则、执行农村政策的方法有哪些主要内容？
3. 农村政策调整和保持延续性的原因是什么？
4. 农业法的概念是什么？
5. 欧美农业支持政策现状及对我国的影响是什么？
6. 国外农业立法的启示和借鉴是什么？
7. 农村政策与农业法规的联系和区别主要有哪些内容？

第二章 统筹城乡发展的政策与法规

从 2004 年到 2012 年,中央针对"三农"问题连续出台了九个一号文件,强调了"三农"问题在中国的社会主义现代化时期"重中之重"的地位。本章围绕着 2004 年以来连续出台的八个一号文件所确立的主题,主要包括促进农民增加收入、提高农业综合生产能力、推进社会主义新农村建设、加大统筹城乡发展等领域进行专题分析。本章针对我国进入新世纪,从 2004 年以来连续发布的八个中央一号文件作为分析的对象,探讨其政策出台的背景、政策的意义、政策的主要内容以及政策的实施等问题;对本章的学习要重点掌握一号文件出台的背景、研究的意义以及政策解读,其难点在于对于一号文件政策的解读以及如何运用这些政策等方面,并在学习中注意与以后各章节的衔接性,同时要结合实际问题,对照政策与法规进行学习。

第一节 促进农民增加收入

一、2004 年一号文件出台的背景

2003 年底,农村经济中的突出问题是农民增收困难,自 1997 年以来,农民的收入增长一直比较困难,这主要表现在三个方面:

一是农民收入持续低速增长。从 1997 年到 2003 年,全国农民人均纯收入的增幅已连续 7 年没有超过 5%,最高的年份增长 4.8%,最低的只增长 2.1%,年均增长 4%,仅相当于同期城镇居民收入年均增长幅度的一半。

二是与城镇居民的收入差距在继续扩大。1997 年农民的人均纯收入为 2090 元,城镇居民的人均可支配收入为 5160 元,两者的收入差距为 1:2.47;2003 年农民的人均纯收入为 2622 元,城镇居民的人均可支配收入为 8500 元,差距扩大为 1:3.24。

三是以粮食生产为主的纯农户收入增长更为困难。过去几年中,由于不少农产品供过于求,价格下跌,导致农民来自农业的收入额减少,使以农为主的纯农户的收入增长尤其困难。1997 年,农民人均来自农业的纯收入为 1268 元,1998 年到 2003 年,农民人均来自农业的纯收入已连续 6 年低于这一水平,2002 年与 1997 年相比,农民来自农业的人均收入不仅没有增加,反而减少了 100 元左右。农民来自农业的收入减少,必然影响到农民从事农业生产尤其是种粮的积极性。

农民收入增长缓慢,直接制约着农村的购买力,抑制了国内市场的扩大和内需的启动,二、三产业的发展也受到严重限制。现实表明,农民收入问题不仅关系到农民生活的改善、农民对农业的投入,还关系着整个国民经济发展的全局。"农民不富,中国不

富"。中国是一个农业大国,农村人口占全国人口的 2/3,约为 9 亿。由于历史原因,中国的农村相对于城市而言,经济文化比较落后,城乡差距较大,农民的总体生活水平还比较低。这就意味着中国还是一个发展中国家。因此,中国的发展关键在农村。当前农业和农村经济运行中最为突出的是农民增收,尤其是粮食主产区种粮农民的增收问题。解决了农民增收问题,农民种粮的积极性也会得以提高,可谓一举两得。因此,中央明确提出要把促进增加农民收入放在突出位置上。

二、中央一号文件提出促进农民增加收入的意义

2004 年 2 月 8 日,中央一号文件《中共中央国务院关于促进农民增加收入若干政策的意见》正式公布。作为以中共中央国务院的名义,以促进农民增收为主题,专门下发一个中央文件,是新中国成立以来的第一次。这也是时隔 18 年后中央再次把农业和农村问题作为中央一号文件下发,充分体现了党中央、国务院在新形势下把解决"三农"问题作为全党工作重中之重的战略意图。

高度重视并认真解决农业、农村和农民问题,是我们党三代中央领导集体一以贯之的战略思想。党和政府始终重视"三农"问题,从 1982 年至 1986 年,中央连续出台了 5 个关于农村工作的一号文件,农民长期被压抑的生产积极性如火山般喷涌而出,农业生产迅猛增长。随着农业和农村经济发展进入新阶段,党中央、国务院及时作出了推进农业和农村经济结构战略性调整的重大决策,提出了要把增加农民收入作为中心任务和基本目标,制定了多予、少取、放活的方针,采取了一系列政策措施,农业和农村经济发展取得了巨大成就。

中央一号文件按照党的十六大、十六届三中全会和中央经济工作会议、中央农村工作会议的部署,提出了一系列实实在在的政策措施,将对当前和今后一个时期的农业和农村工作产生重大的影响。中央一号文件的公布,是影响我国经济社会生活的一件大事,也是惠及广大农民群众的一件大事。

解决"三农"问题,促进农民增收,不仅是加快农业和农村发展的必然要求,而且是保持国民经济持续、快速、协调、健康发展的必然要求,是实现全面建设小康社会宏伟目标的必然要求,是维护社会稳定和国家长治久安的必然要求。中央一号文件强调,农民收入长期上不去,不仅影响农民生活水平提高,而且影响粮食生产和农产品供给;不仅制约农村经济发展,而且制约整个国民经济增长;不仅关系农村社会进步,而且关系全面建设小康社会目标的实现;不仅是重大的经济问题,而且是重大的政治问题。

要解决农业、农村发展面临的各种矛盾和问题,必须在改革中找出路,在创新中求发展,不仅要做好农村内部调整的文章,而且要做好统筹城乡发展、统筹社会经济发展的大文章。促进农民增收必须有新思路,采取综合性措施,在发展战略、经济体制、政策措施和工作机制上有一个大的转变。深化农村改革,必须坚持把是否有利于解放和发展农村生产力,是否有利于增加农民收入,是否有利于改变农村面貌和保持农村稳定,作为出发点和落脚点。

我国是一个有9亿农业人口的国家。千方百计促进农民增收，事关全局，意义重大。各级党委和政府要切实落实《中共中央国务院关于促进农民增加收入若干政策的意见》，从实践"三个代表"重要思想，实现好、维护好、发展好广大农民群众根本利益的高度，进一步增强做好农民增收工作的紧迫感和主动性，努力开拓全年农业和农村工作的新局面。

三、一号文件关于促进农民增收的政策规定

2004年中央一号文件，即《中共中央国务院关于促进农民增加收入若干政策的意见》（以下简称《意见》）要求，各级政府要认真贯彻十六大和十六届三中全会精神，牢固树立科学发展观，按照统筹城乡经济社会发展的要求，坚持"多予、少取、放活"的方针，调整农业结构，扩大农民就业，加快科技进步，深化农村改革，增加农业投入，强化对农业支持保护，力争实现农民收入较快增长，尽快扭转城乡居民收入差距不断扩大的趋势。

《意见》共22条，分九部分，这是党中央国务院出台关于农民增收的专门文件，提出了增加农民收入的一系列对策措施。包括：集中力量支持粮食主产区发展粮食产业，促进种粮农民增加收入；继续推进农业结构调整，挖掘农业内部增收潜力；发展农村二、三产业，拓宽农民增收渠道；改善农民进城就业环境，增加外出务工收入；发挥市场机制作用，搞活农产品流通；加强农村基础设施建设，为农民增收创造条件；深化农村改革，为农民增收减负提供体制保障；继续做好扶贫开发工作，解决农村贫困人口和受灾群众的生产生活困难；加强党对促进农民增收工作的领导，确保各项增收政策落到实处。

2009年的中央一号文件再次聚焦农民持续增收这一主题。2009年2月1日，《中共中央国务院关于2009年促进农业稳定发展农民持续增收的若干意见》（以下简称《若干意见》）提出：扩大国内需求，最大潜力在农村；实现经济平稳较快发展，基础支撑在农业；保障和改善民生，重点难点在农民。《若干意见》强调2009年农业农村工作的总体要求是：全面贯彻党的十七大、十七届三中全会和中央经济工作会议精神，高举中国特色社会主义伟大旗帜，以邓小平理论和"三个代表"重要思想为指导，深入贯彻落实科学发展观，把保持农业农村经济平稳较快发展作为首要任务，围绕稳粮、增收、强基础、重民生，进一步强化惠农政策，增强科技支撑，加大投入力度，优化产业结构，推进改革创新，千方百计保证国家粮食安全和主要农产品有效供给，千方百计促进农民收入持续增长，为经济社会又好又快发展继续提供有力保障。

《意见》的主要内容包括：加大对农业的支持保护力度；稳定发展农业生产；强化现代农业物质支撑和服务体系；稳定完善农村基本经营制度；推进城乡经济社会发展一体化。其六大核心关键词是：体制改革调整财政收入分配格局；农产品价格提高粮食最低收购价；农村干部实施一村一大学生计划；农业补贴增加对种粮农民直接补贴；土地流转鼓励设流转服务组织；农民工就业努力增加农民务工收入。2009年中央一号文件的发布，是决策层对"三农"长期关注的进一步延续。关注"三农"是应对严峻经济形势的重要方略,只有解决好"三农"问题,中国经济的长久稳定发展才有保障,"内需拉动"的经济模式才有坚实基础。

四、促进农民增收的措施

促进农民增收的措施主要体现在以下方面:

(1) 深化农村税费改革。2004年全面取消除烟叶以外的农业特产税,农业税税率整体降低一个百分点。在十届人大二次会议上,温家宝总理代表政府郑重承诺,五年内将全部取消农业税。实际上,2005年12月29日,十届全国人大常委会第十九次会议高票通过决定,自2006年1月1日起废止《农业税条例》,取消除烟叶以外的农业特产税,全部免征牧业税,中国延续了2600多年的"皇粮国税"走进了历史博物馆。2006年全面取消农业税后,与农村税费改革前的1999年相比,中国农民每年减负总额超过1000亿元,人均减负120元左右。

(2) 改革农业的补贴方式。对农业、农民进行直接补贴,这也是世界各国通行的做法。在发达国家,政府的直接补贴是农民收入的重要来源之一。我国以前对农业主要补在流通环节上、补在价格上,中间环节流失多,农民得到的少。因此,在今后的农村工作中,各级政府都要按照一号文件精神加大对农民直接补贴的力度,积极探索对农民直接补贴的办法,从支持农产品数量增长转向支持农民收入增长,逐步建立对种粮农民生产直接补贴机制,使农民收入有一个实实在在的增加。国家加大农业补贴补助力度,具体包括:完善种粮直补、良种补贴、农机购置补贴、农资综合补贴政策,建立更加有效促进农业生产发展和农民增收的农业补贴机制。新增补贴向粮食等主要农产品倾斜,向产量高、商品量大的地区倾斜。坚持和完善渔业柴油补贴政策,进一步完善农业生产关键技术与服务支持政策。逐步扩大粮棉油糖、肉蛋奶水产品和蔬菜等园艺产品标准化建设范围。继续实施测土配方施肥补助,扩大土壤有机质提升补助规模。研究建立高耗能老旧农业机械报废制度,探索实施报废更新补助。实行农作物重大病虫害专业化统防统治补助。加大动物疫病防控经费投入,探索建立养殖环节病死动物及其无害化处理补贴制度,健全基层防疫工作补助机制。扩大基层农技推广体系改革与建设示范县项目,继续实施农村劳动力培训阳光工程、农村实用人才带头人素质提升计划和现代农业人才支撑计划,继续加大扶贫开发投入。有关农村税费改革、生产补贴、公共品投入及支持政策见表2-1。

表2-1 农村税费改革、生产补贴、公共品投入及支持政策(2003—2011年)

时间	农民负担及税费改革	生产补贴	公共品投入(部分)
2003年	全面推开农村税费改革;专项治理建房、义务教育和进城务工乱收费;取消农业特产税;逐步降低农业税税率	继续实施良种补贴	加大农村中小型基础设施建设力度;探索建立政策性农业保险制度

续表

时间	农民负担及税费改革	生产补贴	公共品投入（部分）
2004年	降低农业税税率，取消除烟叶外的农业特产税；试点取消农业税；农村义务教育全面推行"一费制"	实施良种补贴、农机具购置补贴、种粮直接补贴	
2005年	扩大农业税免征范围，加大减征力度	继续加大"两减免、三补贴"等政策实施力度；设立小型农田水利设施建设补助专项资金	加大对小型农田水利基础设施建设的投入力度；政府补助、农民自愿出资出劳，建立保障农田水利建设的长效机制；增加政府投入
2006年	全面取消农业税；防止"一事一议"加重农民负担；治理乱收费；对西部地区农村义务教育阶段学生全部免除学杂费，对其中的贫困家庭学生免除课本费和补助寄宿生生活费	对粮食主产区种粮直接补贴的资金规模提高到粮食风险基金的50%以上；增加良种补贴和农机具购置补贴；开始建立农资综合直接补贴制度	新增教育、卫生、文化财政支出主要用于农村，各级政府基础设施建设投资重点要放在农业和农村；推进农村综合改革；推进新型农村合作医疗制度试点工作
2007年	全面实现农村义务教育免除学杂费，对家庭经济困难学生免除课本费并补助寄宿生生活费	种粮农民直接补贴的资金达到粮食风险基金的50%以上；实施能繁殖母猪和奶牛良种补贴	实现农村最低生活保障制度全覆盖
2008年	全面实现农村义务教育"两免一补"		实现新型农村合作医疗全覆盖
2009年	对中等职业学校农村家庭经济困难学生和涉农专业学生实行免费	较大幅度增加农业补贴；实现水稻、小麦、玉米、棉花良种补贴全覆盖，扩大油菜和大豆良种补贴范围；逐步加大对专业大户、家庭农场种粮补贴力度	推行农村新型社会养老保险试点

续表

时间	农民负担及税费改革	生产补贴	公共品投入（部分）
2010年	继续推进农村中等职业教育免费进程	扩大马铃薯种植补贴范围，启动青稞良种补贴，实施花生良种补贴试点；把牧业、林业和抗旱、节水机械设备纳入农机具购置补贴范围；落实小麦最低收购价政策，继续提高稻谷最低收购价	逐步提高新型农村合作医疗筹资水平、政府补助标准和保障水平；扩大农村危房改造试点；继续支持游牧民定居工程
2011年	继续推进农村中等职业教育免费进程	增加农业综合开发资金，农业"四补贴"、生猪养殖扶持补贴	村级公益事业建设"一事一议"财政奖补资金

资料来源：根据相关政策文件整理。

（3）增加对农村基础设施建设的投入。加强农村基础设施建设，应当在已有基础上，继续加大投资力度，扩大实施规模，充实建设内容。农村基础设施建设的重点：一是加大以小型水利设施为重点的农田基本建设力度。逐步扩大中央和省级小型农田水利补助专项资金规模，完善农田水利建设和管理机制。实施新一轮沃土工程，改善耕地质量，全面提升地力。二是加大农村公路建设力度。尽早实现全国所有乡镇通柏油路或水泥路，东、中部地区所有具备条件的建制村通柏油路或水泥路，西部地区具备条件的建制村基本实现通公路。三是加大农村饮水安全工程建设力度。优先解决高氟、高砷、苦咸、污染水及血吸虫病区的饮水安全问题。四是加大农村能源建设力度。积极推广沼气、秸秆气化等清洁能源，大幅度增加农村沼气建设投资规模，加快普及户用沼气，带动农村改圈改厕改灶。扩大小水电代燃料工程试点规模。五是加大农村电网建设力度。启动无电村电力设施建设，力争使这些村庄早日通电。六是加大农村信息化建设力度。充分利用和整合涉农信息资源，重点抓好"金农"工程和农业综合信息服务平台工程建设。七是加大农村人居环境建设力度。重点解决村内道路、给排水、垃圾处理、人畜混居等突出问题。八是加大农村教育文化卫生基础设施建设力度。大力实施农村中小学危房改造、农村寄宿制学校建设和农村中小学现代远程教育工程。抓好农村广播电视"村村通"工程建设。加强乡镇卫生院改扩建，增强其提供预防保健和基本医疗服务等公共卫生服务的能力。

（4）加大扶贫开发的力度，着力抓好扶贫项目开发，帮助贫困村搞好"五通"、农田水利、教育卫生等基础设施建设，加大对扶贫村的人、财、物投入，建立农民增收的长效机制，使特困村农民较快增收，尽快稳定脱贫。

2011年中央财政安排用于"三农"的支出为9884.5亿元，比上年增加1304.8亿元,增长15.2%。其中,一是支持农业生产支出3938.7亿元,主要包括强化以水利为重点的农业农村基础设施建设投资1575.4亿元,农业综合开发资金230亿元,农业扶贫开发资金306亿元,草原生态保护补助奖励资金136.6亿元,农业保险保费补贴94.06亿元等。二是安排农业"四补贴"1406亿元,具体为粮食直补151亿元、农资综合补贴860亿元、良种补贴220亿元、农机购置补贴175亿元。三是促进农村教育、卫生等社会事业发展支出3963.6亿元,其中,村级公益事业建设"一事一议"财政奖补资金160亿元。

五、减轻农民负担的主要措施

(一)减轻农民负担工作的总体要求

按照《国务院办公厅关于做好当前减轻农民负担工作的意见》要求,必须努力做到"四个坚持":

(1)坚持标本兼治。既要坚定不移地推进农村综合改革,加大治本工作力度,逐步消除农民负担反弹的隐患,又要加强对农民负担的监督管理,控制农民负担增加。

(2)坚持尊重农民意愿。在改善农村基础设施和发展农村公益事业中,既要引导农民对直接受益的项目出资出劳,把国家投入与农民投工投劳有机结合,改善农民生产生活条件,又要防止超越农民承受能力,违背农民意愿,加重农民负担。

(3)坚持推进基层民主。通过逐步规范基层民主制度,不断增强农民群众的民主意识,强化民主监督,切实保障农民群众的知情权、决策权、监督权。

(4)坚持预防与查处相结合。要加强教育,着力构筑防止农民负担反弹的思想和工作防线,坚决查处违规违纪行为。

(二)减轻农民负担方面重点要做好的工作

根据《国务院办公厅关于做好当前减轻农民负担工作的意见》要求,当前减轻农民负担,必须重点做好以下六方面工作:

(1)认真落实和完善减轻农民负担的"四项制度"。各地要进一步落实和健全涉农税收、价格及收费"公示制",适时更新公示内容,创新公示形式,除在乡镇政府所在地统一公示外,涉农收费单位要在收费现场进行公示。认真落实农村义务教育收费"一费制",对实行免学杂费的地区,除按"一费制"规定的额度收取课本费、作业本费和寄宿学生住宿费外,学校不得再向学生收取其他费用;对享受免费提供教科书的学生,不再收取课本费。乡镇、村级组织和农村中小学校公费订阅报刊要严格执行"限额制",坚持自愿订阅原则,严禁摊派发行。继续深入贯彻执行涉及农民负担案(事)件"责任追究制",坚持对涉及农民负担案(事)件进行通报,进一步完善预防和处置涉及农民负担案(事)件的有效机制。

(2)重点治理农民反映强烈的突出问题。各地要从实际出发,深入开展对农村义务教育、农民建房、农村土地、殡葬、计划生育等方面乱收费、乱罚款的专项治理。农村中小学校向学生提供服务,必须坚持学生自愿和非盈利原则,不得强制服务和强制收费，不得向学生收费统一购买教学辅导材料和学具，不得要求学生统一购买校服、卧具。严禁向农民家庭承包的土地收取土地承包费。2006年要在全国范围内重点抓好农民普遍反映强烈的农业灌溉水费电费问题的专项治理。继续选择农民负担重的县（市、区）进行综合治理，实行检查、处理、整改全程监督。

（3）严格规范村级组织收费。开展对村级组织乱收费行为的专项治理，严禁有关部门或单位委托村级组织向农民收取税费，违反规定的要坚决纠正。地方各级人民政府及有关部门需要村级组织协助开展工作的，要提供必要的工作经费，严禁将部门或单位经费的缺口转嫁给村级组织。建立健全村级组织运转经费保障机制，加大对村级组织运转资金补助力度，确保补助资金及时足额到位，确保五保户供养、村干部报酬和村级办公经费等方面的支出。村级补助资金要专款专用，确定到县、控制到乡、落实到村，防止"跑冒滴漏"。地方各级人民政府进行农村公益事业建设必须量力而行，不准向村级组织摊派、集资或强制要求村级配套。严禁村级组织擅自设立项目向农民收费，严禁用押金、违约金、罚款等不合法方式来约束村民、管理村务。

（4）健全以"一事一议"为主要形式的村民民主议事机制。各地要认真总结经验，按照群众急需、直接受益、量力而行、民主决策的原则，进一步规范议事程序、范围和标准，逐步建立以政府补助资金为引导、筹补结合的农村基础设施等公益事业建设投入新机制，引导农民依靠自己的辛勤劳动改善自身生产生活条件。在推进"一事一议"中，各地要积极探索加强农村基层民主制度建设的新途径。所议事项要符合大多数农民的需要，解决农民迫切需要解决的问题；议事过程要坚持民主程序，不走过场，不搞形式主义；实施过程和结果要让群众全程参与监督，筹资筹劳的使用情况要透明公开。强化财政投入与农民投入相结合，有条件的地方可采取以奖代补、项目补助等办法给予支持，引导农民自愿出资出劳。

（5）完善农民负担日常监督管理机制。要继续坚持和完善农民负担监督卡、项目审核与监测等日常监督管理制度，将农民负担监督管理与农村土地承包、农村集体财务和农村审计等管理紧密结合，切实维护农民合法权益。强化农民负担信访管理，畅通涉及农民负担的信访渠道，建立健全信访受理、督办、处理和反馈制度，做到受理及时、督办得力、处理到位。强化农民负担检查，实行综合检查与专项检查、检查与回访、明察与暗访、检查与处理相结合，不断提高检查效果。强化对违规违纪行为的查处，重点查处向农民乱收费、乱罚款、截留平调挪用农民的各种补贴补偿款以及其他涉及农民负担的案（事）件。有关部门要尽快研究制定对涉及农民负担的违规违纪行为的处理办法。

（6）强化减轻农民负担工作责任制。地方各级人民政府要继续坚持主要领导亲自抓、负总责的工作制度，层层落实责任，一级抓一级，一级对一级负责。继续落实谁主管、谁负责的专项治理部门责任制，强化分工协作、齐抓共管的工作机制。加强调查研究，积极研究探索新形势下对农民负担监督管理的长效机制。加强法制建设，完善相关法律法规，切实做到依法监督管理农民负担。各地要制定和完善减轻农民负担工作考核办法，逐步形成制度，重点对政府主要领导负责制、涉农收费监管、农民权益维护、制度建设、案件查处等方面进行考核。对减轻农民负担工作成绩突出的，要进行表彰。对农民负担问题较多的地方或单位，要实行重点监控，限期整改，确保减轻农民负担的各项政策落到实处。

（三）国家七部委关于建立健全减负"五项制度"的具体内容

国家七部委关于建立健全减负"五项制度"的具体内容主要体现在：

一是涉及农民负担收费文件"审核制"。省、市、县三级要定期对涉及农民负担的收费文件进行清理，并及时将清理情况汇总上报。

二是涉农价格和收费"公示制"。国家对农民的粮食直补等补贴政策及兑付情况要予以公示，并按规定程序进行审核。

三是农村公费订阅报刊"限额制"。乡镇、村级组织和农村中小学校公费订阅报刊，不得超出或变相超出限额标准。

四是农民负担"监督卡制"。农民负担监督卡要充实涉农价格等政策内容，及时发放到户。

五是涉及农民负担案件"责任追究制"。对涉及农民负担的违规违纪行为，对负有领导责任的人员和直接责任人员进行纪律追究。

（四）2004年国家公布减免的15项涉农收费项目

财政部会同国家发展和改革委员会公布了2004年取消、免收和降低标准的15项全国性及中央部门涉农收费项目。

取消的涉农收费有3项，包括：国内植物检疫费中的检疫证书费，畜禽及畜禽产品防疫检疫费中的兽医卫生条件考核、发证和定期技术监测收费，户籍管理证件工本费中的寄住证工本费。

对农民免收的收费有8项，包括：水土流失防治费，河道工程修建维护管理费，取水许可证费，涉及农村中农民生活用水和农业生产用水的水资源费，建设用地批准书工本费，对从事营业性运输的农用三轮车、农用拖拉机收取的公路运输管理费，对自产自销农副产品的农民收取的城乡集贸市场管理费，农村义务教育借读费。

降低标准的涉农收费有4项，包括：畜禽及畜禽产品检疫费、农机监理费、渔业船舶检验费、海事调解费。

（五）涉及农民负担的社会收费项目标准

涉及农民负担的社会收费项目标准主要有：

（1）农民建房收费指农民依法利用农村集体土地，新建、翻建自用住房时负担的行政事业性收费。主要包括：国土资源部门收取的土地证书工本费，普通证书每本5元，国家特制证书每本20元，由农民自愿选择；建设部门收取的《房屋所有权登记证书》工本费，每本10元。

（2）农村中小学收费指接受义务教育和普通高中教育的农村学生负担的行政事业性收费以及学校代收费。主要包括：未实行"一费制"地区的农村小学和初中收取的杂费，以及由学校统一订购课本代收的课本费；实行"一费制"地区的农村小学和初中只向学生收取一项费用，不再向学生收取任何其他费用。"一费制"的收费标准为：农村小学每学年每生 160 元，农村初中每学年每生 260 元，各省、自治区、直辖市可适当浮动，浮动范围不得超过 20%。

(3) 农民进城务工收费指进城务工的农民负担的行政事业性收费。主要包括：公安部门向外来务工农民收取的《暂住证》工本费，每证最高不超过 5 元。公安部门对外来务工农民发放暂住证卡的，收取暂住证卡工本费，含集成电路的证卡每张最高不超过 20 元，不含集成电路的证卡每张最高不超过 15 元。计划生育部门向外出务工农民收取的《流动人口婚育证明》工本费，每证最高不超过 5 元。

第二节 提高农业综合生产能力

一、农业综合生产能力的内涵

农业综合生产能力是在一定地区、一定时期和一定社会经济技术条件下，由农业生产诸要素综合投入所形成的，可以相对稳定地达到一定水平的农业综合产出能力。农业综合生产能力主要包括农产品供给能力、就业和社会保障能力、生态保护能力、文化传承能力等四个方面的内容。其中，农产品供给能力是指农业提供粮食和工业原料的能力；就业和社会保障能力是指农业吸纳劳动力，缓解就业压力，提供生存保障的能力；生态保护能力是指农业维持生态平衡，保护环境的能力；文化传承能力是指农业保存文化多样性遗产的能力。

全面正确理解农业综合生产能力，应从以下几个方面把握其内涵。

1. 农业综合生产能力是一个系统的概念

农业综合生产能力并不是各种投入要素的简单相加，而是自然资源、投入和政策等因素相互作用的结果。不同时期农业的投入组合有不同的产出效果，各项农业投入要素存在一个优化组合问题，如针对我国土地家庭承包经营、人均耕地资源较少的现实，国家应该对家庭适用的小型农机具进行补贴，以增加农民购买农机具的积极性，提高农业生产的机械化水平；注意化肥中氮磷钾肥结构比例及其与有机肥施用比例，饲料的科学配方；促使农业生产结构合理，保障粮食与其他农产品供应均衡等。因此，必须从系统的角度，宏观、综合、全面地把握和理解农业综合生产能力的内涵。

2. 农业综合生产能力的形成是一个长期积累的过程

农业综合生产能力的最终表现是一个存量指标，如农业自然资源的存量、农业生产性固定资本存量、农业科技水平和农业劳动力素质等都表现为一定时期的积累水平。将农业综合生产能力固化为一定时期的一个存量指标，是进行农业综合生产能力评价的核心，只有明确这一点，才能抓住研究农业综合生产能力问题的本质。比如，衡量一个企业的生产能力是指企业生产产品的全部设备的综合平衡能力，主要取决于其厂房、设备、技术水平和管理能力等相关条件的拥有和利用情况。衡量农业综合生产能力亦如此，计算农业固定资产拥有能力时，不仅要考虑农业基本建设投资、农林牧渔业新增固定资产的数量，还要考查农户生产用固定资产原值，从宏、微观角度反映农村和农户拥有的生产规模和能力。

3. 农业综合生产能力并不是农业现实产出

综合生产能力是指在一定时期内为社会提供某种产品或劳务的能力，即在既定技术和相关政策条件下，可以达到的最佳产出潜力水平。而潜在产出最早是由美国经济学家利维（Levy，1962）提出，是指在合理稳定的价格水平下，使用可利用的最佳技术、最低成本的投入组合，并且资本和劳动力的利用率达到充分就业要求所能生产出来的物品和服务。因此，农业综合生产能力应该是各种资源、投入与政策等有机结合的一种潜在的产出能力，在满足一定条件的情况下能够转化为现实产出。

二、2005年一号文件出台的背景

从产出能力看，由于农业基础仍然十分薄弱，现阶段我国农业综合生产能力不足的状况没有根本改变，突出表现为"三个不足"：

一是粮食综合供给能力不足。虽然近两年粮食总产量回升较快，2004年全国粮食总产量达到4.69亿吨，但仍未恢复到1999年5.1亿吨的最高水平，与近年4.85亿吨左右的年平均粮食消费需求相比尚有差距，加上粮食综合流通能力不强，未来我国粮食供需将长期处于紧平衡状态。

二是就业和社会保障能力不足。随着耕地数量的减少和农村人口的增加，人地矛盾进一步加剧。按照目前的生产力条件，我国18.4亿亩*农业耕地仅能容纳1亿劳动力就业，而现在我国农村有1.5亿富余劳动力，每年还要新增600万农村劳动力。

三是生态保护能力不足。由于自然和人为因素的破坏，农业生态环境呈现恶化趋势。目前，发生水土流失的耕地有4887万公顷，严重退化的草原面积有7300万公顷，受荒漠化影响的农田有1500万公顷，农田受灾成灾面积由20世纪50年代的910余万公顷增加到80年代的2000余万公顷和90年代的3110余万公顷。

从能力要素看，农业综合生产能力面临耕地资源、基础设施、农业科技、加工转化和劳动力素质等"五大约束"：

一是耕地资源约束。耕地面积持续缩减，耕地质量下降较快。目前我国人均耕地面积为1.41亩，仅相当于世界平均水平的40%。同时，耕地资源消耗较大，1996年到2003年8年间，耕地总面积就减少了1亿亩。耕地质量下降较快，目前低产农田面积占到农田总面积的40%左右，污染面积约占耕地总面积的1/6，农药残留量高达50%～60%。

二是基础设施约束。水利基础设施薄弱，农业生产条件较差。由于历年欠账较多，

---

* 注：1亩=0.0667公顷，下同。

我国主灌区骨干建筑物的完好率不足40%，配套率不足70%。全国有灌溉设施的水田和水浇地为7.9亿亩，仅占耕地总面积的39%。农业灌溉用水的利用系数平均只有0.45左右，约为世界先进水平的一半。

三是农业科技约束。科技支撑能力不强，农业科技成果贡献率和转化率不高。我国农业科技对生产的贡献率约为45%，比发达国家低20到30个百分点。农业科技推广能力较弱，科技成果转化率仅在30%左右。农村每万名农村人口只有农业科技人员15人，远低于日本的100人和荷兰的200人。

四是加工转化约束。农业产业化程度较低，农业现代化水平不高。目前我国农产品的加工程度仅为30%，而发达国家一般都在90%以上。全国共有龙头企业42 000多家，带动农户8 000多万户，不到农户总数的1/3。龙头企业规模小，销售收入达到亿元以上的企业仅占4.7%，对农户增收贡献率不高；农业装备水平低，80%停留在20世纪80年代世界平均水平，15%达到90年代水平，只有5%达到了国际先进水平。

五是劳动力素质约束。农民素质技能水平较差，农业劳动生产率较低。我国约有75%的文盲分布在农村，农民平均受教育年限不足7年，农牧业从业人口的科学素养只有全国平均数的1/6，只有美国的1/15。农业劳动力呈现年龄老化、知识退化、技能弱化的趋势。农民组织化程度低，目前加入各类农民专业合作经济组织的农户仅占全国农户总数的2.5%。

三、提高农业综合生产能力的意义

党的十七大报告提出，要加强农业基础地位，走中国特色农业现代化道路。要不断提高农业综合生产能力，以现有耕地和水资源保障国家粮食安全，根本之策是要大力加强农田水利基本建设，夯实农业发展和农民增收的基础。

2005年中央一号文件以"提高农业综合生产能力"为主题，提出以加强农业综合生产能力建设，促进粮食增产和农民增收为结合点，来解决当前矛盾和促进长远发展。这既是缓解资源短缺的有效途径，又是增强农业发展后劲的治本之策。农业综合生产能力概念的提出，把发展农业的目标从单一强调"产出"转变为加强"综合能力"建设，实现农业的可持续发展，合理、有效地开发利用和节约农业资源，保护耕地和生态环境，采用适当的现代化技术，向社会源源不断地生产高产、优质、高效、低耗的农产品，并持续具备这种供应能力。近年来，我国农业综合生产能力有了一定的发展，投入和产出水平都明显增加，今后的方向应该是以可持续发展的思想来指导农业发展，确保农业资源的永续利用，满足当代人和后代人对农产品的需求。

把加强农业综合生产能力建设作为确保国家粮食安全、夯实农业持续发展基础、促进农村繁荣的基础工程，把工作目标集中指向提高农业综合生产能力，这就抓住了提高农村生产力的关键。农业综合生产能力不高是农业生产波动的根本原因。因此，在我国经济社会发展的关键时期，加强农业综合生产能力建设具有十分重要而特殊的意义。

四、提高农业综合生产能力的重点领域

提高农业综合生产能力，要在稳定、完善和强化支农政策的基础上，重点加强四个能力建设。

一是提高土地产出和资源综合利用能力。要实行最严格的土地管理制度，切实保护好耕地特别是基本农田，确保基本农田总量不减、用途不变、质量不降。努力提高耕地质量，加快中低产田改造，加快实施沃土工程，鼓励农民珍惜、保护和建设好耕地。大力加强农田水利基本建设，加大灌区建设和改造力度，积极推进小型农村水利工程管理体制和产权制度改革，加快推广普及节水灌溉和旱作农业技术。

二是提高农业科技创新和应用能力。要加大对农业科研的支持力度，加快建立新型农业科技创新体系。加强农业科技推广体系建设，加快实施"农业科技入户工程"，重点推广一批对增产增收作用显著的重大农业技术。

三是提高农业物质装备能力和农业服务能力。要加快推进农业机械化，完善农机服务机制，开发优质、高效、低价、安全的农业生产资料。继续推进农业产业化经营，建立产加销一体化的高效产业体系。调整财政支出结构，加强种养业良种体系等农业"七大体系"建设。

四是提高农民的自我发展能力。农民是农业综合生产能力建设的主体。我国有3亿农村劳动力，这是农业和整个国民经济发展的巨大人力资源。要进一步加强农村义务教育，发展农村职业教育，开展农民科技培训，提高农民的科技文化素质和职业技能，帮助他们掌握先进适用的农业技术，促进向农业的广度和深度进军。

五、中央关于提高农业综合生产能力的政策

中央关于提高农业综合生产能力的政策主要包括以下方面：

（1）稳定、完善和强化扶持农业发展的政策，进一步调动农民的积极性。继续加大"两减免、三补贴"等政策实施力度；切实加强对粮食主产区的支持；建立稳定增长的支农资金渠道。

（2）坚决实行最严格的耕地保护制度，切实提高耕地质量。严格保护耕地，认真落实农村土地承包政策，努力培肥地力。

（3）加强农田水利和生态建设，提高农业抵御自然灾害的能力。加快实施以节水改造为中心的大型灌区续建配套；狠抓小型农田水利建设；坚持不懈搞好生态重点工程建设。

（4）加快农业科技创新，提高农业科技含量。加强农业科技创新能力建设；加大良种良法的推广力度；加快改革农业技术推广体系。

（5）加强农村基础设施建设，改善农业发展环境。加大农村小型基础设施建设力度；加快农产品流通和检验检测设施建设；加强农业发展的综合配套体系建设。

（6）继续推进农业和农村经济结构调整，提高农业竞争力。进一步抓好粮食生产；

大力发展特色农业；加快发展畜牧业；重点支持粮食主产区发展农产品加工业；发展农业产业化经营。

（7）改革和完善农村投融资体制，健全农业投入机制。完善农业投资管理体制；加快农村小型基础设施产权制度改革；推进农村金融改革和创新。

（8）提高农村劳动者素质，促进农民和农村社会全面发展。全面开展农民职业技能培训工作；进一步发展农村教育、卫生、文化等社会事业。

（9）加强和改善党对农村工作的领导。坚持把解决好"三农"问题作为全党工作的重中之重；进一步加强农村党建工作。

以上九个方面的政策按照资金性质和功能，可分为五大类：

（1）基础设施建设类。主要是现行的预算内基本建设投资、国债资金、水利建设基金等用于基本建设部分，重点用于农业农村大中型基础设施建设。例如，以节水改造为中心的大型灌区续建配套。

（2）农业支持类。包括农业综合开发资金、小型农田水利建设资金、土地有偿使用费与农业土地开发收益部分、新增建设用地有偿使用费、农业科技资金（含科技事业费、科技三项费用、农业科技推广类资金、农业科技成果转化资金等）、农业产业化资金、农业服务组织资金，重点用于小型基础设施建设、农业科技、农业产业化和农业社会化服务。例如，"两减免三补贴"政策（减免农业税、取消除烟叶以外的农业特产税，对种粮农民实行直接补贴，对部分地区农民实行良种补贴和农机具购置补贴）；从预算内新增财政收入中安排一部分资金设立小型农田水利设施建设补助专项资金；扩大重大农业技术推广项目专项补贴规模等。

（3）生产救灾类。包括特大防汛抗旱资金、农作物病虫害防治补助费、畜禽保护补助费、林木病虫害防治补助费、草原和森林防火隔离带经费、农村救济费等，重点用于农业农村防灾减灾。例如，将动物检疫监督机构的人员经费和工作经费全额纳入各级财政预算；实行家禽行业税收优惠政策等。

（4）生态资源类。包括农村水土保持补助费、退耕还林资金、天然林保护资金、防沙治沙资金等，重点用于生态建设、保护和开发利用。例如，实施"天然林保护工程"、"退耕还林还草工程"，"京津风沙源治理工程"；建立中央森林生态效益补偿基金等。

（5）农村发展类。包括扶贫开发、农村教育、医疗卫生和文化方面的支出等，重点用于支持农村社会事业发展。例如，建立农村医疗救助基金；实施"农村劳动力转移培训阳光工程"、"少生快富扶贫工程"等。

六、财政支持农业综合生产能力建设的机制

新时期财政支持农业综合生产能力建设的机制与方法主要包括：

（1）努力创新农业筹资途径。一是严格按《农业法》的要求，切实增加预算内支农资金总量；二是进一步深化"五小"水利、"四荒"拍卖、土地流转等方面的改革，全面盘活农村存量资产,培育农村新的经济主体;三是把贴息的范围扩展到农业科技服务部门的网络设施建设、农田水利设施建设等,增加贴息额度,建立相应的财政支农资金引导机制,吸引信贷资金对农业的投入;四是在农业科技示范园建设、特色基地建设等方面实行以奖代补、以物代资等激励办法。

(2)努力创新农业投入方式。对于公益性较强的领域,如农村公共基础设施建设、公益性的科技推广体系建设等,适宜采取财政无偿投入的方式。但是,对介于公益性和竞争性之间或竞争性相对较强,但政府应该鼓励的领域,如农民培训、良种推广和农产品营销体系建设等,今后宜逐步转向更多地采用贴息、税费减免或投资补贴等形式。

(3)努力创新资金整合办法。一是将农业项目统一规划,优化预算,统筹安排。二是改革现行的部门系统上报项目的做法,改由地方各部门上报本级财政部门,财政部门进行项目、资金汇总和整合,然后再报上级政府审批。三是加强部门联合和统筹协调工作,根据财政支农项目大类的不同,成立由某个部门牵头、相关部委参加的财政支农部际联席会议制度,建立对重大项目的通报和信息共享体系。

(4)努力创新资金管理制度。一是合理界定中央和地方政府财政在农业和农村发展中的事权范围和财政支出责任,按照建立公共财政体制的基本要求,进一步明确各级政府的财政支出责任。二是改革完善财政支农资金管理、投资与项目管理制度,建立和完善财政支农资金管理的各项法规和制度,建立起权责明确的支农资金运行机制,完善支农项目管理机制。三是强化支农资金的检查和监督,全面推行财政支农资金使用"四制二查"制,即资金投放项目公示公告制、资金分配使用项目管理制、重大项目资金使用报账制和会计委派制、项目责任追究制;项目资金在使用中采取调查和检查。同时,加强对项目资金的检查和审计。

第三节 推进社会主义新农村建设

一、社会主义新农村建设的内涵

社会主义新农村建设是指在社会主义制度下,按照新时代的要求,对农村进行经济、政治、文化和社会等方面的建设,最终实现把农村建设成为经济繁荣、设施完善、环境优美、文明和谐的社会主义新农村的目标。

(一)社会主义新农村建设的目标及其原则

社会主义新农村建设的目标:高举邓小平理论和"三个代表"重要思想伟大旗帜,全面贯彻落实科学发展观,统筹城乡经济社会发展,实行工业反哺农业、城市支持农村和"多予、少取、放活"的方针,按照"生产发展、生活宽裕、乡风文明、村容整洁、管理民主"的要求,协调推进农村经济建设、政治建设、文化建设、社会建设和党的建设。完善、强化支农政策,建设现代农业,稳定发展粮食生产,积极调整农业结构,加强基础设施建设,加强农村民主政治建设和精神文明建设,加快社会事业发展,推进农村综合改革，促进农民持续增收。

社会主义新农村建设的原则：必须坚持以发展农村经济为中心，进一步解放和发展农村生产力，促进粮食稳定发展、农民持续增收；必须坚持农村基本经营制度，尊重农民的主体地位，不断创新农村体制机制；必须坚持以人为本，着力解决农民生产生活中最迫切的实际问题，切实让农民得到实惠；必须坚持科学规划，实行因地制宜、分类指导，有计划、有步骤、有重点地逐步推进；必须坚持发挥各方面积极性，依靠农民辛勤劳动、国家扶持和社会力量的广泛参与，使新农村建设成为全党全社会的共同行动。在推进新农村建设工作中，要注重实效，不搞形式主义；要量力而行，不盲目攀比；要民主商议，不强迫命令；要突出特色，不强求一律；要引导扶持，不包办代替。

（二）社会主义新农村建设的具体任务

社会主义新农村建设的具体任务有四项：

（1）推进现代农业建设。加快农业科技进步，加强农业设施建设，调整农业生产结构，转变农业增长方式，提高农业综合生产能力。稳定发展粮食生产，实施优质粮食产业工程，开展产业化经营，促进农产品加工转化增值，发展高产、优质、高效、生态、安全农业。大力发展畜牧业，保护天然草场，建设饲草基地。积极发展水产业，保护和合理利用渔业资源。加强农田水利建设，改造中低产田，搞好土地整理。提高农业机械化水平，加快农业标准化，健全农业技术推广、农产品市场、农产品质量安全和动植物病虫害防控体系。积极推行节水灌溉，科学使用肥料、农药，促进农业可持续发展。

（2）全面深化农村改革。稳定并完善以家庭承包经营为基础、统分结合的双层经营体制，有条件的地方可根据自愿、有偿的原则依法流转土地承包经营权，发展多种形式的适度规模经营。巩固农村税费改革成果，全面推进农村综合改革，基本完成乡镇机构、农村义务教育和县乡财政管理体制等改革任务。深化农村金融体制改革，规范发展适合农村特点的金融组织，探索和发展农业保险，改善农村金融服务。坚持最严格的耕地保护制度，加快征地制度改革，积极开拓农村市场。逐步建立城乡统一的劳动力市场和公平竞争的就业制度，依法保障进城务工人员的权益。增强村级集体经济组织的服务功能。鼓励和引导农民发展各类专业合作经济组织，提高农业的组织化程度。加强农村党组织和基层政权建设，健全村党组织领导的充满活力的村民自治机制。

（3）大力发展农村公共事业。加快发展农村文化教育事业，重点普及和巩固农村九年义务教育，对农村学生免收杂费，对贫困家庭学生提供免费课本和寄宿生活费补助。加强农村公共卫生和基本医疗服务体系建设，基本建立新型农村合作医疗制度，加强人畜共患疾病的防治。实施农村计划生育家庭奖励扶助制度和"少生快富"扶贫工程。发展远程教育和广播电视"村村通"。加大农村基础设施建设投入，加快乡村道路建设，发展农村通信，继续完善农村电网，逐步解决农村饮水困难和安全问题。大力普及农村沼气，积极发展适合农村特点的清洁能源。

（4）千方百计增加农民收入。采取综合措施，广泛拓展农民增收渠道。充分挖农业内部增收潜力，扩大养殖、园艺等劳动密集型产品和绿色食品的生产，努力开拓农产品市场。大力发展县域经济，加强农村劳动力技能培训，引导富余劳动力向非农产业和城镇有序转移，带动乡镇企业和小城镇发展。继续完善现有农业补贴政策，保持农产品价格的合理水平，逐步建立符合国情的农业支持保护制度。加大扶贫开发力度，提高贫困地区人口素质，改善基本生产生活条件，开辟增收途径。因地制宜地实行整村推进的扶贫开发方式。对缺乏自下而上条件地区的贫困人口实行易地扶贫，对丧失劳动能力的贫困人口建立救助制度。

二、2006年中央一号文件出台的背景与意义

（一）中央一号文件出台的背景

建设社会主义新农村不是一个新概念，20世纪50年代以来曾多次使用过类似提法，但在新的历史背景下，党的十六届五中全会提出的建设社会主义新农村具有更为深远的意义和更加全面的要求。新农村建设是在我国总体上进入以工促农、以城带乡的发展新阶段后面临的崭新课题，是时代发展和构建和谐社会的必然要求。当前我国全面建设小康社会的重点难点在农村，农业丰则基础强，农民富则国家盛，农村稳则社会安；没有农村的小康，就没有全社会的小康；没有农业的现代化，就没有国家的现代化。世界上许多国家在工业化有了一定发展基础之后都采取了工业支持农业、城市支持农村的发展战略。目前，我国国民经济的主导产业已由农业转变为非农产业，经济增长的动力主要来自非农产业，根据国际经验，我国现在已经跨入工业反哺农业的新阶段。因此，我国新农村建设重大战略性举措的实施正当其时。

（二）建设社会主义新农村的重大意义

2006年中央一号文件《中共中央国务院关于推进社会主义新农村建设的若干意见》，与2007年中央一号文件《中共中央国务院关于积极发展现代农业扎实推进社会主义新农村建设的若干意见》，其主题都围绕着建设社会主义新农村。建设社会主义新农村的重大意义体现在以下方面：

（1）建设社会主义新农村，是贯彻落实科学发展观的重大举措。科学发展观的一个重要内容，就是经济社会的全面协调可持续发展，城乡协调发展是其重要的组成部分。全面落实科学发展观，必须保证占人口大多数的农民参与发展进程，共享发展成果。如果我们忽视农民群众的愿望和切身利益，农村经济社会发展长期滞后，我们的发展就不可能是全面协调可持续的，科学发展观就无法落实。我们应当深刻认识建设社会主义新农村与落实科学发展观的内在联系，更加自觉、主动地投身于社会主义新农村建设，促进经济社会尽快转入科学发展的轨道。

（2）建设社会主义新农村，是确保我国现代化建设顺利推进的必然要求。国际经验表明，工农城乡之间的协调发展，是现代化建设成功的重要前提。一些国家较好地处理了工农城乡关系，经济社会得到了迅速发展，较快地迈进了现代化国家行列。也有一些国家没有处理好工农城乡关系，导致农村长期落后，致使整个国家经济停滞甚至倒

退,现代化进程严重受阻。我们要深刻汲取国外正反两方面的经验教训,把农村发展纳入整个现代化进程,使社会主义新农村建设与工业化、城镇化同步推进,让亿万农民共享现代化成果,走具有中国特色的工业与农业协调发展、城市与农村共同繁荣的现代化道路。

(3) 建设社会主义新农村,是全面建设小康社会的重点任务。我们正在建设的小康社会,是惠及十几亿人口的更高水平的小康社会,其重点在农村,难点也在农村。改革开放以来,我国城市面貌发生了巨大变化,但大部分地区农村面貌变化相对较小,一些地方的农村还不通公路、群众看不起病、喝不上干净水、农民子女上不起学。这种状况如果不能有效扭转,全面建设小康社会就会成为空话。因此,我们要通过建设社会主义新农村,加快农村全面建设小康的进程。

(4) 建设社会主义新农村,是保持国民经济平稳较快发展的持久动力。扩大国内需求,是我国发展经济的长期战略方针和基本立足点。农村集中了我国数量最多、潜力最大的消费群体,是我国经济增长最可靠、最持久的动力源泉。通过推进社会主义新农村建设,可以加快农村经济发展,增加农民收入,使亿万农民的潜在购买意愿转化为巨大的现实消费需求,拉动整个经济的持续增长。特别是通过加强农村道路、住房、能源、水利、通信等建设,既可以改善农民的生产生活条件和消费环境,又可以消化当前部分行业的过剩生产能力,促进相关产业的发展。

(5) 建设社会主义新农村,是构建社会主义和谐社会的重要基础。社会和谐离不开广阔农村的社会和谐。当前,我国农村社会关系总体是健康、稳定的,但也存在一些不容忽视的矛盾和问题。通过推进社会主义新农村建设,加快农村经济社会发展,有利于更好地维护农民群众的合法权益,缓解农村的社会矛盾,减少农村不稳定因素,为构建社会主义和谐社会打下坚实基础。

三、社会主义新农村建设的总体要求和具体内容

(一) 总体要求

党的十六届五中全会通过的《中共中央关于制定国民经济和社会发展第十一个五年规划的建议》中提出:"建设社会主义新农村是我国现代化进程中的重大历史任务。"要按照生产发展、生活宽裕、乡风文明、村容整洁、管理民主的要求,坚持从各地实际出发,尊重农民意愿,扎实稳步推进新农村建设。

(二) 具体内容

(1) 生产发展。加快建设现代农业,改善农业生产条件,推动农业科技进步,提高农业综合生产能力。当前主要包括加强农田水利建设,提高农业机械化程度,普及先进适用的农业科技技术,推广龙头带基地、公司连农户、产加销一条龙等多种经营模式,发展循环型、节约型农业等具体内容。这是社会主义新农村建设的首要任务,是实现其他目标的物质基础。

(2) 生活宽裕。繁荣农村经济,扩大农民就业,增加农民收入,不断改善和提高

农民的生活质量。包括：以深入推进农业结构调整，进一步提高农业生产优质化、区域化、专业化和产业化水平；以加快投资、财政等管理体制改革和着力培育产业支柱，激发县域经济活力；鼓励并引导农民外出务工就业；以稳定、完善和强化对农业和农民的直接补贴政策等加大外部对农业、农村的支持力度，创造农民持续增收的政策环境；以落实加强整村推进、扶持龙头和转移就业培训三项重点工作为主的开放式扶贫方针，加大扶贫开发工作的力度。这是社会主义新农村建设的出发点和归宿，也是衡量实际工作的基本尺度。

（3）乡风文明。积极发展农村社会事业，强化农村公共服务，树立健康文明风尚，培养造就推进社会主义新农村建设的新型农民。一方面，加大公共财政对农村社会事业的投入，加强农村教育、卫生、文化等基础设施建设，全面普及农村义务教育，逐步完善农村医疗、养老、最低生活保障和困难救助体系，在农村形成民主法治、公平正义、诚信友爱、充满活力、安定有序、人与自然和谐相处的社会风貌。另一方面，大规模开展农村劳动力的科技培训，提高务农技能和农民转产转岗就业的能力，大力发展农村职业教育和成人教育，提高农民整体素质，培养造就有文化、懂技术、会经营的新型农民。这是社会主义新农村建设的主要内容，也是加快新农村建设的迫切需要。

（4）村容整洁。加强农村基础设施建设，搞好村庄规划和治理，改善村容村貌，营造良好的人居环境。加大农村饮水工程、能源、公路、电网、信息化建设，搞好村庄规划和人居环境治理，为农民创造整洁、舒适、文明、现代的生活环境。这是社会主义新农村建设的关键环节，也是新农村建设最直观的体现。

（5）管理民主。深化农村改革，创新农村体制机制，完善乡村治理结构，扩大农村基层民主。尊重、保护农民的土地承包经营权和经营自主权；转变政府职能，巩固深化农村税费改革成果；完善粮食宏观调控体系，改善农村金融服务，健全被征地农民的社会保障；完善村务公开和民主议事制度；开展农村普法教育，加强法治建设，妥善处理农村各种社会矛盾等。这是社会主义新农村建设的根本保障，也是新时期新农村建设充分尊重农民意愿并全面维护农民利益的体现。

四、新农村建设的重点

新农村建设要开好局、起好步，必须集中解决农民生产生活中最迫切需要解决的实际问题，真正带给农民实惠。新农村建设的重点体现在：

（1）以农民增收为核心，加快现代农业建设步伐和农村经济结构调整进程。稳定党在农村的各项基本政策，切实维护农民的权益。优化农业区域布局，优化农产品品种，充分发挥各地的比较优势，提高农业综合效益和竞争力。加大初级农产品的加工转化，积极发展农产品的现代流通方式，增加农产品的附加值。将农产品生产、加工、销售有机结合起来，推进农业产业化经营。应对进口农产品的冲击，扩大我国优势农产品的出口。创造有利于农民合作经济组织发展的政策和法律环境，提高农民进入市场的组织化程度。切实加强农村劳动力培训，大力发展农村职业教育，提高农民劳动技能，培育新型农民。

(2) 将国家基础设施建设重点转向农村。2005 年国家财政收入达到 3 万亿元，而中央财政用于同农民生产生活密切相关的"六小工程"建设方面的资金约为 293 亿元，尚不足财政收入的 1%。与此相对照，2005 年全社会固定资产投资突破 8 万亿元，其中城市基础设施建设规模达 2 万多亿元。应下决心调整国民收入分配格局，特别是调整国家建设资金的投向和结构，由以城市建设为主转向更多地支持农村中小基础设施建设，保证广大农民共享经济社会发展的成果。

(3) 推进城乡义务教育均衡发展。在逐步实行农村免费义务教育的同时，不断改善农村学校的办学条件，提高其教育质量。加大中央政府和省级政府对义务教育的投入，把农村义务教育全面纳入公共财政保障范围，构建农村义务教育经费保障的新机制。

(4) 逐步提高农民的医疗保障水平。看病难、医疗费用高、医疗保障程度低，是当前农村最迫切需要解决的问题。新型农村合作医疗能够在一定程度上缓解大病户的医疗负担，但保障水平仍然偏低，不能从根本上解决农村居民因病致贫、因病返贫的问题。应进一步完善新型农村合作医疗的相关政策，逐步健全农村医疗卫生服务体系。

(5) 逐步建立适合农村实际的社会救助和保障体系。完善农村"五保户"和重病、重残人群的供养、救助制度，逐步提高供养、救助标准，完善救助方式。在具备条件的地区，建立农村最低生活保障制度。在养老保障方面，有条件的地区可以将家庭养老、土地保障和社会养老保险相结合，探索建立农村社会养老保险制度。

五、新农村建设的保障机制

新农村建设的保障机制体现在以下方面：

(1) 继续加大中央财政投入力度。进一步提高预算内农业投入占财政支出的比重，增加中央预算内投资用于农业基本建设的比重。制定更加具有约束力的法律，在法律层面上保证政府支持与保护农业的政策措施落到实处。调整财政支农资金的使用方向，突出政府财政支农资金的投入重点。财政支农资金应主要用于解决农村发展过程中市场解决不了的问题，即主要提供农业发展所需的公共产品，重点选择对农村发展有重大影响和作用的项目；而对于那些市场能够解决的投资项目，政府不必大包大揽。根据财政支农目标和重点，逐步改变过去财政支农资金渠道多、分类不合理的状况，按照建立社会主义市场经济体制和公共财政体制框架的要求，适当归并设置支农资金，突出财政支农资金的公共性。

(2) 大幅增加地方政府尤其是经济发达地区政府用于新农村建设的投入。近年来，财政支农投入高度依赖中央政府，而地方财政的农业支出比重却呈逐年下降趋势。新农村建设需要各级政府共同承担责任，应在完善财政体制的基础上，明晰各级政府的投入责任。同时，在政策上明确地方政府从土地出让金中提取更大的比例用于新农村建设。

(3) 发挥农村社区集体组织和农民的作用。推进新农村建设，政府不能大包大揽，不能包办代替。特别是在村一级，政府的投入只起到引导作用，还要充分发挥农村社区集体组织和农民在投入中的应有作用。调查表明，如果能让农民直接受益，大多数农民是愿意为集体小型公共工程出资出劳的。当然，组织动员农民参与公共工程建设应建立在农民自觉自愿的基础上，充分考虑农民的实际承受能力，绝不能违背农民意愿，更不能以新农村建设的名义变相向农民要钱要物。发挥社区集体组织在新农村建设中的作用，需要加快改革征地制度，缩小征地范围，允许探索集体土地流转的有效途径。应在符合国家土地利用规划、严格管制非农用地总量的基础上，把更多的非农建设用地直接留给农村社区集体组织开发。这是增加社区集体组织收入的最重要来源，可以为新农村建设直接提供大量的资金。

（4）动员社会资本参与新农村建设。除了政府增加投入，重要的是动员全社会力量参与新农村建设。应在鼓励社会资本和产业资本进入农村发展产业、鼓励社会力量进入农村发展社会事业、鼓励农民组织起来利用当地资源加快发展等方面制定一套强有力的支持措施。国家应制定"以奖代补"等特定财政扶持政策，对由社会资本牵头的一些基础设施投资和公益性支出给予鼓励、奖励和补偿。改革和创新金融体制，对农业企业予以信贷扶持，建立支持新农村建设的中长期融资和政策性扶持的机制。

（5）强化信贷资金的投入。在近几年解决"三农"问题的过程中，财政走到了前台，而金融机构对农业和农村经济发展的支持远远不够，农村资金大量外流。必须按照有利于增加农户和企业贷款、有利于改善农村金融服务的要求，以培育竞争性的农村金融市场、形成合理的农村金融机构体系为目标，加快推进农村金融体制的整体改革，强化信贷资金对新农村建设的投入。

第四节　加大统筹城乡发展

一、统筹城乡发展的内涵

统筹城乡发展是科学发展观中五个统筹（统筹区域发展、统筹城乡发展、统筹经济社会发展、统筹人和自然和谐发展、统筹国内发展与对外开放）中的一项重要内容。统筹城乡发展就是要更加注重农村的发展，解决好"三农"问题，坚决贯彻工业反哺农业、城市支持农村的方针，逐步改变城乡二元经济结构，逐步缩小城乡发展差距，实现农村经济社会全面发展，实行以城带乡、以工促农、城乡互动、协调发展，实现农业和农村经济的可持续发展。

统筹城乡发展，是相对于城乡分割的"二元经济社会结构"而言的，它要求把农村经济与社会发展纳入整个国民经济与社会发展全局之中进行通盘筹划、综合考虑，以城乡经济社会一体化发展为最终目标，统筹城乡物质文明、政治文明、精神文明和生态环境建设，统筹解决城市和农村经济社会发展中出现的各种问题，打破城乡界线，优化资源配置，实现共同繁荣。

统筹城乡经济社会发展的实质是给城乡居民平等的发展机会,通过城乡布局规划、政策调整、国民收入分配等手段,促进城乡各种资源要素的合理流动和优化配置,不断增强城市对农村的带动作用和农村对城市的促进作用,缩小城乡差距、工农差距和地区差距,使城乡经济社会实现均衡、持续、协调发展,促进城乡分割的传统"二元经济社会结构"向城乡一体化的现代"一元经济社会结构"转变。一句话,统筹城乡发展,就是让城里有的农村也有,让城里人过的好生活农民也一样能享受,农村和城市齐步前进。

二、统筹城乡发展的背景与战略意义

(一) 统筹城乡发展的背景

1. 城乡发展差距扩大,矛盾凸显

认识城乡关系失衡的突出矛盾是我们研究城乡统筹发展的逻辑起点。从历史上看,新中国成立后确定并长期实行工业化战略、城市偏向型战略以及为确保倾斜战略实施而采取人为的制度障碍,使经济资源大量向城市重化工业集中,同时通过统购统销方式人为地压低农产品价格,通过严格的户籍制度限制农村劳动力向城市迁移,由此导致城乡发展差距扩大。具体表现为:①工农劳动生产比率逐渐扩大。该比率由1985年的4.52上升到2003年的8.17,随后几年有所缩小,但到2008年仍高达6.26。②城乡居民收入差距在波动中再次扩大且日趋严重。统计数据显示,我国城乡居民收入之比1978年为2.57:1,到1985年缩小到1.86:1,但随后再次扩大,到2009年为3.33:1。③城乡社会发展差距扩大化问题严重。主要表现为医疗、教育、就业、社会保障、基础设施等政府公共产品投入差距。综合来看,以起点和过程不公平为标志的机会不平等成为城乡发展经济差距和社会差距逐渐扩大的内在表现,并以"三农"问题的方式具体表现出来。

城乡之间存在的差距使得城乡矛盾凸显,如城乡工业在要素和产品市场存在低水平过度竞争、城乡资金短缺矛盾、城镇化低水平征地补偿与农村群体性对抗矛盾、环境污染转移矛盾、仇富和报复等社会对立矛盾。城乡矛盾的产生、积累和凸显破坏了城乡间发展的良性循环关系,严重阻碍了经济社会的可持续发展。

2. 城乡统筹发展的物质基础和经济条件已具备

经济发展进入工业化中期的标志是:人均GDP超过800美元,第一产业占GDP的比重降到20%以下,农业在工农业增加值的比重降到30%以下,农业的就业份额降到50%以下,城市人口份额上升到35%以上。进入工业化中期阶段以后,国民经济的主导产业转变为非农产业,经济增长的主要贡献来自第二、三产业,工农关系的基本特征转变为"以工促农、以城带乡"。据统计,1998年我国人均GDP已超过800美元,到2004年人均GDP升至1269美元,外汇储备升至6099亿美元,第一产业占GDP的比重为13.4%,农业的就业份额为46.9%,城镇化水平为41.76%。综合上述几项指标,众多学者认为进入新世纪以后,我国已从工业化初级阶段向中期阶段转型。2009年,农业占GDP的比重进一步下降到10.6%,对GDP增长的贡献率仅为4.9%,可见,第二、三产业已是当前中国经济增长的绝对动力。另一方面，中央财政支农支出在绝对量上逐年增加，到2009年达7253.1亿元，按照2010年中央一号文件"三农"投入"总量持续增加、比例稳步提高"的要求，反哺农业的力度将越来越大。也就是说，进入工业化中期阶段后，第二、三产业对经济发展的拉动和国家支农力度加大客观上已经为城乡统筹发展创造了物质基础和经济条件。

（二）统筹城乡发展的战略意义

党的"十六大"报告提出："统筹城乡经济社会发展，建设现代农业，发展农村经济，增加农民收入，是全面建设小康社会的重大任务。"2010年中央一号文件再次提出《中共中央国务院关于加大统筹城乡发展力度，进一步夯实农业农村发展基础的若干意见》。统筹城乡经济社会发展，是党中央在正确把握我国新阶段经济社会发展的新趋势、新矛盾、新挑战、新机遇和遵循经济社会发展规律的基础上提出的，具有极强的时代性、创新性和针对性，具有极为重要的战略意义。

首先，统筹城乡经济社会发展，是从根本上解决新阶段"三农"问题、全面推进农村小康建设的客观要求。进入新世纪，我国市场化、国际化、工业化、城市化和信息化进程明显加快，但农业增效难、农民增收难、农村社会进步慢的问题未能得到有效的解决，城乡差距、工农差距、地区差距扩大趋势尚未扭转，其深层次原因在于城乡二元结构没有完全突破，城镇化严重滞后，城乡分割的政策、制度还没有得到根本性纠正，城乡经济社会发展缺乏内在的有机联系，致使工业发展与城市建设对农村经济社会发展带动力不强，过多的劳动力滞留在农业，过多的人口滞留在农村。这种城乡分割的体制性障碍和发展失衡状态，造成了"三农"问题的现实困难，农村小康成为全面建设小康社会最大的难点。在全面建设小康社会的新阶段，必须把"三农"问题作为全党工作的重中之重，摆到更加突出的位置；必须突破就农业论农业、就农村论农村、就农民论农民的思想束缚，打破城乡分割的传统体制，以城带乡，以工促农，以工业化和城市化带动农业农村现代化，形成城乡互补共促、共同发展的格局，推动农村全面小康建设。

其次，统筹城乡经济社会发展，是保持国民经济持续快速健康发展的客观要求。全面建设小康社会，最根本的是坚持以经济建设为中心，不断解放和发展社会生产力，保持国民经济持续快速健康发展，不断提高人民生活水平。当前，我国经济社会生活中存在的许多问题和困难都与城乡经济社会结构不合理有关，农村经济社会发展滞后已经成为制约国民经济持续快速健康发展的最大障碍。占我国人口绝大多数的农村居民收入增长幅度下降，收入水平和消费水平远远低于城镇居民，直接影响到扩大内需、刺激经济增长政策的实施效果，扩大内需已经成为新阶段我国经济能否持续增长的关键。这就要求我们，一方面，要积极推进具有二、三产业劳动技能的农民进城务工经商，具有经济实力的农村人口到城镇安居乐业，促进农村型消费向城市型消费转变；另一方面，要千方百计增加农民收入，不断繁荣农村经济，提高农村购买力，启动农村市场。因此，只有统筹城乡经济社会发展，加快城镇建设和城镇经济的发展，加快农村劳动力向二、三产业和城镇转移，不断发展农村经济，增加农民收入，提高农村消费水平，才能保持国民经济持续快速健康发展。

再次，统筹城乡经济社会发展，是新时期实现新跨越的客观要求。城市化对经济社会发展的作用越来越大，城乡关系、工农关系越来越密切，统筹城乡经济社会发展显得更加紧迫，也更有条件。因此，我们必须把统筹城乡经济社会发展作为经济社会发展再上新台阶的一个大战略，进一步发挥城市化在区域经济社会发展中的龙头作用，加快推进城乡一体化改革和结构调整，形成城市与农村相互促进、农业与工业联动、经济与社会协调发展的格局，走出一条以城带乡、以工促农、城乡一体化发展的新路子。

三、统筹城乡发展的主要内容

2010年的中央一号文件，以"加大统筹城乡发展力度，进一步夯实农业农村发展基础"为主题，要求"稳粮保供给、增收惠民生、改革促统筹、强基增后劲"，提出把统筹城乡发展作为全面建设小康社会的根本要求，把改善农村民生作为调整国民收入分配格局的重要内容，把扩大农村需求作为拉动内需的关键举措，把发展现代农业作为转变经济发展方式的重大任务，把建设社会主义新农村和推进城镇化作为保持经济平稳较快发展的持久动力，更加凸显"三农"工作对经济社会发展全局的重大意义，这不仅是促进农业稳定发展、农民持续增收、农村和谐稳定的根本之举，更是推动经济发展方式转变和经济结构调整、保持经济平稳较快发展的战略需求。特别是，文件着眼于以改革创新这个基本动力来促进城乡统筹，着力构建以工促农、以城带乡长效机制，协调推进工业化、城镇化和农业现代化，建立健全有利于农业农村发展的体制机制、政策制度与宏观环境；立足于加强农业农村基础建设、强化基础支撑，全面提升农业农村可持续发展能力。

统筹城乡发展的内涵不仅仅指经济范畴，它包括城乡经济与社会发展中的物质文明、政治文明和精神文明建设三个方面都要实现城乡统筹。在经济上应把农民致富与转移农民、减少农民结合起来，长富于民，藏富于民，实现农民"有其利"；在政治上应善待农民与尊重农民，给农民国民待遇，让农民当家做主，实现农民"有其权"；在思想文化上应把教育农民与转变农民观念、提高农民素质结合起来，弘扬勤劳、善良、讲修养的传统美德，增强民主、科学、讲公德的现代文明意识，实现农民"有其教"。具体说来，统筹城乡发展的内容主要包括以下几个方面：

一是统筹城乡规划建设。即改变目前城乡规划分割、建设分治的状况，把城乡经济社会发展统一纳入政府宏观规划，协调城乡发展，促进城乡联动，实现共同繁荣。根据经济社会发展趋势，统一编制城乡规划，促进城镇有序发展，农民梯度转移。主要包括：统筹城乡产业发展规划，科学确定产业发展布局；统筹城乡用地规划，合理布局建设、住宅、农业与生态用地；统筹城乡基础设施建设规划，构建完善的基础设施网络体系。尤其在农村地区缺乏基础设施建设资金的情况下，政府要调动和引导各方面的力量着力加强对农村道路、交通运输、电力、电信、商业网点等基础设施的投入，使乡村联系城市的硬件设施得到尽快改善。优先发展社会共享型基础设施，扩大基础设施的服务范围、服务领域和受益对象，让农民也能分享城市基础设施。

二是统筹城乡产业发展。以工业化支撑城市化，以城市化提升工业化，加快工业化和城市化进程，促进农村劳动力向二三产业转移，农村人口向城镇集聚。建立以城带乡、以工促农的发展机制，加快现代农业和现代农村建设，促进农村工业向城镇工业园区集中，促进农村人口向城镇集中，促进土地向规模农户集中，促进城市基础设施向农村延伸，促进城市社会服务事业向农村覆盖，促进城市文明向农村辐射，提升农村经济社会发展的水平。

三是统筹城乡管理制度。突破城乡二元经济社会结构，纠正体制上和政策上的城市偏向，消除计划经济体制的残留影响，保护农民利益，建立城乡一体的劳动力就业制度、户籍管理制度、教育制度、土地征用制度、社会保障制度等，给农村居民平等的发展机会、完整的财产权利和自由的发展空间，遵循市场经济规律和社会发展规律，促进城乡要素自由流动和资源优化配置。

四是统筹城乡收入分配。根据经济社会发展阶段的变化，调整国民收入分配结构，改变国民收入分配中的城市偏向，加大对"三农"的财政支持力度，加快农村公益事业建设，建立城乡一体的财政支出体制，将农村交通、环保、生态等公益性基础设施建设都列入政府财政支出范围。

四、统筹城乡发展的工作重点

（1）继续加大对农业农村的投入力度。总量持续增加，比例稳步提高。稳定发展粮食生产的政策不能变、支持力度不能减。完善农业补贴制度，调动农民务农种粮和地方重农抓粮的积极性。加强和改进农产品市场调控，保持价格合理水平。

（2）不断增强农业发展支撑能力。抓好农田水利基础设施和高标准农田建设，提高农业科技创新和推广能力，健全农业社会化服务体系，提升农业机械装备水平，健全农产品市场体系，促进农业综合生产能力再上新台阶。

（3）加快改善农村民生。将政府的公共资源更多地投向农村，引导资金、技术、人才、管理等要素向农村聚集，千方百计促进农民多渠道就业，加快解决农村发展最急需、农民要求最迫切的饮水、用电、教育、医疗等问题，提高农村社会保障水平，加大扶贫开发力度，促进城乡基本公共服务均等化。

（4）坚定不移深化农村改革。更加注重城乡联动、协调推进，更加注重制度建设。稳定和完善农村基本经营制度，有序推进农村土地管理制度改革，加快农村金融改革步伐，继续深化农村综合改革。当前和今后一个时期，要把积极稳妥推进城镇化，促进农民工融入城镇、有序转变为城镇居民，作为城乡改革联动的突破口。

第二章练习题

1. 增加农民收入的意义是什么?
2. 促进农业增收的主要措施体现在哪些方面?
3. 农业综合生产能力的内涵是什么?
4. 提高农业综合生产能力的重点领域包括哪些方面的内容?
5. 新农村建设的具体任务与重点体现在哪些方面?
6. 统筹城乡发展的主要内容包括哪些?
7. 统筹城乡发展的工作重点是什么?

第三章 农业基本法律制度

本章概要介绍《中华人民共和国农业法》（以下简称《农业法》）及《农业法》规定的基本法律制度。农业发展涉及的事项千头万绪，一部法律难以将所有的事项都包涵进来。所以，各国的农业基本法都是对农业的基本法律制度进行规定，再辅以若干单行法进行补充规定。我国《农业法》是我国农业发展的基本法，本章着重介绍其规定的农业生产经营、农业生产、农产品流通、农业投入与支持及农民权益保护等农业基本法律制度。本章学习的重点是《农业法》的立法目的和基本原则、农业产业化经营主体的法律制度、农产品流通体系、国家对农业支持保护的具体措施、《农业法》对农民权益的保护等。其难点是对农业法律关系、农业"产中"环节涉及的各项制度的理解。

第一节 农业法概述

一、《农业法》立法的必要性

农业立法是保证农业持续、稳定、协调发展的需要，是巩固和发展农村改革成果的需要，是发展农村社会主义市场经济的需要。

二、《农业法》的立法目的

我国《农业法》第1条即明确了立法的目的：为了巩固和加强农业在国民经济中的基础地位，深化农村改革，发展农业生产力，推进农业现代化，维护农民和农业生产经营组织的合法权益，增加农民收入，提高农民科学文化素质，促进农业和农村经济的持续、稳定、健康发展，实现全面建设小康社会的目标，制定本法。

三、《农业法》的指导思想和基本原则

1. 制定《农业法》的指导思想

制定《农业法》的指导思想是：以国家基本法的形式保障农业在国民经济中的基础地位，把党和国家发展农村社会主义市场经济的一系列大政方针和基本政策规范化、法制化、制度化，为农业持续、稳定、健康、协调发展提供必要的法律保障。

2. 《农业法》的基本原则

《农业法》规定的基本原则，可以概括为5个方面，即：

（1）国家把农业放在发展国民经济的首位。《农业法》第3条第1款规定，国家把农业放在发展国民经济的首位。并将"为了巩固和加强农业在国民经济中的基础地位"

(第1条)作为最重要的立法目的。

(2)国家坚持和完善公有制为主体、多种所有制经济共同发展的基本经济制度,振兴农村经济。这是《农业法》第5条规定的基本原则。在我国农村90%的耕地是集体所有的,此外,还有相当数量的国有农场、林场,90%以上的农产品来自公有。社会主义公有制经济在农村中占有绝对优势。因此,必须坚持公有制经济为主体。在公有制经济为主体的前提下,多种经济成分还要共同发展,才能振兴农村经济。个体经济、私营经济、外资经济、股份制经济等非公有制经济是农村公有制经济的重要补充。

(3)国家长期稳定农村以家庭承包经营为基础、统分结合的双层经营体制。家庭联产承包责任制,是以农户为生产经营单位向农业集体经济组织承包经营土地或者其他生产项目,其劳动成果除按规定上交的以外,全部归家庭所有的责任形式;统分结合的双层经营,是指农户家庭承包经营作为分散经营与集体经营组织的统一经营相结合的经营形式。

以家庭联产承包为主的责任制与统分结合的双层经营体制,是符合农业生产客观规律和我国国情的农业生产经营体制,是我国农民在党的领导下的伟大创造。法律规定稳定和完善这种体制,是农业持续、稳定发展的法律保障。

(4)国家坚持科教兴农和农业可持续发展的方针。这是《农业法》第6条第1款和第2款规定的基本原则。要发展优质、高产、高效益的现代农业,必须提高劳动生产率、土地等资源的利用率、农产品的商品率,做到这些必须以科技进步为动力。科学技术是第一生产力,劳动者又是生产力的第一要素。农业科技队伍状况和广大农民的技术素质,直接影响着农业生产的水平。因此,发展农业教育是振兴农业的重要保障。

农业可持续发展是我国可持续发展战略的重要组成部分。农业的特点和生态经济本质决定了农业必须走可持续发展的道路。农业现代化的目标应当是生态与经济双重目标。当前,我国农业资源相对匮乏,农村环境污染状况呈加剧态势,管理和保护自然资源,协调农业经济发展与环境的关系、资源利用和保护的关系,促进生态和经济的良性循环是农业发展的方向,也是农业现代化的实现途径。

(5)保护农民和农业生产经营组织的合法权益。我国是一个农业大国,农民占全国人口的大多数。广大农民通过自己的劳动为社会发展提供了大量的资金积累,为国家的经济建设作出了巨大贡献。但城乡二元体制导致农民收入增长缓慢,农村生活水平低下。因此,我国农业法将保护农民和农业生产经营组织的合法权益作为基本原则具有重要意义。

四、《农业法》的适用范围

《农业法》的适用范围包括农业的范围、农业生产经营活动的范围、法律关系主体的范围以及地域的适用范围。

1. 农业的范围

农业是指大农业,《农业法》第2条第1款规定,本法所称农业是指种植业、林业、畜牧业和渔业等产业，包括与其直接相关的产前、产中、产后服务。《农业法》适用大农业，体现了国民经济发展的客观要求，对于发展高产、优质、高效益的农业，建立良好的农业生态体系具有重要意义。

2. 农业生产经营活动的范围

根据《农业法》的规定，本法调整的农业生产经营活动，是指农业生产的产前、产中和产后各项生产经营活动以及直接为生产经营提供的各项服务，包括农业生产资料的供应、农产品的流通、农业投入、农业技术推广、农业资源保护和环境保护等。

3. 法律关系主体的范围

《农业法》的法律关系主体包括两类：一是直接从事农业生产经营活动的农业劳动者和农业生产经营组织。农业劳动者包括农民和农业企业的职工。农业生产经营组织是指农业集体经济组织、国有农业企业和其他农业企业。二是管理农业和为农业服务的国家机关、有关组织和个人。国家机关是指各级人民政府、农业主管部门以及财政、金融、科技、物资等部门。有关组织是指农业技术推广机构、商业和合作社组织以及其他为农业服务的企业。

4. 地域的适用范围

《农业法》适用于中华人民共和国领域和其他管辖海域。领域是指领陆、领空和领海。种植业、林业、畜牧业在领域内发展，渔业还要扩大到领海和其他管辖海域。领海是指领海基线量起 12 海里之内的海域。其他管辖海域是指专属经济区和大陆架。专属经济区是指领海基线量起 200 海里之内的海域；大陆架是指大陆自然延伸的海床和底土。

五、《农业法》的基本内容

1993 年 7 月 2 日，第八届全国人民代表大会常务委员会第二次会议通过了《中华人民共和国农业法》，2002 年 12 月 28 日第三十一次会议通过了农业法修订案。修订后的《农业法》全文约 1.3 万字，共 13 章 99 条。《农业法》就是把农业的产前、产中、产后诸环节作为一个整体进行规范和法律调整，其框架结构和基本内容包括：

第一章"总则"共 9 条（第 1 条至第 9 条），主要内容包括：立法宗旨和依据、农业的地位、农业发展的基本目标、土地所有制和使用制度、农业所有制、经营制度、农业发展措施、政府和社会的责任、农业行政管理体制等。

第二章"农业生产经营体制"共 5 条（第 10 条至第 14 条），主要内容包括：农村土地承包经营制度、专业合作经济组织、农业产业化经营、农产品行业协会等。其中，关于农村土地承包经营的方式、期限、发包方和承包方的权利义务、土地承包经营权的保护和流转等，适用《中华人民共和国土地管理法》和《中华人民共和国农村土地承包法》。

第三章"农业生产"共 11 条（第 15 条至第 25 条），主要内容包括：国家支持农业和农村基础设施建设，农业生产结构调整，农业综合开发，富余农业劳动力出路，农田水利建设，农业机械化，农产品综合开发利用，农业的防灾、抗灾和救灾，扶持贫困地区，农业气象事业，购买先进农业机械给予扶持，农业保险制度，动植物防疫、检疫制度，农业生产资料和安全使用等。

第四章"农产品流通与加工"共5条（第26条至第30条），主要内容包括：农产品购销基本政策，重要农产品宏观调控原则，粮食保护价收购制度和储备调节制度；农产品流通组织和形式，农产品市场体系建设；支持发展农产品加工业和食品工业，增加农产品的附加值；建立健全农产品加工制品质量标准，完善检测手段；鼓励发展农产品进出口贸易，建立农产品进口预警制度等。

第五章"粮食安全"共6条（第31条至第36条），主要内容包括：保障粮食安全、建立耕地保护制度、建设商品粮生产基地、实行保护价制度、建立粮食安全预警制度、建设仓储运输体系、建立粮食风险基金、改善食物营养结构等。

第六章"农业投入与支持保护"共11条（第37条至第47条），主要内容包括：建立和完善农业支持保护体系；国家逐步提高农业投入的总体水平，加快西部开发；提高资金的使用效率，加强资金的审计监督，增加基本建设投入，鼓励社会资金投向农业，促进农业利用外资；鼓励和扶持农用工业的发展；发展多种形式的社会化服务事业；建立健全农村金融体系；建立和完善农业保险制度，提高农业防御自然灾害的能力等。

第七章"农业科技与农业教育"共9条（第48条至第56条），主要内容包括：制定农业科技、农业教育发展规划，保护知识产权；组织农业重大关键技术的科技攻关，鼓励引进国外先进技术；设立农业技术推广机构，稳定和加强农业技术推广队伍；鼓励农民参与科技活动，国家建立农业专业技术人员继续教育制度；保障义务教育经费，国家发展农业职业教育，提高农民的文化技术素质等。

第八章"农业资源与农业环境保护"共10条（第57条至第66条），主要内容包括：保护和改善生态环境，建立农业资源监测制度；保养耕地，加强小流域综合治理，预防土地沙化，加强造林护林；加强草原的保护、建设和管理，禁止毁林毁草开垦；渔业资源的保护和利用；建立与农业生产有关的生物物种资源保护制度；农业转基因生物的研究、试验、生产、加工、经营及其他应用，必须依照国家规定严格实行各项安全控制措施；其他农业资源的保护。

第九章"农民权益保护"共12条（第67条至第78条），属于农业法新增的主要内容，也是条款最多的一章，反映了国家对农民权益保护的极度重视。其主要内容包括：依法保护农民和农业生产经营组织合法财产的原则以及具体条文。例如，农村中小学收费、依法征用土地、生产资料的购买、销售农产品、兴办公益事业、财务公开、有偿服务、农产品收购违反法律规定，侵犯农民权益的，农民或者农业生产经营组织可以依法申请行政复议或者向人民法院提起诉讼等。

第十章"农村经济发展"共8条（第79条至第86条），属于农业法新增的主要内容。其主要内容包括：促进农村经济全面发展，逐步缩小城乡差别，采取措施，引导乡镇企业,支持农业的发展,转移富余的农业劳动力,推进农村小城镇建设,逐步完善农村社会救济制度,提高农民健康水平,制定扶贫开发规划,鼓励和扶持金融机构、其他企业事业单位和个人投入资金支持贫困地区开发建设等。

第十一章"执法监督"共3条(第87条至第89条),属于农业法新增的内容。其主要内容包括:逐步完善适应社会主义市场经济发展要求的农业行政管理体制、履行执法监督检查职责的措施,农业行政主管部门及其工作人员不得参与和从事农业生产经营活动等。

第十二章"法律责任"共8条(第90条至第97条),主要内容包括:违反本法侵害农民和农业生产经营组织的土地承包经营权等财产权或者其他合法权益的,应当停止侵害,恢复原状;造成损失、损害的,依法承担赔偿责任。

第十三章"附则"共2条(即第98条至第99条),内容包括农业法中有关农民的规定,适用于国有农场、牧场、林场、渔场等企业事业单位实行承包经营的职工,以及本法的生效时间,即本法自2003年3月1日起施行。

六、农业法律关系概述

农业法律关系是指依据一国农业法律制度所调整的在一定社会主体之间发生的权利义务关系。和其他法律关系一样,农业法律关系也由主体、内容、客体三要素构成。

农业法律关系的主体是指农业法律关系的享有者和管理者。具体包括国家、农民及农业生产经营组织、其他社会组织(包括法人和非法人组织、企事业单位及社会团体)。

农业法律关系的内容,包括农业生产经营者的权利和义务,国家对农业的管理调控权力和职责。农业生产经营者的权利和义务具体表现为:对农业生产资料的所有权和使用权、生产经营自主权、对违法行为的拒绝权、救济权,贯彻国家对农业的方针政策,遵守法律法规,接受国家对农业的管理和调控,依法纳税,履行合同义务等。国家对农业的管理调控权力和职责,具体表现为:①国家对农业的宏观调控权力和职责;②政府对农业的管理权责;③国家对农业的服务权责。

农业法律关系的客体是指农业法律关系主体发生权利义务所指向的对象。主要表现形式有:①物,如农业生产资料、农作物及农产品等。②行为,如农民的农业生产经营行为、政府对农业的管理行为、农业科技开发、农业推广等。③智力成果,如植物新品种等。

第二节 农业生产经营制度

一、农业生产经营体制的含义

农业生产经营是农业劳动者与农业生产资料结合而进行的社会生产活动。农业生产经营体制是指农业生产经营的形式，农业生产经营主体的责权利关系及其相互作用的制度。

农业生产经营体制不同于农业生产资料所有制。农业生产资料所有制是指农业生产资料为谁所有的经营制度，即由谁支配生产资料。而农业生产经营体制则是实现生产资料所有制的具体组织形式，是由生产力的水平决定的。在同一所有制关系下，可以采取不同的经营形式。农业生产经营体制主要有四种类型：集中经营型、分散经营型、统分结合经营型和农业产业化经营型。

1. 集中经营型

集中经营是指采取大规模的农业生产经营组织形式，集中许多劳动力、农业生产资料，统一指挥和管理的经营类型。

2. 分散经营型

分散经营型是指农业生产经营采取众多小规模的劳动组织，劳动力与农业生产资料个别分散结合的农业生产经营类型。

3. 统分结合经营型

统分结合经营型是以小规模的个别劳动组织为基础，建立集中联合经营组织，在生产的某些环节和方面采取个别劳动者的联合经营。目前我国农村实行的以家庭联产承包经营为基础的农户分散经营与集体经济组织统一经营相结合的双层经营体制就是统分结合经营类型。

4. 农业产业化经营型

农业产业化经营体制是在农业生产专业化、农产品商品化、服务社会化条件下形成的多层次、多形式的统分结合经营体制。它是统分结合型的高级形式。《农业法》第13条规定，国家采取措施发展多种形式的农业产业化经营，鼓励和支持农民和农业生产经营组织发展生产、加工、销售一体化经营。国家引导和支持从事农产品生产、加工、流通服务的企业、科研单位和其他组织，通过与农民或者农民专业合作经济组织订立合同或者建立各类企业等形式，形成收益共享、风险共担的利益共同体，推进农业产业化经营，带动农业发展。

二、农业产业化经营体制

（一）农业产业化经营的概念

农业产业化经营的概念，首先是由美国哈佛大学的高德博格在20世纪50年代后期提出的，他认为，农业产业化经营是指从农资供应到农产品、食品加工和食品供应等一系列农业生产者、食品加工企业和专业协会（社会团体）所组成的农产品产业链。在我国，农业产业化经营是指在家庭经营的基础上，以市场为导向，以效益为中心，通过一定的组织形式和利益机制，把农业产前、产中、产后各个环节连接起来，把千家万户和大市场连接起来，把生产、加工、销售连接起来，实现农产品生产、加工和贸易的规模化、专业化、一体化经营。

当前，我国正在全面履行世界贸易组织条约，国外大规模、低成本农产品的涌入，已严重冲击我国农产品市场。面对这种形式，我国农业发展的唯一选择，就是尽快实现农业产业化。实行农业产业化经营，有利于克服因农户分散经营导致的抵御自然风险、市场风险和技术风险能力差的局面，改变农业弱质产业的地位；有利于农业实现规模经济；有利于农业技术推广，提高农产品质量，增强农产品的竞争力；有利于适应加入世贸组织后的新形势，扩大农业对外开放；有利于提高农业整体素质，实现农业增效、农民增收。

（二）推进农业产业化经营的法律措施

1. 建立健全农业产业化经营组织体系

农业生产经营组织也称农业生产经营主体。目前在我国，农业产业化经营组织，包括实行产供销一体化经营的农业企业、农产品市场、农产品行业协会、农民专业合作社、各类农业中介组织等，其中核心是农业企业、农产品行业协会、农民专业合作社。

建立健全农业产业化经营组织体系。首先，应大力培育一批起点高、规模大的大型骨干龙头企业，以开拓市场、科技创新，带动农业产业化经营开展。其次，应积极引导和帮助农业产业化经营组织建立行业协会，加强行业内的联系与合作，提高行业整体市场竞争力。最后，应大力培育发展农民专业合作社，提高农民直接参与产业化经营的程度。

2. 建立健全农业产业化经营的利益联结机制

首先，通过积极引导龙头企业推行"公司加基地，基地带农户，科技市场一体化"等有效的组织经营形式，建立稳定的产销关系，与农户建立合理的利益联结机制。其次，鼓励农民以土地经营权、资金、技术等生产要素和产品入股，采取股份制、股份合作制等形式，与龙头企业结成利益共享、风险共担的利益共同体。

3. 加快农业产业化经营的配套制度改革

第一，必须稳定和完善以家庭承包经营为基础，统分结合的双层经营体制。实行农业产业化经营，是在家庭承包经营的基础上，通过运用现代科技和扩大经营规模等方式，进一步发展家庭承包经营的成果。第二，建设和完善农产品市场体系。第三，继续深化粮食购销体制改革。第四，加快农业标准化建设。按照安全、优质、环保、高效的要求，加快农产品质量标准体系和农产品质量安全监测体系建设。

三、农业产业化经营组织的法律制度

（一）乡镇企业的法律制度

《农业法》第12条规定，农民和农业生产经营组织可以自愿按照民主管理、按劳分配和按股分红相结合的原则，以资金、技术、实物等入股，依法兴办各类企业。作为农业生产经营的一种重要组织形式，乡镇企业在推动农村经济发展，促进国民经济的繁荣与发展方面发挥着越来越重要的作用。

1. 乡镇企业的概念和任务

根据我国《乡镇企业法》的规定,乡镇企业是指"以农村集体经济组织或者农民投资为主,在乡镇(包括所辖村)筹办的承担支援农业义务的各类企业"。乡镇企业的发展,能够更好地支持农业的发展,乡镇企业的主要任务有以下几方面:

(1) 发展商品生产和服务业,满足社会日益增长的物质和文化生活的需要;

(2) 调整农村产业结构,吸收农村剩余劳动力,提高农民收入;

(3) 支援农业生产和农村建设,推进农业和农村现代化;

(4) 积极发展出口创汇产业;

(5) 为大工业配套和服务。

2. 国家对乡镇企业的扶持措施

在广大农村发展一、二、三产业主要是依靠乡镇企业,因此,国家要进一步完善对乡镇企业发展的支持力度和措施,引导乡镇企业优化结构,根据国民经济和社会发展总体规划、产业政策、市场需求和效益原则,不断优化乡镇企业产业产品结构,实行多业并举,发展优势产业和产品,积极带动第一产业,调整优化第二产业,加快发展第三产业,促进农村一、二、三产业协调发展。大力兴办集约型的农业企业,使农工商、贸工农一体化,带动农业的企业化、集约化和产业化。但是,我国目前还有相当数量的乡镇企业仍然处于技术落后、产品质量不高、成本较高、经济效益低的状况,这也成了制约乡镇企业持续健康发展的根本原因。为此,国家需要根据新形势和新情况发展的要求,帮助乡镇企业提高企业素质,并不断完善支持乡镇企业发展的措施。

(1) 税收扶持

根据《乡镇企业法》的规定,国家对乡镇企业的税收扶持主要体现在两个方面:其一,国家根据乡镇企业发展的情况,在一定时期内对乡镇企业减征一定比例的税收。其二,国家对四类中小型乡镇企业,根据不同情况实行一定期限的税收优惠。这四类企业是:集体所有制乡镇企业开办初期经营确有困难的;设立在少数民族地区、边远地区、贫困地区的;从事粮食、饲料、肉类的加工、储存、运销经营的;国家产业政策规定需要特殊扶持的。

(2) 信贷扶持

资金短缺是目前乡镇企业发展面临的最大瓶颈,但一般的金融机构通常认为向乡镇企业发放贷款风险大、成本高、赢利小,往往不愿意向乡镇企业发放贷款。在此情况下,国家运用信贷手段鼓励和扶持乡镇企业的发展,对于解决乡镇企业发展中的资金短缺问题,保持乡镇企业持续稳定发展就十分必要。《乡镇企业法》规定,国家运用信贷手段,鼓励和扶持乡镇企业发展。对于上文提到的四类中小型乡镇企业,如果符合贷款条件,国家有关金融机构可以给予优先贷款,对其中生产资金有困难且有发展前途的还可以给予优惠贷款。

(3) 设置乡镇企业发展基金

根据《乡镇企业法》规定,乡镇企业发展基金由县级以上人民政府依照国家有关规定设立。乡镇企业发展基金主要来源于四个渠道：第一，政府拨付的用于乡镇企业发展的周转金；第二，乡镇企业每年上缴地方税金增长部分中一定比例的资金；第三，基金运用产生的收益；第四，农村集体经济组织、乡镇企业、农民等自愿提供的资金。

（4）人才扶持

乡镇企业的发展除了离不开资金的扶持，也离不开人才的扶持。为实现乡镇企业的人才战略，《乡镇企业法》规定，国家将积极培养乡镇企业人才，鼓励科技人员、经营管理人员及大中专毕业生到乡镇企业工作，通过多种方式为乡镇企业服务。为了提高乡镇企业的整体素质，各有关大中专院校要为乡镇企业定向培养人才，并列入各级教育部门的计划中。有条件的大中专院校要增设适用于乡镇企业的专业。通过职业中学、民间办学、短期培训等途径加强对农村现有知识青年的职业教育，不断扩大乡镇企业的人才后备资源。

3. 国家保护乡镇企业的合法权益

根据我国《乡镇企业法》的规定，国家对乡镇企业合法权益的保护有以下几个方面：

（1）支援农业和农村社会性支出必须按照省、自治区、直辖市人民政府规定的比例和管理使用办法进行。

（2）乡镇企业的合法财产不受侵犯。任何组织或者个人不得违反法律、行政法规，干预乡镇企业的生产经营，撤换企业负责人。不得非法占有或者无偿使用乡镇企业的财产。

（3）除法律、行政法规另有规定外，任何机关、组织或者个人不得以任何方式向乡镇企业收取费用，进行摊派。

（二）农产品行业协会的法律制度

《农业法》第14条规定，农民和农业生产经营组织可以按照法律、行政法规成立各种农产品行业协会，为成员提供生产、营销、技术、信息、培训等服务，发挥协调和自律作用，提出农产品贸易救济措施的申请，维护成员和行业的利益。

1. 农产品行业协会的概念

农产品行业协会，是指由从事农产品生产、加工、流通、科研、中介、教学的企业、专业合作经济组织，以及与此相关的其他组织和个人自愿参加组成的具有法人资格的自律性社团组织。通过组建农产品行业协会，充分发挥其服务、自律、代表和协调的作用，可以提高农业企业和农户生产经营的组织化程度，增强农产品的市场竞争力，切实维护企业和农民的利益，促进农村经济持续发展。

2. 农产品行业协会的职能

（1）服务职能

农产品行业协会首先立足于为成员提供生产、营销、信息、技术、培训等服务。例如，通过对市场信息的收集、整理、分析与发布，为会员提供行业发展动态、产销与质量技术标准信息等服务。其还可以接受政府、企事业单位的委托，对有关发展战略、政策措施进行论证，为成员以外的机构提供服务。

(2) 协调职能

农产品行业协会的协调职能主要体现在两方面：一是协调会员与会员之间的关系。例如，积极组织会员之间的经济协作和信息、销售、经营管理等方面的交流与沟通，加强协会成员间的合作，开展人才与技术交流。二是协调行业协会与外部的关系。例如，积极组织会员参与国内外经济技术合作和竞争，积极开拓国内外市场。

(3) 自律职能

农产品行业协会通过贯彻执行政府有关法律法规，以及本协会的自律规章，督促会员诚信经营，依法办事，遵守协会章程和行业规范，对会员企业的产品和服务质量、经营信用、资质等级、经营作风进行行业评定，维护行业信誉，维持公平竞争秩序。

(4) 行业代表职能

农产品行业协会的代表职能体现在：代表会员积极向有关部门反映会员意见要求，提出有关行业或农产品发展的政策和立法建议，参与有关农业产业发展规划、产品质量标准、政策措施的制定与实施；面临国际贸易技术壁垒和不公平竞争行为，代表行业参与反垄断、反倾销、反补贴调查、应诉和行业损害调查，以及贸易纠纷的处理，维护会员的合法权益。

第三节 农业生产的法律制度

一、农业生产法律制度概述

农业生产的政策与法规是规定农业生产过程中"产中"环节有关农业经济政策措施和法律规范的总称，也是国家对农业生产过程中"产中"环节扶持保护、宏观调控的政策与法规的总称。《农业法》专章规定了农业生产过程中国家采取的农业经济政策和措施，包括农业生产扶持的政策与法规、农业生产结构调整的政策与法规、农业发展规划的政策与法规、农业基本建设的政策与法规、农业生产资料的政策与法规、农业生产保障措施的政策与法规等。

二、农业生产扶持的政策与法规

农业生产扶持的政策与法规是国家对农业生产实行扶持性政策所采取的措施、途径、方式的法律规定。对农业生产实行扶持性政策是国家的农业基本经济政策，也是市场经济发达国家对农业生产普遍实行的经济政策。我国《农业法》第三章对农业生产经营组织和农业劳动者的扶持和发展作了相关规定。国家主要从资金、生产资料、生产技术、市场信息几方面对农业生产进行扶持。

1. 国家对农业生产的资金扶持

国家对农业生产的扶持首先是资金的扶持。资金扶持的措施，主要是财政措施和信贷措施。财政措施主要是通过财政投资和财政补贴增加农业生产资金。中央和地方财政都要增加对农业的投资，不断提高投资比重。对粮食等农产品要给予保护价收购，由各级财政给予价格补贴。各级财政都要在预算中对农业基本建设、农业综合开发、扶贫开发、农村社会化服务体系建设等所需资金作出安排。信贷措施，主要是指通过农贷规模和利率调整增加对农业的信贷投入。

2. 国家对农业生产的生产资料扶持

国家对农业生产的生产资料扶持的主要措施包括：发展农业生产资料工业，生产为农民所需要的农业生产资料；加强对农业生产资料的质量管理和生产、销售渠道管理，防止假冒伪劣农业生产资料坑农、害农；加强对农业生产资料价格管理，对主要农业生产资料实行最高限价销售。

3. 国家对农业生产的技术扶持

国家对农业进行技术扶持的主要措施有：①大力发展农业科技推广体系，促进现有科技成果尽快转化为生产能力；②重视基础研究，组织科研攻关，不断推出新的科技成果；③大力发展农村教育事业，发展农业职业技术教育，提高农民的科学文化素质；④各级人民政府对农民自办、联办科技服务组织积极支持，保护他们的合法权益，同时加强管理，引导其健康发展。

4. 国家对农业生产的市场信息扶持

市场经济条件下，市场信息是农业生产者正确安排农业生产、避免市场风险的重要工具。国家对农业生产的扶持离不开市场信息。农业部于1993年开始建立农村信息系统，包括：农产品产量预测预报系统及种植意向；农情信息系统；水产品产量预测信息；乡镇企业主要经济指标的季报月报；环境与资源信息系统；粮、猪及生产资料市场价格信息系统；大中城市副食品市场行情；农产品市场价跟踪信息系统；国外农业生产和贸易信息；政策反馈信息等。这一信息系统是国家对农业生产在市场信息方面的大力扶持措施。

三、农业生产结构调整的政策与法规

农业生产结构调整的政策与法规是指国家引导农业生产经营组织和农业劳动者，按照市场的需求，调整农业生产结构，实现农业产业化经营，使农业生产各业之间，农业生产与农村经济其他产业之间保持适度比例，协调发展的政策与法规。

我国《农业法》第16条规定："国家引导和支持农民和农业生产经营组织结合本地实际，按照市场需求，调整和优化农业生产结构，协调发展种植业、林业、畜牧业和渔业，发展优质、高产、高效益的农业，提高农产品国际竞争力。种植业以优化品种、提高质量、增加效益为中心，调整作物结构、品种结构和品质结构。加强林业生态建设，实施天然林保护、退耕还林和防沙治沙工程，加强防护林体系建设，加速营造速生丰产林、工业原料林和薪炭林。加强草原保护和建设，加快发展畜牧业，推广圈养和舍饲，改良畜禽品种，积极发展饲料工业和畜禽产品加工业。渔业生产应当保护和合理利

用渔业资源，调整捕捞结构，积极发展水产养殖业、远洋渔业和水产品加工业。县级以上人民政府应当制定政策，安排资金，引导和支持农业结构调整。"

根据《农业法》及其他相关法律法规的规定，我国农业生产结构调整的主要内容包括：

1. 农业生产结构调整采取市场调节机制

我国《农业法》第16条明确规定，国家引导农业生产经营组织和农业劳动者按照市场需求，调整农业生产结构，表明我国农业法确立了以市场机制为农业生产结构的调整机制。

2. 以保持粮棉生产稳定增长为前提

粮棉是关系到国计民生的重要农产品，粮棉生产对我国经济发展和人民生活水平改善有着重要作用。但粮棉增长又受自然资源的制约，如何运用有限的自然资源生产足够的粮棉，是我国农业生产的头等大事。因此，在农业生产结构调整中应以保持粮棉产量的稳定增长为前提。国家通过资金、物资、技术的投入和管理，有计划地促进商品粮棉基地建设，是确保粮棉生产稳定增长的重要举措。

3. 以农林牧渔各业全面发展和高产优质高效为目标

农业生产的自然规律和经济规律要求农林牧渔各业全面发展，相互促进。从消费需求的满足来看，种植业只能满足人们的温饱需求，对人们合理营养需求结构的满足则必须依靠畜牧业和水产业提供大量的肉、蛋、奶、鱼等产品。工业对农业的原料需求也要求农业各业全面发展。只有农业各业全面发展，才能保持农业生态平衡，达到资源的综合利用，取得良好的经济效益、生态效益和社会效益。

4. 积极发展乡镇企业和第三产业

乡镇企业和第三产业的发展转移了农业剩余劳动力，使农业资源相对集中，为农业生产结构的调整提供了可能。乡镇企业和第三产业的许多企业属于农产品深加工企业，为农业多种经营的发展和农产品加工、增值创造了条件。乡镇企业和第三产业的发展为农业生产结构调整和农业生产提供了资金支持。因此，调整农业生产结构，必须同时大力发展乡镇企业和第三产业。我国《农业法》第79条规定："国家坚持城乡协调发展的方针，扶持农村第二、第三产业发展，调整和优化农村经济结构，增加农民收入，促进农村经济全面发展，逐步缩小城乡差别。"第80条规定："各级人民政府应当采取措施，发展乡镇企业，支持农业的发展，转移富余的农业劳动力。国家完善乡镇企业发展的支持措施，引导乡镇企业优化结构，更新技术，提高素质。"

四、农业发展规划的政策与法规

我国《农业法》第15条规定："县级以上人民政府根据国民经济和社会发展的中长期规划、农业和农村经济发展的基本目标和农业资源区划，制定农业发展规划。省级以上人民政府农业行政主管部门根据农业发展规划，采取措施发挥区域优势，促进形成合理的农业生产区域布局，指导和协调农业和农村经济结构调整。"

这是我国关于农业发展规划的法律规定。其具体内容包括：

第一，制定农业发展规划的主体是县级以上人民政府。

第二，制定农业发展规划的依据是：①国民经济和社会发展的中长期规划；②农业和农村经济发展的基本目标；③农业资源区划。

第三，农业发展规划是农业和农村经济结构调整的重要依据。

五、农业基本建设的政策与法规

农业生产基本建设的政策与法规是指有关农业生产资料和基础设施的开发、利用、改良、管护等法律规定的总称。

我国《农业法》第17条对农业基础设施建设作了原则性规定："各级人民政府应当采取措施，加强农业综合开发和农田水利、农业生态环境保护、乡村道路、农村能源和电网、农产品仓储和流通、渔港、草原围栏、动植物原种良种基地等农业和农村基础设施建设，改善农业生产条件，保护和提高农业综合生产能力。"第19条对如何加强农田水利建设作了具体规定："各级人民政府和农业生产经营组织应当加强农田水利设施建设，建立健全农田水利设施的管理制度，节约用水，发展节水型农业，严格依法控制非农业建设占用灌溉水源，禁止任何组织和个人非法占用或者毁损农田水利设施。国家对缺水地区发展节水型农业给予重点扶持。"

六、农业生产资料的政策与法规

农业生产资料的政策与法规是指关于农业生产资料的生产、销售、使用、管理的法律规定。主要涉及农业生产资料的价格、质量等方面。

1. 农业生产资料的价格管理

在市场经济条件下，农业是一个弱质产业，如果由于完全的市场竞争使农业生产资料的价格不断上涨，远远高于农产品价格，就会挫伤农业生产者的投入积极性，从而动摇农业的基础地位。因此，对农业生产资料的价格必须进行必要的管理，这是对农业实施保护政策的重要方面。政府应从以下几方面着手，控制农业生产资料的价格。

（1）政府必须采取有效的宏观调控措施使工农产品之间保持合理比价。

（2）适当提高农产品价格的同时，要切实控制农业生产资料价格的上涨。对化肥、农药、农用地膜、农用柴油等主要农业生产资料实行最高限价。各地实行最高限价的品种可根据实际情况，适当增加，但不得减少。限价水平要本着保护农民利益、兼顾企业效益和考虑市场供求关系，按照保本微利、因地制宜、适时调整的原则确定。

（3）各级人民政府和物价管理部门必须切实加强对农业生产资料价格的管理和监督检查。

（4）国家对农业生产资料工业给予适当扶持，使农业生产资料工业企业能够微利经营，提高生产效率，降低生产成本，从根本上控制农业生产资料价格上涨。

2. 农业生产资料的质量管理

农业生产资料的质量是关系到农业劳动者安全生产和确保农业生产丰收的物质保

障。为此，近些年来国务院及农业主管部门制定了许多法律法规，如《兽药管理条例》、《种子管理条例》、《农药管理条例》等都对有关农业生产资料的质量作出了规定。《农业法》第 25 条也对农业生产资料质量问题作出专门规定，即"药、兽药、饲料和饲料添加剂、肥料、种子、农业机械等可能危害人畜安全的农业生产资料的生产经营，依照相关法律、行政法规的规定实行登记或者许可制度。各级人民政府应当建立健全农业生产资料的安全使用制度，农民和农业生产经营组织不得使用国家明令淘汰和禁止使用的农药、兽药、饲料添加剂等农业生产资料和其他禁止使用的产品。农业生产资料的生产者、销售者应当对其生产、销售的产品的质量负责，禁止以次充好、以假充真、以不合格的产品冒充合格的产品；禁止生产和销售国家明令淘汰的农药、兽药、饲料添加剂、农业机械等农业生产资料"。

七、农业生产保障措施的政策与法规

农业生产保障措施的政策与法规是国家对农业生产实行保障性政策所采取的途径和方式的法律规范。《农业法》第 20～24 条对此做了具体规定。其中，第 20 条规定了国家鼓励和支持农民和农业生产经营组织使用先进、适用的农业机械，加强农业机械安全管理，提高农业机械化水平。国家对农民和农业生产经营组织购买先进的农业机械给以扶持。由于农业生产对自然气候的依赖性比较高，《农业法》第 21 条规定了各级人民政府应当支持为农业服务的气象事业的发展，提高气象为农业服务的水平。第 22 条和第 23 条规定了建立健全农产品质量安全标准体系和质量检验检测监督体系，以及优质农产品认证和标志制度，以保障农产品质量安全，发展优质农产品生产，提高农产品的国际竞争力。第 24 条规定了建立动植物防疫、检疫制度，从而保障农业生产的稳定、持续发展。

第四节 农产品流通的法律制度

在市场经济条件下，农产品流通是农业生产顺利进行的必要条件。如果流通渠道不畅，就会出现有的地区农产品不足，而有的地区农产品严重积压，因此，农产品流通是关系到农产品能否实现其价值，农业劳动力和农业生产资料价值能否实现，农业再生产能否顺利进行的大事。

一、农产品流通调节机制

农产品流通调节机制是指调节农产品流通各个组成部分或环节运转的具体形式。我国《农业法》第 26 条规定："农产品的购销实行市场调节。国家对关系国计民生的重要农产品的购销活动实行必要的宏观调控，建立中央和地方分级储备调节制度，完善仓储运输体系，做到保证供应，稳定市场。"可见，我国农产品流通的调节机制是以市场调节为主，辅之以必要的宏观调控。

（一）农产品购销的市场调节

农产品购销实行市场调节，就是要把农产品的生产、流通、消费通过市场联系起来，使生产者面向市场生产能满足消费者需要的农产品，调整生产结构和农产品结构，提高农产品质量，使农业生产向高产、优质、高效和产业化经营方向发展。农产品购销实行市场调节的意义表现在：适应了市场消费发展的需要；是理顺农产品价格，增加农民收入的需要；有利于节约用粮和减轻国家财政负担。

农产品购销包括购销价格、购销组织和购销渠道等整个购销体系。农产品购销实行市场调节，意味着：从农产品购销价格看，要由国家定价转向市场定价；从购销组织看，要由国有商业一统天下或占据"主渠道"地位的局面，变为国有商业、集体商业、合作社商业、个体、私营商业、三资商业以及各种所有制混合的商业等组织平等竞争、百家纷争的格局；从购销渠道看，要按照高效、通畅，"多渠道、少环节"的原则，建立多层次、多形式的流通网络。

（二）国家对农产品购销的宏观调控

国家对农产品购销的宏观调控是指农产品购销实行市场调节的同时，国家为了实现宏观总量平衡，保证农业经济和整个国民经济持续、协调、稳定发展，对关系国计民生的重要农产品的购销活动所采取的必要的调节与控制。国家对农产品购销进行宏观调控采用的制度有：

1. 政府委托收购制度

政府委托收购是指国务院和国务院授权的省、自治区、直辖市人民政府对关系国计民生的重要农产品可以委托有关经营组织收购。政府委托收购的目的是为了拥有足以对农产品购销实施宏观调控所必需的农产品实物，以便在必要时机，调节农产品供求关系，平抑价格。根据我国《农业法》的规定，确定委托收购农产品的品种、数量和价格的管理权限在国务院，省级人民政府根据国务院授权也可以确定委托收购的农产品的品种、数量。

2. 保护价收购制度

保护价收购制度是指国家在对粮食等关系国计民生的重要农产品收购时，以保护农业生产者的利益为目的制定的基准价格，当市场价格低于基准价格时，政府委托有关经营组织按保护价向农民收购农产品，或者对农产品的市场价低于保护价的差额部分直接给农产品的生产者以价格补贴的制度。

我国农产品保护价收购制度的保护对象是指粮食等关系国计民生的重要农产品。我国自1993年起全面推行粮食最低保护价，保护对象主要指水稻、小麦、玉米、大豆等4种粮食。

3. 农产品价格风险基金制度

农产品价格风险基金是国家为了保证农产品保护价收购制度的实施设立的，补偿农产品按照保护价购销与市场价格差额的基金。即农产品市场价格低于保护价格时，按保护价收购；农产品市场价格上涨过多时，按较低价格出售。

4. 农产品储备调节制度

农产品储备调节制度，是指政府收购一部分农产品用于专项储备，通过对农产品的吞进与吐出调节农产品的供求关系，稳定市场价格或者用于战时供应和灾荒救济的制度。我国国务院于1990年秋季决定实施粮食储备制度，由政府对专储粮的收购价与结算价的差额部分的贷款给予财政贴息。

我国农产品储备调节制度包括中央和地方两级储备调节。中央农产品储备用于全国范围内不同省份之间农产品供求关系的调节，保证重点城市、主要销区对重要农产品的消费需求。地方农产品储备主要用于省、自治区、直辖市范围内各地区间农产品供求关系调节。中央级储备调控权应在国务院，地方农产品储备调节的调控权在省一级人民政府。

农产品储备基金是农产品储备实施的物质基础，其主要是依靠国家财政拨款建立的基金。国务院和省级人民政府应设立和确保农产品储备基金。农产品储备调节制度的有效实施还需要配备健全的仓储运输体系。有了健全的仓储运输体系，才能做到农民卖多少国家收购多少，真正解决农民卖粮难的问题，保证在丰收年份对粮食等农产品购得了、存得下、管得好。在需要动用储备时，也能够调得动、运得出，保证供应，平稳市场。

二、农产品流通主体

农产品流通主体是指依法从事农产品流通，享有权利、承担义务的组织和个人。例如，国有商业组织、供销合作组织、农业生产经营组织、农业劳动者等。

（一）农产品流通的主渠道主体

我国农产品流通已由原来的国有商业和供销合作商业单一购销体制发展为目前的多渠道流通体制，但在多渠道流通结构中，国有商业组织和供销合作经济商业组织仍然发挥着主渠道作用。国有商业组织主要是指从事粮食等农产品收购业务的国有粮食企业等国有商业组织。供销合作经济商业组织是指农民自愿入股组成的为农业、农村、农民提供生产资料供应和农产品销售服务的供销合作社。

（二）农产品流通的其他渠道主体

其他渠道主体是指农民直接从事的多种形式的农产品流通渠道，主要包括以下5种组织。

1. 农民个人或合伙组织

从事农业生产的农民个人可以自销其生产的农产品，可以从事季节性的农产品长途贩运，可以经申请注册成为农产品经营、批发业务的个体工商户或合伙组织。

2. 农业生产经营组织

农业生产经营组织是指由农业集体经济组织、国有农业企业和其他农业企业兴办的各种商业服务机构。

3. 农民集体商业组织

农民集体商业组织是指除供销合作社以外，由农民集体举办的各种商业服务组织。

4. 农民股份合作购销组织

农民股份合作购销组织是指农民个体间以股份合作形式兴办的购销组织。三户以上的劳动农民，按照协议，以资金、实物、劳力等作为股份，自愿组织起来，从事农产品购销活动，实行民主管理，以按劳分配为主，又有一定比例的股金分红和公共积累，独立承担民事责任的商业经济组织就是农民股份合作购销组织。

5. 农民专业（技术）协会（研究会）

农民专业（技术）协会（研究会）是按照专业分工，为农民提供生产、技术、信息、物资和购销服务的组织。

三、农产品流通市场体系

农产品流通市场体系是指农产品流通行为主体的构成、组织形式、运行机制、实现流通的具体方式等的总和。建立和完善农产品流通市场体系，是我国农产品流通体制改革的一个重要方面。《农业法》第27条对此做了明确规定："国家逐步建立统一、开放、竞争、有序的农产品市场体系，制定农产品批发市场发展规划。对农村集体经济组织和农民专业合作经济组织建立农产品批发市场和农产品集贸市场，国家给予扶持。县级以上人民政府工商行政管理部门和其他有关部门按照各自的职责，依法管理农产品批发市场，规范交易秩序，防止地方保护与不正当竞争。"

我国农产品流通市场体系，按照市场的发育程度，可以划分为农产品集贸市场、农产品批发市场、农产品期货市场三大类。

1. 农产品集贸市场

农产品集贸市场是农产品的初级市场，是农产品市场体系的基础环节，是农产品批发市场赖以发挥作用的基础。农产品集贸市场包括城市农副产品集贸市场和农村农产品市场。农产品集贸市场具有基础性、自发性、简单性的特征。

2. 农产品批发市场

农产品批发市场是指以一定数量为起点，从事农产品大宗买卖的市场。农产品批发市场由农产品批发商为主体构成，批发商向农业生产者收购农产品，供应农产品零售商销售或供应农产品加工企业进行加工制造。农产品批发市场是一种较高层次的农产品市场形态，是整个农产品市场体系的中心，是现阶段我国农产品市场建设的重点。农产品批发市场具有规模性、组织性、专业性的特点。

3. 农产品期货市场

农产品期货市场是指双方进行农产品交易，买卖成交后，约定期限交付货物的市场。这是高级形态的市场。例如，上海粮油期货交易所、郑州粮食批发市场的期货交易机构。农产品期货市场的交易行为表现为：交易双方在订立买卖合同时货物尚不存在，而是在合同确定的未来某一日期按约定价格、约定数量交割的农产品。交易双方于期货交易所内，按照期货交易规则，通过叫价买卖期货合约，于未来某一日期将按约定价格交割约定数量农产品的活动就形成农产品期货交易行为。

农产品期货市场的特点是：农产品期货交易规模大，随时会对全国范围的农产品市场产生影响；农产品期货交易方式具有简约性，一般的投资者可通过农产品期货经纪人进入农产品期货市场；农产品期货交易具有一定的投机性，其行情易被操纵。因此，加强对农产品期货市场的法律监督，对于维护农产品期货交易秩序，稳定农产品市场行情，充分发挥农产品期货市场的功能，都有十分重要的意义。

农产品期货市场与农产品批发市场不同：农产品批发市场可以是公益性的，也可以是盈利性的，而农产品期货市场是公益性的、非营利性的法人组织。

第五节 农业投入与支持保护的法律制度

一、农业投入的法律制度

（一）农业投入的概念和特征

农业投入是指国家、集体、农业生产经营组织和农业劳动者用于农业生产、经营、开发、农产品流通、农业科技教育等方面的资金和物质投入，其中包括劳动积累。农业投入是改善农业生产条件，提高农业生产效率，实现农业简单再生产和扩大再生产的经济活动。农业投入比较于其他经济投入行为具有如下特征：①农业投入效益的社会公共性；②农业投入的高风险性；③农业投入在经济上的低效性及其回收的滞后性；④农业投入的区域性；⑤农业投入的适时性和不可替代性。

（二）农业投入的来源

农业投入主要由国家、集体和农民个人等三个方面组成投入体系。为了促进农业生产稳定健康的发展，就要不断拓宽投入渠道和来源，增加对农业的有效投入。

1. 国家对农业的投入

国家财政对农业的投入在农业投入中起着主导地位。国家对农业投入的来源和渠道大体有如下几方面的内容：

（1）国家财政对农业的投入。国家财政对农业的投入是指国家将集中掌握的一部分财政收入，通过国家预算拨款的方式，对农业进行投入，发展农业生产。《农业法》规定，国家逐步提高农业投入的总体水平；国家财政每年对农业投入的增长幅度应当高于国家财政经常性收入的增长幅度。

（2）农业信贷资金的投入。农业信贷资金是我国农业投入的重要来源之一。随着社会主义市场经济的发展，农业信贷对于支持农业发展发挥着越来越重要的作用。国家银行要把支持农业发展放在信贷工作的首位，确保农业贷款略高于全国银行贷款增长幅度；要扩大专项农业中长期低息贷款，安排好农副产品收购资金，适当增加乡镇企业流动资金和技术改造贷款。

（3）农业利用外资。我国农业法规定，国家采取措施，促进农业扩大利用外资。农业利用外资是指政府和农业企事业单位根据国家批准的计划，通过各种不同的形式，从国外筹措农业发展资金。

（4）国家设立农业专项基金。农业专项基金是个综合性的概念，包括各种农业专门基金和农业专项资金，涉及农业各领域及水利等部门。20世纪80年代，国家已建立了农业发展基金、农业机械化发展基金、林业基金、育林基金、水利专项建设基金等专门基金以及发展粮食生产专项资金等。县级以上各级人民政府应当按照国家有关规定设立农业发展、育林、水利专项建设等各项农业专项基金，并加强对农业专项基金的审计和监督管理，严格规范农业资金的安全运用，使资金用途符合农业发展的需要。我国《农业法》规定，各级人民政府在财政预算内安排的各项用于农业的资金应当主要用于：加强农业基础设施建设；支持农业结构调整，促进农业产业化经营；保护粮食综合生产能力，保障国家粮食安全；健全动植物检疫、防疫体系，加强动物疫病和植物病、虫、杂草、鼠害防治；建立健全农产品质量标准和检验检测监督体系、农产品市场及信息服务体系；支持农业科研教育、农业技术推广和农民培训；加强农业生态环境保护建设；扶持贫困地区发展；保障农民收入水平等。

（5）国家对农用生产资料的生产投入。国家采取税收、信贷等手段鼓励和扶持农用生产资料工业的发展，适应农业生产对化肥、农药、兽药、农用薄膜和农业机械等农业生产资料的需求。

2. 农业生产经营者对农业的投入

农业生产经营者对农业的投入是指从事农业生产经营的农业生产经营组织和农业劳动者投入农业的资金和劳动积累。《农业法》第44条第1款规定，国家运用税收、价格、信贷等手段，鼓励和引导农业生产经营组织和农业劳动者增加农业投入。具体采取以下措施：①取消农业税，切实减轻农民负担。②实行向农业倾斜的信贷政策。③逐步建立农产品保护价政策和财政补贴政策。④多种渠道增加对农业的投入。⑤积极发展现代农业保险，降低农业经营风险。⑥大力发展乡镇企业和农村第三产业。

（三）增加农业投入的措施

增加农业投入是保证农业持续稳定发展的必要条件，是改善农业生产经营的物质前提。增加农业投入的措施表现在以下几个方面：

（1）国家逐步提高农业投入总体水平。国家财政每年对农业总投入的增长幅度应当高于国家财政经营性收入的增长幅度。国家财政每年用于对农业的总投入包括：①农业基本建设投资；②支援农村生产支出和农业事业费；③农村救济费和其他专项基金。规定以上投入的增长幅度要高于财政经营性收入的增长幅度，这是一项硬指标，对发展农业极为有利，体现了国家坚持以农业为基础发展国民经济的方针。

（2）扩大利用外资发展农业。改革开放以来，我国农业在利用外资方面，已取得了一定成果，同100多个国家发生了农业往来，并签订了一些双边农业合作协定。实践证明，利用外资发展农业，大有可为。

（3）县以上各级人民政府建立农业发展、育林、水利等专项基金。

（4）国家采取措施鼓励农业经营组织和农业劳动者增加对农业的投入。

（5）鼓励多种形式的农村集资。国家鼓励和支持农业生产经营组织和农业劳动者在自愿的基础上采取多种形式，筹集农业资金。目前，主要形式是一些地方的农村合作基金会，由农业集体经济组织及其成员自愿参加成为会员，吸收会员资金，开展融资活动。

二、农业支持保护的法律制度

世界大多数国家都通过财政支持等方式对本国农业进行保护。美国自20世纪30年代以来，一直采用巨额补偿的方式对农业进行支持。日本和韩国也采用价格支持或者收入补贴，以财政信贷等支持方式对农业基础设施建设和农业科技及教育事业发展等提供服务。巴西、印度等发展中国家也都有自己的农业支持保护机制，保障本国农业持续、稳定发展。

1. 对农业支持保护的主要措施

我国也非常重视建立和完善农业支持保护体系，在不与我国缔结或加入的有关国际条约相抵触的情况下，国家采取财政投入、税收优惠、金融支持等措施，从资金投入、科研与技术推广、教育培训、农业生产资料供应、市场信息、质量标准制定、检验检疫、社会化服务以及灾害救助等方面扶持农民和农业生产经营组织发展农业生产，提高农民的收入水平。

在符合世贸组织规则的前提下，我国对农业的支持保护主要采取下列几项具体措施：

（1）财政投入，包括国家财政投入和地方财政投入；

（2）税收优惠和金融支持，如适当减免农业税收、提高农产品价格和限制农业生产资料价格等；

（3）提供技术，提高对农业技术推广的投入，普及农业技术；

（4）农业生产资料供应，安排好农业生产资料的生产和供应，稳定农业生产资料的价格；

（5）市场信息，国家采取必要的措施，抓紧农业系统网络的建设，及时发布信息，扩大农业市场信息的传播；

（6）其他方面，诸如质量标准制定、检验检疫、社会化服务以及灾害救助方面的扶持。

2. 支持农业信息服务业

《农业法》第42条规定，各级人民政府应当鼓励和支持企业事业单位及其他各类经济组织开展农业信息服务。县级以上地方人民政府农业行政主管部门及其他有关部门应当建立农业信息收集、整理和发布制度，及时向农民和农业生产经营组织提供市场信息等服务。

各级人民政府和有关部门要在农业信息化体系建设中切实负起责任，保证农业市场信息的时效性、连续性和准确性，提供有价值的市场信息。

3. 支持农业社会化服务

国家鼓励供销合作社、农村集体经济组织、农民专业合作经济组织、其他组织和个人发展各种形式的农业生产产前、产中、产后的社会化服务事业。县级以上地方人民政府及其各有关部门应当采取措施对农业社会化服务事业给予支持。对跨地区从事农业社会化服务的，农业、工商管理、交通运输、公安等有关部门应当采取措施给予支持。

4. 支持农村金融体系建设

农村金融体系建设十分重要，因为它有利于资金融通，有利于吸引更多资金到农业生产中，有利于促进农业生产的发展。国家应建立健全农村金融体系，加强农村信用制度建设，加强农村金融监管。有关金融机构应当采取措施增加信贷投入，改善农村金融服务，对农民和农业生产经营组织的农业生产经营活动提供信贷支持。农村信用合作社作为农村最主要的信用组织，应当坚持为农业、农民和农村经济发展服务的宗旨，优先为当地农民的生产经营活动提供信贷服务。

5. 支持农业保险业

农业保险是指对种植业和养殖业的保险，是以各种农作物和各类牲畜、家禽等作为保险标的的保险。农业保险与其他商业保险相比，具有高风险、高费用、高费率的特点，而且农业保险往往是保险费率难以准确确立，保险责任往往不易分清，保险理赔过程复杂等，所以，众多商业保险公司不太愿意涉足农业保险。从各国来看，对农业保险都采取特殊的支持政策。我国《保险法》第155条规定："国家支持发展为农业生产服务的保险事业，农业保险由法律、行政法规另行规定。"从我国农业生产和农业保险的实际状况来看，在很长一段时间内，仍需要各级人民政府积极引导、扶持农业保险事业的发展，逐步健全农业保险的体制，鼓励和扶持农民和农业生产经营组织建立为农业生产经营活动服务的互助合作保险组织，鼓励商业性保险公司开展农业保险业务。

第六节　农民权益保护的法律制度

一、《农业法》对农民权益的保护

依据《农业法》的规定，主要从以下几方面对农民权益进行保护：一是禁止对农民乱收费、乱罚款、乱摊派和乱集资等非法行为。二是依法保障农村土地承包关系长期稳定，保护农民对承包土地的使用权及合法流转。三是农村基层组织采取对涉及农民权益事项的措施应民主、公开、透明。四是向农民提供的各种有偿服务，必须坚持农民自愿原则。五是农产品收购单位不得压级压价和从价款中非法扣缴任何费用。六是农民生产资料因质量问题给农民造成损失的必须予以赔偿。七是农民权益遭受损害时的各种救济途径规定很完善。

(一) 禁止"四乱"

1. 禁止乱收费

任何机关或单位向农民或者农民生产经营组织收取行政、事业性费用必须有法律、法规的规定。收费的项目、范围和标准应当公布。没有法律、法规依据的收费,农民和农业生产经营组织有权拒绝。

这里的"法律"和"法规"是狭义的法律、法规,前者是指全国人民代表大会及其常务委员会所通过的立法性文件;后者是指经国务院和有立法权限的地方立法机关所通过的行政法规和地方性法规。由此,任何部门规章都不能作为向农民收取行政费用和事业性费用的法律依据。

2. 禁止乱罚款

任何机关或者单位对农民或者农民生产经营组织进行罚款处罚必须依据法律、法规、规章的规定。没有法律、法规、规章依据的罚款,农民和农业生产经营组织有权拒绝。

有罚款权的机关或者单位必须以有效的法律、法规和规章的罚款规定为依据,实施处罚行为。此处所言的"法律"、"法规"与上文"禁止乱收费"中的"法律"、"法规"含义相同,"规章"则包括两部分:一是国务院各部委通过制定的规范性文件,即"部委规章";二是有立法权的地方人民政府制定的规范性文件,即"地方规章",两者俗称为"部门规章"。

3. 禁止乱摊派

任何机关或者单位不得以任何方式向农民或农业生产经营组织进行摊派。除法律、法规另有规定外,任何机关或者单位以任何方式要求农民或者农业生产经营组织提供人力、财力、物力的,属于摊派。农民和农业生产经营组织有权拒绝任何方式的摊派。

这里所说的"提供",是指不等价的承担或无偿付出人力、财力或物力。例如,违反法律、法规规定,强制农民出力、出物、购买有价证券、订阅报刊书籍、购买各种保险,分担干部住宿费和办公费等。

4. 禁止乱集资

各级人民政府及有关部门和所属单位不得以任何方式向农民或者农民生产经营单位组织集资。集资,是指为了兴办某项事业或某项建设,向社会筹集资金的一种行为。根据《农业法》的规定,凡是集资,不管是自愿的,还是强制的,都是非法行为。

(二) 限制在农村的达标、升级、验收活动

没有法律、法规依据或者未经国务院批准,任何机关或者单位不得在农村进行任何形式的达标、升级、验收活动。各地区、各部门在依法进行达标、升级和验收活动时,必须充分考虑当地农村的实际情况和农民的经济承受能力,不得以任何理由将搞达标升级验收活动所产生的债务转嫁给农民;不得脱离农村实际规定统一标准、下达统一的量化指标;不得以细化上级指标为由层层加码和提出盲目超前的要求。这些不适当的达标升级和验收行为不仅会加重农民负担,而且会损害党群、干群关系,进而影响到农村的

稳定。

(三) 禁止违法摊派税款

农民和农业生产经营组织依照法律、行政法规的规定承担纳税义务。税务机关及代扣、代收税款的单位应当依法征税，不得违法摊派税款及以其他违法方法征税。

依法纳税是我国每一个公民的光荣义务，作为从事农业生产经营活动的农民和农业生产经营组织也有纳税的业务。根据我国法律规定，农民和农业生产经营组织目前缴纳的农业税种主要是农业林产税和牧业税。

我国已于2006年1月1日起取消了农业税，这是我国农村税费改革的重要成果。随着我国农村税费改革的深入，我国农民和农业生产经营组织缴纳的税种会进一步减少，税率也将逐步降低，农民和农业生产经营组织的纳税负担将进一步减轻。

(四) 禁止通过农村中小学向农民收费

农村义务教育除按国家规定收取的费用外，不得向农民和学生收取其他费用。禁止任何机关或者单位通过农村中小学向农民收费。

为发展农村义务教育，进一步治理对农村中小学乱收费现象是其中的重中之重。通过农村中小学校向农民乱收费的现象在我国广大农村地区还相当普遍，这些乱收费主要表现在以下几方面：①擅自设立收费项目，制定收费标准；②提高收费标准，扩大收费范围；③继续收取国家已明令取消的收费；④课本、作业过多，乱加价，价格过高；⑤强制学生接受有偿服务；⑥代收费名目繁多。

除国务院另有规定外，农村中小学校一律不得代收其他任何费用，各地方规定的其他代收费项目必须一律取消；农村中小学也不得或有权拒绝为任何机关或单位代收违法违规的各种费用。

(五) 保护被征地农民的合法权益

国家依法征用农民集体所有的土地，应当保护农民和农村集体经济组织的合法权益，依法给予农民和农村集体经济组织征地补偿，任何单位和个人不得截留、挪用征地补偿费用。

根据我国《土地管理法》的相关规定，农民集体所有的土地的范围是农村和城市郊区的土地，除由法律规定属于国家所有的以外，属于农民集体所有，宅基地和自留地、自留山也属于农民集体所有。国家为了公共利益的需要，可以依法对集体所有的土地实行征用，但是在征用土地的同时，必须保护农民和农村集体经济组织的合法权益，必须严格执行征地公告制度，将批准征用土地的范围、征用目的、征用土地的批准机关及征地补偿的标准在被征用土地的当地予以公告，让农民了解，取得农民对国家征用土地的支持和谅解，并反映农民的合理意见，切实维护农民的正当权益。

按照《土地管理法》第47条的规定，征用土地的补偿标准和补偿办法按照土地的原用途确定补偿标准和补偿数额，不因征用土地之后的用途的改变而改变。根据我国《土地管理法》及相关法规的规定，不同类型的土地，其补偿标准主要分以下几种：

(1) 征用耕地的补偿费用包括土地补偿费、安置补助费以及地上附着物和青苗的补偿费。征用耕地的土地补偿费，为该耕地被征用前3年平均年产值的6至10倍。征用耕地的安置补助费，按照需要安置的农业人口数计算。需要安置的农业人口数，按照被征用的耕地数量除以征地前被征用单位平均每人占有耕地的数量计算。每一个需要安置的农业人口的安置补助费标准，为该耕地征用前3年平均年产值的4至6倍。每公顷被征用耕地的安置补助费，最高不得超过被征用前3年平均年产值的15倍。如果按上述标准支付土地补偿费和安置补助费，尚不能使需要的农民保持原有生活水平的，经省、自治区、直辖市一级人民政府批准，可以增加安置补助费，但土地补偿费和安置补助费的总和不得超过土地被征用前3年平均年产值的30倍。除此以外，国务院根据社会、经济发展水平，在特殊情况下，可以提高征用耕地的土地补偿费和安置补助费的标准。

（2）征用其他土地补偿费和安置补助费标准，包括征用耕地之外的其他土地，如林地、草地、水域等，也应当予以补偿，其补偿标准由省、自治区、直辖市一级人民政府参照征用耕地的土地补偿费和安置补助费的标准来规定。

（3）被征用土地上的附着物和青苗的补偿标准，由省、自治区、直辖市一级人民政府规定。青苗补偿费，是指农作物正处于生长阶段而未能收获的，因征用土地需要及时让出土地而致使农作物不能收获导致农民受到损失的，应当给予土地承包人或土地使用人以经济补偿。

（4）征用城市郊区的草地，除按规定支付土地补偿费、安置补助费、地上附着物补偿费和青苗补偿费外，用地单位必须按照国家有关规定缴纳新草地开发建设基金。

各种征地补偿费应当支付给被征用土地的农村集体经济组织或农民，除此之外任何单位或个人不得以任何名义截留、挪用这些费用，以确实保障失去土地的农民的生存、生活权益。

（六）保护农民的土地承包经营权

各级人民政府、农村集体经济组织或者村民委员会在农业和农村经济结构调整、农业产业化经营和土地承包经营权流转等过程中，不得侵犯农民的土地承包经营权，不得干涉农民自主安排的生产经营项目，不得强迫农民购买指定的生产资料或者按指定的渠道销售农产品。

土地承包权，是指农民或者农业生产经营组织按照规定承包土地从事农业生产，并对其生产的产品进行处分，获得收益的权利。根据我国《土地承包法》的规定，农民或者农业生产经营组织享有的土地承包经营权主要有以下几方面的内容：

（1）在承包期限内，发包方不得收回承包地。承包期内，承包方全家迁入小城镇落户的，应当按照承包方的意愿，保留其土地承包权或者允许其依法进行土地承包经营权流转。承包期内，承包方全家迁入该区的市，转为非农户口的，应当将承包的耕地和草地交回发包方。承包方不交回的，发包方可以收回承包方的耕地和草地。承包期内，承包方交回承包地或者发包方依法收回承包地时，承包方对其在承包地上投入而提高土地生产能力的，有权获得相应的补偿。

(2) 承包期内,发包方不得调整承包地。承包期内,因自然灾害严重毁损承包地等特殊情形对个别农户之间承包的耕地和草地需要适当调整的,必须经集体经济组织成员的村民委员会议2/3以上成员或者2/3以上村民代表的同意,并报乡(镇)人民政府和县级人民政府农业等行政主管部门批准。承包合同中约定不得调整的,按照其约定。

(3) 承包期内,承包方可以自愿将承包地交回发包方。承包方自愿交回承包地的,应当提前半年以书面形式通知发包方。承包方承包期内交回承包地的,在承包期内不得再要求承包土地。

(4) 承包期内,妇女结婚,在新居地未取得承包地的,发包方不得收回其原承包地;妇女离婚或者丧偶,仍在原居住地生活或者不在原居住地生活但在新居住地未取得承包地的,发包方不得收回其原承包地。

(5) 承包人应得的承包收益,依照继承法的规定继承。林地承包的承包人死亡,其继承人可以在承包期内继续承包。对于侵犯农民和农业生产经营组织的土地承包权的,应当承担停止侵害、恢复原状的法律责任,造成损失损害的依法承担赔偿责任。

(七) 依法向农民筹资筹劳

农村集体经济组织或者村民委员会发展生产或者兴办公益事业,需要向其成员(村民)筹资筹劳的,应当经成员(村民)委员会议或成员(村民)代表会议过半数通过后,方可进行。农村集体经济组织或者村民委员会依照上述情况筹资筹劳的,不得超过省级以上人民政府规定的上限控制标准,禁止强行以资代劳。

(八) 村务公开

村务公开制度,是指村委会根据法律和其他有关规定,将村委会办理村民自治事务的情况,按照一定的程序、时间和形式等要求,及时、全面、真实地向村民公开,让村民了解实情,接受村民监督的村务管理制度。

(九) 禁止强迫农民接受有偿服务

任何单位和个人向农民或者农业生产经营组织提供生产、技术、信息、文化、保险等有偿服务,必须坚持自愿原则,不得强迫农民和农业生产经营组织接受服务。

(十) 保护农产品销售者的合法权益

农产品收购单位在收购农产品时,不得压级压价,不得在支付的价款中加缴任何费用。法律、行政法规规定代扣、代收税款的,依照法律、行政法规的规定处理。

农产品收购单位与农产品销售者因农产品的质量等级发生争议的,可以委托具有法定资质的农产品质量检验机构检验。农产品质量检验机构,是指面向社会开设,接受委托人的委托,对农产品质量进行技术检验,并得出相关质量指标结论的机构。

另外,必须注意当农产品质量存在争议时,是否将农产品提交给具有法定资质的质量检验机构检验不是强制性的,这应当由农产品质量争议的双方当事人自行决定,任何单位和个人不得强加干涉。

(十一) 农业生产资料经营者的赔偿责任

农业生产资料使用者因生产资料质量问题遭受损失的,出售该生产资料的经营者应当予以赔偿，赔偿包括购货价款、有关费用和可得利益损失。

按照我国《产品质量法》的相关规定，销售不合格农业生产资料的销售者承担的产品责任有以下几种情况：①不具备产品应当具备的使用性能而事先未作说明。不具备产品应当具备的使用性能，是指不具备产品的特定用途的使用价值。②不符合在产品或者其包装上注明采用的产品标准。③不符合以产品说明、实物样品等方式表明的质量状况。

当农业生产资料使用者因使用有质量问题的生产资料而遭受损失的，就可以直接向该生产资料的经营者要求赔偿损失，该生产资料的经营者必须赔偿，其赔偿的范围有：①购买有质量问题的生产资料的货款；②有关费用，如交通费、邮寄费等；③可得利益的损失，是指如果不使用该有质量问题的农业生产资料就不会造成损失，该生产资料的使用者可能得到的经济利益，可得利益的具体数额应当根据实际情况确定。

（十二）农民反映情况和提出合法要求的权利

我国《宪法》第41条规定，中华人民共和国公民对于任何国家机关和国家工作人员，有提出批评和建议的权利；对于任何国家机关和国家工作人员的违法失职行为，有向有关国家机关提出申诉、控告或者检举的权利，但是不得捏造或者歪曲事实进行诬告陷害。

农民或农业生产经营组织为维护自身的合法权益，有向各级人民政府及其有关部门反映情况和提出合法要求的权利，人民政府及其有关部门对农民或者农业生产经营组织提出的合法要求，应当按照国家规定及时给予答复。

（十三）农民权益受损的救济机制

违反法律规定，侵犯农民权益的，农民或者农业生产经营组织可以依法申请行政复议或者向人民法院提起诉讼，有关人民政府及其有关部门或者人民法院应当依法受理。人民法院和司法行政主管机关应当依照有关规定为农民提供法律援助。

1. 申请行政复议

根据我国《行政复议法》的规定，行政复议是指公民、法人或者其他组织认为行政机关的具体行政行为侵犯其合法权益，在一定期限内提出行政复议申请，并由行政复议机关对具体行政行为进行审查并作出处理的行政救济制度。农民或者农业生产经营组织如果认为行政机关的具体行政行为侵犯了其合法权益，可以依法向相关行政机关申请行政复议。

我国《行政复议法》规定了11种可以申请行政复议的情形，如果农民或农业生产经营组织认为有下列情形之一，侵犯其合法权益时，都有权依法提起行政复议：

（1）对行政机关作出的警告、罚款、没收违法所得、没收非法财物、责令停产停业、暂扣或者吊销许可证、暂扣或者吊销执照、行政拘留等行政处罚决定不服的；

（2）对行政机关作出的限制人身自由或者查封、扣押、冻结财产等行政强制措施决定不服的；

（3）对行政机关作出的有关许可证、执照、资质证、资格证等证书变通、中止、

撤销的决定不服的;

（4）对行政机关作出的关于确认土地、矿藏、水流、森林、山岭、草原、荒地、滩涂、海域等自然资源的所有权或者使用权的决定不服的；

（5）认为行政机关侵犯合法的经营自主权的；

（6）认为行政机关变更或者废止农业承包合同，侵犯其合法权益的；

（7）认为行政机关违法集资、征收财物、摊派费用或者违法要求履行其他义务的；

（8）认为符合法定条件，申请行政机关颁发许可证、执照、资源证、资格证等证书，或者申请行政机关审批、登记有关事项，行政机关没有依法办理的；

（9）申请行政机关履行保护人身权利、财产权利、受教育权利的法定职责，行政机关没有依法履行的；

（10）申请行政机关依法发放抚恤金、社会保险金或者最低生活保障费，行政机关没有依法发放的；

（11）认为行政机关的其他具体行政行为侵犯其合法权益的。

2. 向人民法院提起诉讼

农民和农业生产经营组织除可以向行政机关申请行政复议外，还可以依照有关的法律向人民法院提起诉讼。这里的"依照有关的法律"主要是指依照我国的民事诉讼法、行政诉讼法、刑事诉讼法。农民或农业生产经营组织在进行诉讼时，如果对诉讼程序缺乏了解，可以向有关单位或个人咨询，也可以委托律师代理。

下面对农民或者农业生产经营组织为维护自己的合法权益常用的行政诉讼救济和民事诉讼救济作一简要分析。

（1）向人民法院提起行政诉讼

按照我国《行政诉讼法》的规定，行政诉讼，是指公民、法人或者其他组织认为行政机构或者行政机关的工作人员的具体行政行为侵犯其合法权益，依法向人民法院提起诉讼，并由人民法院对具体行政行为进行审查并作出裁判的司法救济制度。农民或者农业生产经营组织对侵犯其合法权益的具体行政行为，可以先申请行政复议，对行政复议决定不服的，再向人民法院提起行政诉讼，也可以直接向人民法院提起行政诉讼。人民法院对符合行政诉讼法规定的起诉予以受理，经过审理后，根据不同情况，主要可以作出以下几种类型的判决：

第一，判决维持具体行政行为；

第二，判决撤销或部分撤销具体行政行为，并可以判决被告重新作出具体行政行为；

第三，判决被告在一定期限内履行法定职责；

第四，判决被告变更行政处罚。

当事人不服人民法院第一审判决的，有权在判决书送达之日起15日内向上一级人民法院提起上诉。逾期不提起上诉的，人民法院的第一审判决生效。人民法院审理上诉案件，应当在收到上诉状之日起2个月内作出终审判决。

（2）向人民法院提起民事诉讼

如果是公民、法人或者其他组织侵犯了农民或者农业生产经营组织的合法权益，后者可以依照我国《民事诉讼法》的相关规定提起民事诉讼。

一般来说，民事诉讼案件也可能经过案件的一审、二审。民事诉讼案件的一审期限是6个月，当事人不服人民法院第一审判决的，有权在判决书送达之日起15日内向上一级人民法院提起上诉。逾期不提起上诉的，人民法院的第一审判决生效。民事诉讼案件的二审期限是3个月。

二、农民工权益的法律保护

农民工是对进城务工、以工资收入为主要生活来源的农民的一种称谓。农民工是当代中国的一个特殊群体。保护农民工的合法权益，确保农民工能够分享城市工业化和现代化的成果，对于实现社会的全面发展，建设社会主义和谐社会具有非常重要的意义。受诸多因素的影响，现阶段农民工在工资支付、就业服务等很多方面都遭受了不平等待遇，合法权益受到严重侵害。要解决好农民工合法权益的保障问题，有必要建立以下几项法律制度。

1. 建立农民工工资支付保障法律制度

具体而言，要做到：①严格规范用人单位的工资支付行为，确保农民工工资足额按时发放给本人，做到工资发放月清月结或按劳动合同约定执行。②应当建立工资支付监控制度和工资保证金制度。③切实解决政府投资项目拖欠工程款问题。④应当合理确定和提高农民工工资水平。

2. 建立健全农民工劳动管理法律制度

我国的《劳动法》和《劳动合同法》在维护城镇职工的合法权益方面发挥了非常重要的作用。但由于这两部法律并非专门针对农民工而制定的，所以在保障农民工的劳动权益方面还存在不少缺陷。为了解决这一问题，有必要建立健全农民工劳动管理法律制度。

第一，应当严格执行劳动合同制度。所有用人单位招用农民工都必须依法签订并履行劳动合同，建立权责明确的劳动关系。我国《劳动合同法》第82条明确规定：用人单位自用工之日起，超过一个月不满一年未与劳动者签订书面劳动合同的，每月应当向劳动者支付两倍的工资。各级执法部门应当将这一规定落到实处。

第二，应当严格遵循《劳动法》的有关规定，切实保障农民工的休息权等基本权益。

第三，应当依法保障农民工职业安全和卫生权益。

3. 建立农民工就业和服务培训法律制度

建立农民工就业和服务培训法律制度，具体要做到以下几点：①逐步实行城乡平等的就业制度。②进一步做好农民转移就业服务工作。③加强农民工职业技能培训。④落实农民工培训责任。⑤大力发展面向农村的职业教育。

4. 建立农民工社会保障法律制度

建立农民工社会保障法律制度，包括的主要内容有：①应当依法将农民工纳入工伤保险范围。②抓紧解决农民工医疗保障问题。各级执法部门应当采取建立大病医疗保险统筹基金的办法，重点解决农民工进城务工期间的住院医疗保障问题。③探索适合农民工特点的养老保险办法。

三、农村妇女儿童权益的法律保护

在我国9亿多农民中，妇女和儿童占绝大多数，因此，农村妇女儿童问题是农民问题的重要内容。农村妇女儿童的合法权益能否得到维护是维护农民合法权益的重要组成部分。虽然我国多部法律都有维护妇女儿童利益的相关规定，但由于受到社会传统、经济基础、制度缺陷等多方面因素的影响，我国农村妇女儿童的政治权利、经济权利、人身权利等都受到不同程度的侵犯。因此，有必要建立相应的法律制度，切实维护农村妇女儿童的合法权益。

1. 切实提高农村妇女的政治地位和参政意识

目前，我国农村妇女无论在政治地位还是在参政意识方面，与城镇妇女相比，都存在着相当大的差距。为解决这一问题，可从以下方面着手：

第一，在整个社会层面，加大普法的宣传力度，充分发挥广播电视等大众传媒的优势，开展群众喜闻乐见的宣传教育活动，使农村群众充分认识到宪法和法律赋予广大妇女的权利，以及维护这些权利的重要意义。

第二，应当采取切实可行的手段督促农村基层组织吸收农村妇女参政议政。

第三，应当做好对农村妇女的教育和动员工作，鼓励她们从关心自己身边的事物开始，逐步提高参与农村社会事务的积极性和主动性，增强她们参政议政的能力。

2. 切实维护农村妇女的土地承包经营权等经济权利

切实维护农村妇女的土地承包经营权等经济权利，具体要做到以下几点：①强化立法工作，对现行法律中相互矛盾和脱离实际的地方进行修改和完善，以增强法律体系内部的协调性。另外，要尽快出台相应的下位法，对现行法律的有关规定进行落实，增强法律的可操作性。②要完善司法程序，强化对农村妇女的法律保护和司法救济。应当增强对农村地区法律援助的投入，为她们提供必要的法律援助，以减少农村妇女运用法律手段维权的障碍。

3. 切实保障农村妇女儿童的人身权利

农村妇女儿童的人身权受侵害的主要表现是：农村妇女儿童遭受家庭暴力的比率比较高，农村妇女的正当生育权得不到保障，农村女童的生存权得不到维护。为解决这些问题，应从强化法律制度入手。首先，在执法环节，应当强化执法力度，对于严重侵害妇女儿童人身权的行为，要严厉打击，不能以"习惯法"、"土政策"代替或对抗国家法律。其次，要加强对农村儿童的法律援助。

4. 切实维护农村儿童的受教育权和发展权

维护农村儿童的受教育权和发展权,应采取的主要措施有:

第一,要强化对留守儿童的心理辅导,帮助他们走出缺乏家庭关爱的心理阴影。

第二,要采取切实措施保障农民工子女享受与城镇居民平等的受教育权。要努力探索"就近入学"的教育管理机制,使农民工子女有机会进入城市公办学校。要大力扶持民办农民工子弟学校,教育管理部门应建立公正合理的评价体系和监督机制,给予民办农民工子弟学校合法身份,大力支持其发展,增加农民工子女就学的机会。

第三章练习题

1. 如何理解我国《农业法》的指导思想和基本原则?
2. 我国农业法律关系的主体和内容是什么?
3. 我国对乡镇企业发展的扶持措施有哪些?
4. 简述我国《农业法》规定的农业生产结构调整的法律制度。
5. 简述我国对农业投入的法律制度。
6. 简述我国农产品流通的调节机制。
7. 为什么我国现阶段应重点发展农产品批发市场?
8. 我国《农业法》对农民权益主要从哪些方面进行保护?

第四章 农村土地法律制度

土地是人类赖以生存和发展的基础,也是"三农"问题的核心要素。因此,完善农村土地法律制度对于农业以及农村的发展至关重要。2004年对《中华人民共和国土地管理法》(以下简称《土地管理法》)的修改,进一步明确了征地制度的内涵,有利于避免征地中农民利益受到损害,保持农村社会长期稳定发展。本章学习的重点是:农村土地的范围、权属问题,农村土地承包的形式以及农村土地纠纷等问题;难点是正确区别家庭承包以及其他方式土地承包,应对土地纠纷时正确选择解决的方式。

第一节 农村土地法律制度概述

一、农村土地的界定

《土地管理法》按照土地的不同用途,把我国的土地主要分为农用地、建设用地和未利用地三类。农用地是指直接用于农业生产的土地,包括耕地、林地、草地、农田水利用地、养殖水面以及其他依法用于农业的土地。

二、我国的农村土地制度

农村土地制度是指在农村经济运行过程中,土地这一基本生产要素与其他农业资源(包括资本、劳动力、生产资料、技术信息、组织管理等)有效配置与优化组合而形成的有机系统,以及保障这一系统正常运转所必需的相关法律规范与制度体系。

(一)农村土地所有权制度——集体土地所有权制度

我国实行土地的社会主义公有制,即全民所有制和劳动群众集体所有制。《土地管理法》第8条规定:"农村和城市郊区的土地,除由法律规定属于国家所有的以外,属于农民集体所有;宅基地和自留地、自留山,属于农民集体所有。"根据我国农村的实际情况,农村土地有三种具体的所有方式:一是属于村民组集体经济组织的农民集体所有,就是原来的生产队范畴内的土地,归村民组农民集体所有。这是我国农村集体所有土地的主要形式,农村联产承包责任制实行以来,并没有改变这一所有制的方式。二是属于村农民集体经济组织的土地,就是原来的生产大队。三是属于乡(镇)农民集体经济组织所有,就是原来的人民公社。属于集体的土地具体包括:①法律规定的农村和城市郊区的土地;②法律规定的森林、山岭、草原、荒地、滩涂;③宅基地、自留地、自留山。国家为了公共利益的需要,可以依法对集体所有的土地实行征用,征用后的土地其所有权就属于国家。

(二) 农村土地经营制度

《宪法》第 8 条对我国农村土地经营作出了规定："农村集体经济组织实行以家庭承包经营为基础、统分结合的双层经营体制。"实行家庭联产承包制度，主要生产资料仍归集体所有；在分配方面仍实行按劳分配原则；在生产经营活动中，集体和家庭有分有合，这样既能发挥集体统一经营的优越性，又调动了农民生产积极性，是适应我国农业特点和当前农村生产力发展水平以及管理水平的一种较好的经济形式。

同时，随着农村经济的发展和非农产业的蓬勃兴起，农业劳动力不断地从土地上转移出来。在这种情况下，国家也鼓励农民转包或转让土地。2007 年颁布的《物权法》第 128 条也对土地承包权流转作出了规定："土地承包经营权人依照农村土地承包法的规定，有权将土地承包经营权采取转包、互换、转让等方式流转。流转的期限不得超过承包期的剩余期限。未经依法批准，不得将承包地用于非农建设。"

(三) 农村土地管理制度

1. 耕地保护制度

耕地是人类最基本的生产资料之一，是人类赖以生存的稀缺资源。近些年来，我国耕地面积大量减少，主要原因是建设占用、产业结构调整、生态退耕和灾毁耕地。因此，我国在立法过程中特别重视对耕地的保护。《土地管理法》第 31 条规定："国家保护耕地，严格控制耕地转为非耕地。"第 37 条规定："禁止任何单位和个人闲置、荒芜耕地。已经办理审批手续的非农业建设占用耕地，一年内不用而又可以耕种并收获的，应当由原耕种该幅耕地的集体或者个人恢复耕种，也可以由用地单位组织耕种；一年以上未动工建设的，应当按照省、自治区、直辖市的规定缴纳闲置费；连续两年未使用的，经原批准机关批准，由县级以上人民政府无偿收回用地单位的土地使用权；该幅土地原为农民集体所有的，应当交由原农村集体经济组织恢复耕种。"

2. 农村土地征收制度

土地征收是指国家为了公共利益的需要，根据法律规定将集体所有的土地收归国有，并给以补偿的行为。《宪法》第 10 条第 3 款规定："国家为了公共利益的需要，可以依照法律规定对土地实行征收或者征用并给予补偿。"2004 年 8 月再次修订的《土地管理法》重新界定了征收与征用这两个概念，第 2 条第 4 款修改为："国家为了公共利益的需要，可以依法对土地实行征收或者征用并给予补偿。"将原来土地所有权关系（即由私人所有或集体所有，转为国家所有）的征用，称为征收；将不改变土地所有权关系，而仅改变土地使用权关系的，称为征用，一般说来，只有在紧急状态下才会发生土地征用。

为维护被征地农民的利益，维持农村社会稳定，《物权法》第 42 条规定："征收集体所有的土地，应当依法足额支付土地补偿费、安置补助费、地上附着物和青苗的补偿等费用，安排被征地农民的社会保障费用，保障被征地农民的生活，维护被征地农民的合法权益。"

3. 土地登记制度

土地登记是依照国家法律对国有土地使用权、集体所有土地使用权及他项权利的登记。具体内容包括：进行地籍调查、权属核实、造册登记，确认土地所有权、使用权以及他项权利到发放土地证书的法律程序。凡依法进行土地登记的文件、资料，都具有法律意义。土地的所有者、使用者和他项权利的拥有者享有土地登记文件载明的权利，同时也应承担相应的义务。土地登记分初始土地登记和变更土地登记。

根据我国土地管理的法律规定，土地使用权变更必须依法到土地管理部门办理变更登记手续，更换土地使用权证书，否则其土地使用权变更无效，不受国家法律的保护。

三、农村土地的所有权与使用权

（一）农村土地的所有权

1. 土地所有权的概念及法律规范

土地所有权是土地所有制关系在法律上的表现，是土地所有者依照法律规定对土地实行占有、使用、收益和处分，并排除他人干涉的权利。在土地产权中，所有权是主要的，居支配地位，其他排他性权利都是所有权的派生权利，如使用权、收益权等。我国实行土地国家所有制和集体所有制两种形式。《宪法》第10条规定："城市的土地属于国家所有。农村和城市郊区的土地，除由法律规定属于国家所有的以外，属于集体所有；宅基地和自留地、自留山，也属于集体所有。"

2. 土地所有权的特性

（1）土地所有权的排他性。土地所有权有排斥其他人对土地的权利。因此，土地所有者对自己的土地具有垄断性。当有非自然的因素妨碍土地所有者行使自己的所有权利时，他无须向别人请求，也不必由法院出面，其个人就有排除这些妨碍的权利。

（2）土地所有权的恒久性。土地所有权的存在没有一定的存续期限，它是无限期地由土地所有者保有的，因此土地所有者即使将土地闲置不用，其土地所有权也不因此而消灭。只有发生社会变革，对土地所有制进行改革时，才有可能终止。而土地所有权的买卖，只不过是权利主体的更替而已。

（3）土地所有权的归一性。土地所有者可以在自己的土地上为别人设定使用权、地役权、抵押权、租赁权等其他权利。从而，土地所有权似乎变成一项空虚的权利，但是，土地所有者仍拥有最终的统一支配权。一旦这些设定的派生权利到期消灭，它们便又复归于土地所有权，从而使土地所有权回复到原来的完全状态。

（4）土地所有权的社会性。土地所有权虽然是一种完全的排他性权利，但是，土地所有者在行使自己的权利时从来就不是不受约束的，其必须受到社会的限制。这在任何社会都是如此，且随着生产力的发展，社会限制也日趋强化，如我国目前限制耕地任意用于非农产业。这种限制的原因主要在于土地的稀缺，尤其是耕地的稀缺。土地是人类社会生活的基础，国家必须对土地利用作出宏观规划与管理，对土地所有者的权利适当加以限制。

(二) 农村土地使用权

1. 农村土地使用权概述

农民集体土地使用权是指农民集体土地使用权人依法或依约定对农民集体所有的土地享有的占有、使用、收益和法定处分的权利。农民集体土地使用权可进一步分为农用地使用权（土地承包经营权）、宅基地使用权和农村建设用地使用权。

农用地使用权是指供农村集体经济组织的成员或者农村集体经济组织以外的单位和个人，从事种植业、林业、畜牧业、渔业生产的土地使用权。宅基地使用权是指农村村民住宅用地的使用权。农村建设用地使用权是指农村集体经济组织兴办乡（镇）企业和乡（镇）村公共设施、公益事业建设用地的使用权。

按照《土地管理法》的规定，农用地使用权通过发包方与承包方订立承包合同取得。宅基地使用权和建设用地使用权通过土地使用者申请，县级以上人民政府依法批准取得。《土地管理法》第 11 条规定："农民集体所有的土地依法用于非农业建设的，由县级人民政府登记造册，核发证书，确认建设用地使用权。"

2. 农村土地使用权的特征

（1）权源的二元性。农民集体土地使用权是由农民集体土地所有权或国家所有权在使用中派生出来的一种对应权，前者是基于社区农民集体所有权分离出的一种用益物权，后者则因法定事由从国家所有权在使用中分离形成的一种农民集体使用的权利，其具有权源二元结构的特点。

（2）权能结构的受支配性。农民集体土地使用权的结构必然要以对标的物——土地的占有权为前提，从而显现使用权的存在，以及使用权与所有权分离运动的事实状态。农民集体土地无论是使用、承包或转包，土地的所有权性质不变。

（3）性质的限定物权性。无论是作为用益物权范畴的基地使用权、农地使用权、邻地利用权，还是作为担保物权范畴的抵押权、质权、留置权，农民集体土地使用权限定物权性的特征，是由他物权人对财产标的物享有占有、使用和收益而形成的权能。

（4）使用目的的确定性。即权利人使用农民集体土地的根本目的主要是获得农业方面的经济目的，而不是获得工业等方面的经济目的。

（5）客体的广泛性。包括耕地、林地、山岭、草原、荒地、滩涂、水面等。

（6）使用方法的多样性。即种植、养殖、畜牧等。

（7）主体的复合性。即农民集体土地使用权的主体既包括法人（农场、农业公司），也包括特定范围的经济组织与农户等。

3. 农村土地使用权行使时的限制

农村土地使用权是一种限制性物权，其行使不是随心所欲的，而是受到一定的限制。这种限制主要表现在以下三个方面：

（1）土地用途的限制。《土地管理法》第 4 条明确规定："国家实行土地用途管制制度。国家编制土地利用总体规划，规定土地用途，将土地分为农用地、建设用地和未利用地。严格限制农用地转为建设用地，控制建设用地总量，对耕地实行特殊保护……

使用土地的单位和个人必须严格按照土地利用总体规划确定的用途使用土地。"另外,《土地管理法》第 63 条也规定:"农民集体所有的土地的使用权不得出让、转让或者出租用于非农业建设;但是,符合土地利用总体规划并依法取得建设用地的企业,因破产、兼并等情形致使土地使用权依法发生转移的除外。"

(2)土地使用权流转对象的限制。农业用地转让通常是农村集体经济组织内部的流动,属于土地使用分配在集体内部平等协商、自愿互利的流转,有利于农民调剂余缺。农民集体所有的土地由本集体经济组织以外的单位或者个人承包经营的,必须经村民会议三分之二以上成员或者三分之二以上村民代表的同意,并报乡(镇)人民政府批准。另一方面,土地使用权的流动不能改变土地所有制的权属关系。《土地管理法》第 10 条规定:"农民集体所有的土地依法属于村农民集体所有的,由村集体经济组织或者村民委员会经营、管理;已经分别属于村内两个以上农村集体经济组织的农民集体所有的,由村内各该农村集体经济组织或者村民小组经营、管理;已经属于乡(镇)农民集体所有的,由乡(镇)农村集体经济组织经营、管理。"

(3)土地使用权期限的限制。农村土地使用权一般通过承包方式取得。本村集体经济组织成员通过承包方式取得农用地使用权的,承包期限为 30 年。另一方面,为了稳定农村承包经营关系,《农村土地承包法》第 20 条规定:"耕地的承包期为 30 年;草地的承包期为 30 年至 50 年;林地的承包期为 30 年至 70 年;特殊林木的林地承包期,经国务院林业行政主管部门批准可以延长。"

(三)土地所有权与使用权分离

我国法律规定,土地所有权与使用权是分离的。土地属于全民所有和劳动群众集体所有,任何单位和个人不得侵占、买卖或者以其他形式非法转让土地。但不论国有和集体所有的土地,依法都可以确定给全民所有制、集体所有制或个人使用,在使用过程中,其土地的使用权也可以依法转让,但所有权不变,受法律保护,任何单位和个人不得侵犯。《农村土地承包法》第 10 条规定:"国家保护承包方依法、自愿、有偿地进行土地承包经营权流转。"

第二节 农村土地承包法律制度

2002 年第九届全国人大常委会第三十一次会议修订通过《中华人民共和国农村土地承包法》(以下简称《农村土地承包法》),进一步稳定和完善了我国农村土地承包制度,对于维护广大农民的根本利益,促进农业和农村经济发展,维护农村社会稳定,具有重要意义。

一、我国农村土地承包制度

土地承包制度是我国农村土地经营制度的最基本的形式,是指农户以家庭为单位向集体组织承包土地等生产资料和生产任务的农业生产责任制形式。它建立在农村土地所有权的基础上，特别是建立在农村集体土地所有权基础上。农村土地承包制度的基本特点是保留集体经济必要的统一经营的同时，集体将土地和其他生产资料承包给农户，承包户根据承包合同规定的权限，独立做出经营决策，并在完成国家和集体任务的前提下分享经营成果。一般做法是将土地等按人口或劳动力比例，根据责、权、利相结合的原则分给农户经营，承包户和集体经济组织签订承包合同。

二、《农村土地承包法》的适用范围

《农村土地承包法》是稳定和完善以家庭承包经营为基础、统分结合的双层经营体制的坚实基础，同时也是维护农民土地权益的一部重要法律，其调整和规范有特定的内容，本法第一章第2条规定："本法所称农村土地，是指农民集体所有和国家所有依法由农民集体使用的耕地、林地、草地，以及其他依法用于农业的土地。"这一规定，包括两层意思：一是《农村土地承包法》调整的范围是依法属于农民集体所有和国家所有、依法由农民集体使用的土地，而不是全部的农村土地。二是这些土地的类别主要是耕地、林地和草地，也包括荒山、荒丘、荒沟、荒滩等"四荒"地及养殖水面等。

三、农村土地承包经营权概述

（一）土地承包经营权的含义

土地承包经营权，是指个人、单位通过依法订立承包合同所取得的对集体所有或者国家所有的土地从事种植业、林业、畜牧业、渔业生产经营并获得收益的权利。从目前中国的法律法规来看，土地承包经营是中国农业生产的基本经营形式，由专门的法律——《农村土地承包经营法》调整。在可预见的未来很长一段时期内，土地承包经营权都是农民最重要的土地权利。中国农民及其他农业生产经营者占有和经营土地的权利，是"耕者有其田"原则的具体体现。

（二）土地承包经营权的特征

土地承包经营权具有以下法律特征：

（1）土地承包经营权的主体具有广泛性，既可以是本集体经济组织的成员，也可以是本集体经济组织以外的单位和个人；

（2）土地承包经营的客体是广义上的农用土地，包括种植业用地、林业用地、畜牧业用地、渔业用地和其他农用地；

（3）土地承包经营权是根据发包人和承包人依法订立的承包合同而产生的，当事人双方的权利和义务均由承包合同确定；

（4）土地承包经营权是一种用益物权，是承包人因从事种植或其他生产经营项目而承包使用集体所有或国家所有集体使用的耕地、林地、草地以及其他用于农业的土地的权利。

（三）土地承包经营权的确认

《物权法》第127条规定："土地承包经营权自土地承包经营权合同生效时设立。

县级以上地方人民政府应当向土地承包经营权人发放土地承包经营权证、林权证、草原使用权证,并登记造册,确认土地承包经营权。"由此可见,土地承包经营权作为一种不动产物权,需要通过登记而设立。

(四)土地承包经营权的内容

农业承包经营权的内容由发包方和承包方在承包合同中约定。但是,除承包合同另有约定外,承包方享有生产经营决策权、产品处分权和收益权。还规定在承包期内,经发包方同意,承包方可转包所承包的生产经营项目,也可将承包合同转让给第三者。据此,农业承包经营权应包括以下内容:

1. 经营决策权

所谓经营决策权,也称经营自主权,是指在生产经营过程中决定干什么、干多少、怎样干的权利。给予承包方经营自主权,就可使他们成为真正的、独立的商品生产经营者,并使其收益与经营效果挂钩。经营自主权是构成联产承包责任制的重要内容,是区别于人民公社旧体制的主要标志。

2. 收益权

收益权,是指通过承包经营活动获取利益的权利。1984年以来,全国实行"大包干"责任制形式的生产队占生产队总数的比重一直稳定在99%左右。"大包干"的分配形式是"交够国家的,留够集体的,剩下全是自己的"。这样,就使劳动报酬与劳动的数量、质量以及最终成果挂上了钩,从而充分调动了农民劳动生产的积极性。

3. 产品处分权

产品处分权,是指处置生产产品的权利。在承包制实行初期,还有较多的农产品国家定购任务,随着农产品流通体制的改革和价格的放开,国家定购任务也会逐步缩减并转由市场调节。因此,承包方具有越来越多的产品处分权。

4. 转包、转让权

所谓转包权,是指承包方享有的下述权利:在承包期内,征得发包方书面同意,将所承包的土地等生产资料的部分或全部让渡给第三方,由第三方进行生产经营。承包方与发包方原来签订的承包合同仍然有效,承包方应与第三方签订转包合同。所谓转让权,是指承包方享有的以下权利:在承包期内,征得发包方书面同意,将承包合同让渡给第三方,由第三方向发包方履行承包合同规定的义务,并享有合同规定的权利。承包合同一经转让,原承包方与发包方依据承包合同规定的权利和义务关系即行终止。

农业承包经营权除包含以上四项原则规定的权利之外,依《农业法》、《农村土地承包法》、《继承法》的规定,还有一特殊的权利,即继承权,也属于农业承包经营权的内容。继承权指承包人在承包期内死亡的,该承包人的继承人可以继续承包经营关系。这对稳定承包经营制度,增加对农业的投入具有重要的意义。

(五)土地承包经营权的流转

1. 土地承包经营权流转的概念

土地承包经营权的流转是指取得农村土地承包经营权的承包方将其所享有的承包经

营权的部分或者全部依法、自愿、有偿流转于第三人的行为。

2. 土地承包经营权流转的形式

根据《农村土地承包法》的规定，土地承包经营权流转的形式可以是转包、出租、互换、转让或者其他方式。

（1）转包，是承包方在一定期限内将部分或者全部土地承包经营权让与本集体经济组织的其他成员，由受让方对承包方承担约定的义务，承包方与发包方的承包关系不变。

（2）出租，是承包方在一定期限内将部分或者全部土地承包经营权让与本集体经济组织以外的第三人，由第三人作为受让方对承包方承担约定的义务，承包方与发包方的承包关系不变。

（3）互换，是承包方之间为方便耕种或者各自需要，对属于同一集体经济组织的土地承包经营权进行互换。

（4）转让，是经发包方同意，承包方将全部或者部分土地承包经营权让渡给其他从事农业生产经营的农户，由该农户与发包方确立新的承包关系，原承包方与发包方在该土地上的承包关系终止。

土地承包经营权采取转包、出租、互换、转让或者其他方式流转，当事人双方应当签订书面合同。采取转让方式流转的，应当经发包方同意；采取转包、出租、互换或者其他方式流转的，应当报发包方备案。

3. 土地承包经营权流转的原则

《农村土地承包法》第33条规定了土地承包经营权流转应当遵循以下原则：

（1）平等协商、自愿、有偿，任何组织和个人不得强迫或者阻碍承包方进行土地承包经营权流转；

（2）不得改变土地所有权的性质和土地的农业用途；

（3）流转的期限不得超过承包期的剩余期限；

（4）受让方须有农业经营能力；

（5）在同等条件下，本集体经济组织成员享有优先权。

4. 土地承包经营权流转合同

土地承包经营权流转合同是明确流转双方当事人权利与义务，保护双方当事人合法权益的重要协议。依照《农村土地承包法》第37条规定，土地承包经营权流转合同一般包括以下条款：

（1）双方当事人的姓名、住所；

（2）流转土地的名称、坐落、面积、质量等级；

（3）流转的期限和起止日期；

（4）流转土地的用途；

（5）双方当事人的权利和义务；

（6）流转价款及支付方式；

(7) 违约责任。

（六）土地承包经营权的消灭

土地承包经营权的消灭的情形主要包括以下几种：

（1）土地承包期限届满，承包人不愿继续承包的。依《物权法》第126条规定，土地承包经营权期限届满，由土地承包经营权人按照国家有关规定继续承包。土地承包经营权人继续承包的，承包人与发包人双方续展土地承包经营权合同。如果承包期满后承包人不愿继续承包、续展合同的，则土地承包经营权消灭。

（2）土地承包经营权人在承包期内交回承包地。土地承包经营权人在承包期内自愿交回承包地或者依照法律规定应当交回承包地的，土地承包经营权因承包地的交回而消灭。

（3）发包人在承包期内依法收回或调整承包地。依《物权法》第130条、第131条规定，在承包期内，发包人不得调整承包地，不得收回承包地。但这并不意味着承包地不能被收回或调整。在具备法定事由时，发包人可以依法收回承包地或者调整承包地。

（4）承包地被依法征收。国家基于公共利益的需要，在依照法定程序并给予合理补偿的前提下，可以依法征收集体土地，此时设立于该集体土地之上的土地承包经营权即归于消灭。

（5）承包人死亡，无继承人或继承人放弃继承土地承包经营权。

四、农村土地承包的方式

《农村土地承包法》第3条第2款规定："农村土地承包采取农村集体经济组织内部的家庭承包方式，不宜采取家庭承包方式的荒山、荒沟、荒丘、荒滩等农村土地，可以采取招标、拍卖、公开协商等方式承包。"由此可见，农村土地承包方式主要有两类：第一类是家庭承包，这是农村土地承包的基本方式；第二类是招标、拍卖、公开协商等其他承包方式。

（一）家庭承包

1. 家庭承包的概念

家庭承包，是指对具有社会保障性质的耕地、林地、草地等农村土地采取农村集体经济组织内部的承包方式时，以该农村集体经济组织成员（农民）人人有份，内部家庭（农户）为经营单位的承包。

2. 家庭承包的特征

家庭承包的主要特征：

（1）承包方只限于本农村集体经济组织（即发包方）内部的农户，其他农村集体经济组织的农户、农村集体经济组织以外的单位和个人都不能成为家庭承包的承包方；

（2）本农村集体经济组织的成员（农民）享有平等承包权（法律赋予本集体经济组织成员有平等的承包权）；

(3) 以农户家庭为单位、不是以农民个人为单位进行家庭承包；

(4) 体现人人有份（也就是通常所说的"按户承包，按人分地"）、公平优先的原则；

(5) 承包地具有社会保障功能；

(6) 承包的土地包括耕地、林地、草地这三种农村土地；

(7) 家庭承包的承包方（农户）取得物权性质的土地承包经营权；

(8) 家庭承包取得的土地承包经营权可以依法流转。

3. 家庭承包的发包方与承包方

(1) 家庭承包的发包方

根据《农村土地承包法》第12条规定："农民集体所有的土地依法属于村农民集体所有的，由村集体经济组织或者村民委员会发包；已经分别属于村内两个以上农村集体经济组织的农民集体所有的，由村内各该农村集体经济组织或者村民小组发包。村集体经济组织或者村民委员会发包的，不得改变村内各集体经济组织农民集体所有的土地的所有权。国家所有依法由农民集体使用的农村土地，由使用该土地的农村集体经济组织、村民委员会或者村民小组发包。"

由此可见，国家所有依法由农民集体使用的农村土地，具体确定由谁发包时，应当根据该土地的具体使用情况而定。由村农民集体使用的，由村集体经济组织发包。由村内两个以上农村集体经济组织的农民集体使用的，由村内各集体经济组织发包；村内各集体经济组织未设立的，由村民小组发包。

《农村土地承包法》第13条规定，发包方享有的权利主要包括：①发包本集体所有的或者国家所有依法由本集体使用的农村土地；②监督承包方依照承包合同约定的用途合理利用和保护土地；③制止承包方损害承包地和农业资源的行为；④法律、行政法规规定的其他权利。

另外，《农村土地承包法》第14条规定了发包方应履行的义务：①维护承包方的土地承包经营权，不得非法变更、解除承包合同；②尊重承包方的生产经营自主权，不得干涉承包方依法进行正常的生产经营活动；③依照承包合同约定为承包方提供生产、技术、信息等服务；④执行县、乡（镇）土地利用总体规划，组织本集体经济组织内的农业基础设施建设；⑤法律、行政法规规定的其他义务。

(2) 家庭承包的承包方

《农村土地承包法》第5条规定："农村集体经济组织成员有权依法承包由本集体经济组织发包的农村土地。任何组织和个人不得剥夺和非法限制农村集体经济组织成员承包土地的权利。"该法第15条同时规定："家庭承包的承包方是本集体经济组织的农户。"这里有两个值得注意的问题：一是家庭承包中的承包方限于本集体经济组织内部的成员，其他集体经济组织、集体经济组织以外的单位和个人都不能作为承包方；二是承包方应该是以农户家庭为经营单位进行承包的，而不是以农民个人为单位进行承包。

《农村土地承包法》第16条规定，承包方享有下列权利：①依法享有承包地使用、收益和土地承包经营权流转的权利，有权自主组织生产经营和处置产品；②承包地被依法征用、占用的，有权依法获得相应的补偿；③法律、行政法规规定的其他权利。

同时，该法第17条也规定了承包方应承担下列义务：①维持土地的农业用途，不得用于非农建设；②依法保护和合理利用土地，不得给土地造成永久性损害；③法律、行政法规规定的其他义务。

4．家庭承包的原则和程序

依照《农村土地承包法》的规定，土地承包过程中应当遵循以下原则：

（1）按照规定统一组织承包时，本集体经济组织成员依法平等地行使承包土地的权利，也可以自愿放弃承包土地的权利。这一原则包含了两层意思，一是农村集体经济组织成员都有权利依法承包由本集体经济组织发包的农村土地，任何组织和个人不得剥夺和非法限制。二是妇女与男子在土地承包中享有平等的权利。承包中应当保护妇女的合法权益，任何组织和个人不得剥夺、侵害妇女应当享有的土地承包经营权。

（2）民主协商，公平合理。

（3）承包方案应当按照本法第12条的规定，依法经本集体经济组织成员的村民会议三分之二以上成员或者三分之二以上村民代表的同意。

（4）承包程序合法。合法的农村土地家庭承包的程序应包括：①本集体经济组织成员的村民会议选举产生承包工作小组；②承包工作小组依照法律、法规的规定拟订并公布承包方案；③依法召开本集体经济组织成员的村民会议，讨论通过承包方案；④公布、组织、实施承包方案；⑤签订承包合同。

如果土地的承包违反了上述法定的原则，受到侵害的当事人则可以请求法院认定该土地承包无效或者撤销该土地承包。违反这些原则的当事人还可能会承担民事赔偿责任或刑事责任。

5．土地承包合同

（1）土地承包合同的概念

土地承包合同是发包方与承包方之间达成的，关于农村土地承包权利义务关系的协议。承包合同不仅仅局限于正规的书面合同，还包括口头合同、任务下达书以及其他能够证明承包经营法律关系的事实和文件。

（2）土地承包合同的内容

土地承包合同一般应当包括以下条款：

①发包方、承包方的名称，发包方负责人和承包方代表的姓名、住所。

②承包土地的名称、坐落、面积、质量等级。

③承包期限和起止日期。《土地承包法》规定，耕地的承包期为30年，草地的承包期为30年至50年，林地的承包期为30年至70年，但特殊林木的林地承包期，经国务院林业行政主管部门批准可以延长。至于具体的承包期到底是多长，双方可以在合同当中约定，但要注意合同约定的承包期不能低于法定的最低年限。法律规定的承包期届满，由土地承包经营权人按照国家有关规定继续承包。

④承包土地的用途。承包土地只能用于农业。农业是指种植业、林业、畜牧业和渔业，双方可以在这个前提下具体约定承包土地的用途，用于其他目的则是无效的。

⑤发包方和承包方的权利和义务。

⑥违约责任。指承包合同当事人一方或者双方不履行合同或者不适当履行合同，依照法律的规定或者按照当事人的约定，应当承担的法律责任，比如支付违约金、赔偿损失等。当事人在承包合同中约定了违约责任，且对违约金的比例、金额或者计算方法等内容约定明确的，按约定办。但如果所约定的违约金低于或者过分高于所造成的损失的，人民法院在审理因此而产生的纠纷时，可应当事人的请求和实际情况适当予以减少或者增加。当事人在承包合同中没有约定违约金的，无权请求支付违约金。

（3）土地承包合同的形式和生效

根据《农村土地承包法》的规定，土地承包合同应当采用书面形式。承包合同自订立之日起生效。承包方自承包合同生效时取得土地承包经营权。

（4）无效农业承包合同的确认和处理

违反法律、法规、政策规定签订的、没有法律约束力的承包合同，就是无效合同。无效承包合同从订立时起就没有法律约束力，不受法律保护。承包合同被确认部分无效的，如果不影响其余部分的效力，其余部分仍然有效。根据大多数省、市、自治区颁布的农业承包合同地方法规或规章的规定，无效承包合同的确认权归农业承包合同主管机关和人民法院。承包合同被确认无效后，如合同尚未履行的，不得履行；正在履行的，应立即停止履行。当事人一方依据该合同所取得的财产，应返还给对方，有过错的一方应赔偿对方因此所遭受的损失。如果双方都有过错，各自承担相应的责任。

（5）土地承包合同的变更和解除

农业承包合同的变更，是指在农业承包合同履行过程中，双方经协商同意对原来签订的承包合同的条款进行修改或补充，不变更原承包合同主体。农业承包合同的解除，是指在承包合同还未履行或还未完全履行时，提前结束承包合同的效力。

当事人一方需要变更或解除承包合同时，应及时以书面形式通知对方。双方应依据法律规定的变更或解除承包合同中的条件，充分协商，达成协议。协议未达成之前，原承包合同仍然有效。协商不能达成协议的，有权变更或解除合同的一方可申请合同主管机关调解或按当事人双方约定的纠纷处理办法向仲裁委员会申请仲裁或向人民法院起诉。经过上述有关程序使合同变更或解除后，原合同不再履行。合同变更的，当事人应按变更后的合同内容履行。合同解除的，当事人之间终止合同关系。

在承包期内，发包方不得单方面解除承包合同，但发生以下情形的除外：

①承包期内，承包方全家迁入小城镇落户的，应当按照承包方的意愿，保留其土地承包经营权或者允许其依法进行土地承包经营权流转。

②承包期内，承包方全家迁入设区的市，转为非农业户口的，应当将承包的耕地和草地交回发包方。承包方不交回的，发包方可以收回承包的耕地和草地。

③承包期内，承包方交回承包地或者发包方依法收回承包地时，承包方对其在承包

地上投入而提高土地生产能力的,有权获得相应的补偿。

(二) 土地承包的其他方式

其他方式承包,是指除家庭承包外,不宜采取家庭承包方式的荒山、荒沟、荒丘、荒滩等农村土地,通过招标、拍卖、公开协商等方式的承包。其他方式承包的种类包括:

(1) 招标投标。由村集体经济组织或者村民委员会作为招标方,通过发布招标公告或者向有意投标承包的集体经济组织内部成员或外部农业生产者发出招标邀请等方式发出招标信息,列出准备发包的荒山、荒沟、荒丘、荒滩等土地名称、坐落、面积、质量及其承包要求、承包期限以及对承包经营者的资格要求等招标条件,表明将选择最能够满足承包要求的农业承包经营者与之签订承包合同的意向,由各有意承包的农业承包经营者作为投标方,向招标方书面提出自己响应招标要求的条件,参加投标竞争。经招标方对各投标者的条件进行审查比较后,从中择优选定中标者,并与其签订土地承包合同。

(2) 拍卖。拍卖是以公开竞价的方式,将特定物的财产权利转让给最高应价者的买卖方式。"四荒地"的拍卖,起源于我国西部农村,现如今,拍卖已经成为"四荒地"流转的主要形式。通过拍卖的方式,将某一块"四荒地"的承包经营权出让给公开报价最高者,并与之订立承包经营合同,承包人取得承包经营权,依据承包合同独立开展经营活动,支付承包费用。

(3) 公开协商。公开协商是指发包方在公开的场合,通过公开的方式,如召开发包公开协商会,在民主、公开的基础上择优确定"四荒地"的承包方和承包条件。

(4) 折股分配。在本集体经济组织内部,将"四荒地"的承包经营权折股分给本集体经济组织成员后,再实行承包经营或者股份合作经营。有些地方以本村人口和"四荒地"的数量为依据,将"四荒地"的承包经营权分解为股份进行股份合作经营。采取这种方式承包"四荒地"有利于集体经济组织、农户的广泛参与,利益分享、风险共担,有利于降低生产经营费用和其他成本。

(二) 其他方式承包的特征

与家庭承包相比较,其他方式的承包具有以下特点:

①承包方可以是集体经济组织成员,也可以是集体经济组织以外的成员。在同等条件下,本集体经济组织的成员有优先承包的权利。如果是发包给本集体经济组织以外的单位或者个人承包的,必须遵循法定程序,即应当事先经本集体经济组织成员的村民会议三分之二以上成员或者三分之二以上村民代表的同意,并报乡(镇)人民政府批准。

②承包方可以是农户家庭,也可以是单位、联户或者个人。

③承包方法不是人人有份的平均承包,而是实行招标、拍卖或者公开协商,发包方按照"效率优先、兼顾公平"的原则确定承包人。

④承包的土地主要是"四荒"及果园、茶园、桑园、养殖水面等不适宜家庭承包的土地。

五、违约责任

(一) 发包方的主要违约行为及责任

《农村土地承包法》第 54 条列举了发包方侵害承包方土地承包经营权的典型行为:

①干涉承包方依法享有的生产经营自主权;

②违反本法规定收回、调整承包地;

③强迫或者阻碍承包方进行土地承包经营权流转;

④假借少数服从多数强迫承包方放弃或者变更土地承包经营权而进行土地承包经营权流转;

⑤以划分"口粮田"和"责任田"等为由收回承包地搞招标承包;

⑥将承包地收回抵顶欠款;

⑦剥夺、侵害妇女依法享有的土地承包经营权;

⑧其他侵害土地承包经营权的行为。

发包方侵害承包方土地承包经营权承担法律责任的形式是:

①停止侵害。土地承包经营权被侵害的承包方有权请求发包方停止或者请求农村土地承包仲裁机构、人民法院责令发包方,停止正在实施的侵害土地承包经营权的行为。

②返还原物。实施承包方土地承包经营权的发包方,非法占有承包方的承包土地或者其他财产,承包方有权请求发包方或者请求农村土地承包仲裁机构、人民法院责令发包方,将非法占有的承包方的承包土地或者其他财产返还承包方。

③恢复原状。土地承包经营权受到侵害的承包方,有权请示发包方或者请求农村土地承包仲裁机构、人民法院责令发包方,将受到损坏的财产恢复到原来状态。

④排除妨害。发包方非法干涉、阻碍、妨害承包方行使其土地承包经营权时,承包方有权请求发包方或者请求农村土地承包仲裁机构、人民法院责令发包方,排除其对承包方权利行使的障碍。

⑤消除危险。因发包方侵害土地承包经营权的行为对承包方的财产安全造成威胁,或者存在着损害承包方财产的可能,承包方有权请求发包方或者请求农村土地承包仲裁机构、人民法院责令发包方,采取有效措施,停止具有危险因素的行为或者消除损害可能。

⑥赔偿损失。发包方因侵害土地承包经营权的行为给承包方造成了财产上的损失时,承包方有权请求发包方或者请求农村土地承包仲裁机构、人民法院责令发包方,以其财产赔偿承包方所受的损失。

(二) 承包方的主要违约形式及责任

1. 承包方改变土地的农业用途,用于非农建设

承包方依法享有承包地使用、收益和土地承包经营权流转的权利,根据《农村土地承包法》第 17 条的规定,承包方有维持土地的农业用途、不得用于非农建设的义务。《土地管理法》对于农业用地转为建设用地规定了严格的转用审批程序和征地、用地批

准程序。将农业用地转为建设用地，必须依照《土地管理法》的规定，经过有关人民政府或有关行政主管部门批准。承包方未履行《土地管理法》规定的批准手续，或者采取欺骗手段骗取批准，将承包地用于非农业建设的，其行为应当依照《土地管理法》的规定，由县级以上地方人民政府的土地行政主管部门给予处罚。此外，根据《农村土地承包法》第56条的规定，当事人一方不履行合同义务或履行义务不符合约定的，应当按照《中华人民共和国合同法》的规定承担违约责任。

2. 承包方进行破坏性、掠夺性经营，给土地造成永久性损害的

所谓给土地造成永久性损害，是指由于对土地的不合理耕作、掠夺式经营、建造永久性建筑物或者构筑物、取土、采矿以及其他不合理使用土地的行为，造成土地荒漠化、盐渍化、破坏耕作层等严重破坏耕种条件的情况，以一般的人力、物力难以恢复种植条件的损害。发包方一旦发现承包方有给承包地造成永久性损害情况的行为时，有权制止承包方的行为，并有权要求承包方赔偿由此造成的损失。《农村土地承包法》第60条第2项规定："承包方给承包地造成永久性损害的，发包方有权制止，并有权要求承包方赔偿由此造成的损失。"因承包方随意改变土地用途或者对经营的标的物进行破坏性或者掠夺性生产经营，发包方要求承包方对造成的损失给予赔偿的，可以向人民法院提起诉讼。

3. 承包方没有依约定交纳承包费

农村土地承包合同的承包方有依合同约定交纳承包费的义务。承包方应当依承包合同约定的时间、期限、数额交纳承包费，不得无故逾期交纳、拒绝交纳或少交纳，否则，即构成违约。构成违约的，应当按照《中华人民共和国合同法》的规定承担违约责任，对于因承包费或交纳承包费等方面产生争议的，承包合同的双方当事人可请求人民法院予以解决。

（三）其他法律责任

①任何组织和个人强迫承包方进行土地承包经营权流转的，该流转无效。

②任何组织和个人擅自截留、扣缴土地承包经营权流转收益的，应当退还。

③违反土地管理法规，非法征用、占用土地或者贪污、挪用土地征用补偿费用，构成犯罪的，依法追究刑事责任；造成他人损害的，应当承担损害赔偿等责任。

④国家机关及其工作人员有利用职权干涉农村土地承包，变更、解除承包合同，干涉承包方依法享有的生产经营自主权，或者强迫、阻碍承包方进行土地承包经营权流转等侵害土地承包经营权的行为，给承包方造成损失的，应当承担损害赔偿等责任；情节严重的，由上级机关或者所在单位给予直接责任人员行政处分；构成犯罪的，依法追究刑事责任。

第三节 农村土地纠纷

一、农村土地纠纷的主要类型

1. 土地所有权纠纷

这一类纠纷中，国家与集体土地所有权权属纠纷、不同集体经济组织间集体土地所有权权属纠纷、"四荒"土地使用权纠纷以及村集体擅自发包土地直接侵害村民利益的纠纷比较突出。这一切与我国现行农民集体土地所有权主体虚化有直接关系。另外，农地所有权的归属，因权利证书尚未完全发放，部分土地权属不明、产籍不清，所有权属处于不确定状态，甚至原本稳定的土地关系也因尚未确权引发权属争议，影响农村经济的发展和稳定。

2. 土地收益分配纠纷

在农村土地纠纷案件中，争议比较大、问题比较多、也较难处理的是收益分配权纠纷。这类问题产生的原因主要是在如何确定农村集体经济组织成员资格等问题上各地认定标准不一，从而导致执法不统一。

3. 土地承包合同纠纷

土地承包合同纠纷主要是指在承包合同的订立、履行、管理中引发的纠纷。

①土地发包中的纠纷。一是发包人的主体资格混乱。根据《农村土地承包法》的规定，农村土地承包合同的发包人只能是农村集体经济组织、村民委员会或村民小组。但在发包过程中，有的是村发包，有的是组发包，还有的村委会、村民小组将同一块地分别承包给不同的村民，引发纠纷。二是发包程序不规范。三是合同签订不规范。部分村干部和村民的法律意识薄弱，在签订承包合同时不采用书面形式，只是口头说说了事，权责不清导致纠纷；有的虽然签订了书面合同，但条款不完善，权利义务不具体，不能体现平等原则，有些甚至直接违背法律规定，导致无效而引发纠纷。

②合同履行中发包方或者承包方违约引起的纠纷。

③合同管理中的纠纷。农村土地承包合同一旦签订，即具有行政权威性和法律的严肃性。但由于管理不规范，土地承包合同填写模糊混乱，有的地名甚至面积由村干部或农户自己填写和涂改，有的一份承包合同在一年内重签多次，有的保存时间根本达不到承包期的要求。

4. 土地征收纠纷

这一类纠纷产生的原因主要是四个方面：①征地理由不充分。②征地程序不公开。③补偿款未依法发放。④补偿款分配不公。

5. 土地流转纠纷

适当引导农户搞好土地经营权流转，是活跃农村经济的重要举措。但是，土地承包经营权的流转，必须在尊重农民意愿的基础上，由承包方自愿进行。有一些地方在农业结构调整和产业化发展过程中，发包方以结构调整为借口，以各种手段强迫承包方将承包地流转，集中土地搞所谓"规模经营"和"产业化"，导致土地流转纠纷不断出现。此类纠纷主要表现在：①流转形式不规范引发争议。②流转内容不合法引起纠纷。③流转程序不合法引起纠纷。

6. 土地调整纠纷

土地调整纠纷主要是在土地频繁调整、土地资源配置失衡等管理不规范的过程中产生的纠纷。

二、农村土地纠纷的特点

1. 纠纷范围具有广泛性

由于工业化、城市化的迅猛发展对土地的需求越来越大，不可再生的土地资源增值效应变得更加突出，因而，农民与有关乡（镇）政府之间、农民与土地使用单位之间、农民与工商企业之间的矛盾和冲突使纠纷的范围更加广泛。

2. 纠纷主体具有多样性

这是由纠纷范围的广泛性决定的。农村土地纠纷的主体包括作为集体经济组织的村委会、村民、有关的乡（镇）政府、土地征用的相关单位、单个农户、外村的村委会或村民；此外，近几年因外嫁女、嫁城女、丧偶、外出读书或打工等导致户籍变动引发的纠纷日益增多，使纠纷主体呈现多样化特征。

3. 纠纷性质具有多元性

农村土地纠纷比较复杂，大量纠纷以平等主体间权利义务冲突为主，属于民事法律关系性质，如合同、民事侵权；但涉及乡（镇）政府或其他政府部门侵犯农民土地承包权、政府部门作出错误的行政行为引发的纠纷，则属于行政法律关系性质；当土地纠纷诱发大规模群体性冲突、暴力或涉及黑恶势力时，又可能需刑事法律进行调整。

4. 纠纷规模具有群体性

农村土地纠纷大多涉及人员多，群体性特征明显，不加以控制矛盾容易激化。实践中，乡（镇）政府侵犯农民承包经营权、村委会违背民意暗中向外发包土地、土地征用过程中强征强拆或补偿款不到位导致农民失地等，因涉及较多人的切身利益，一般为大多数村民所关心。由于纠纷规模的群体性，如果处理不好，既不利于保护农民的合法权益，也不利于社会的稳定。

三、农村土地纠纷的解决方式

（一）和解

发生农村土地纠纷的双方当事人在平等自愿的基础上，自行协商解决纠纷，就争议的问题达成一致。和解主要适用于平等主体之间发生的民事性质的争议，涉及社会公共利益、涉及政府行政行为引起的土地争议不宜采用和解方式解决。

(二) 调解

1. 土地纠纷调解组织

《中华人民共和国农村土地承包经营纠纷调解仲裁法》(以下简称《土地承包经营纠纷调解仲裁法》)第3条规定:"发生农村土地承包经营纠纷的,当事人可以自行和解,也可以请求村民委员会、乡(镇)人民政府等调解。"由此可见,村民委员会和乡(镇)人民政府是农村土地纠纷中最主要的调解组织。

2. 调解程序

(1) 当事人申请农村土地承包经营纠纷调解可以书面申请,也可以口头申请。口头申请的,由村民委员会或者乡(镇)人民政府当场记录申请人的基本情况、申请调解的纠纷事项、理由和时间。

(2) 调解农村土地承包经营纠纷,村民委员会或者乡(镇)人民政府应当充分听取当事人对事实和理由的陈述,讲解有关法律以及国家政策,耐心疏导,帮助当事人达成协议。

(3) 经调解达成协议的,村民委员会或者乡(镇)人民政府应当制作调解协议书。调解协议书由双方当事人签名、盖章或者按指印,经调解人员签名并加盖调解组织印章后生效。

(4) 仲裁庭对农村土地承包经营纠纷应当进行调解。调解达成协议的,仲裁庭应当制作调解书;调解不成的,应当及时做出裁决。调解书应当写明仲裁请求和当事人协商的结果。调解书由仲裁员签名,加盖农村土地承包仲裁委员会印章,送达双方当事人。调解书经双方当事人签收后,即发生法律效力。

(三) 仲裁

仲裁是指双方当事人自愿将他们之间发生的农村土地承包经营纠纷申请仲裁,由农村土地承包仲裁委员会依法按照仲裁程序对农村土地承包经营纠纷作出裁决的活动。相对于向法院提起诉讼,仲裁的程序比较简单,有利于及时解决纠纷,因而《土地承包经营纠纷调解仲裁法》规定,如当事人和解、调解不成或者不愿和解、调解的,可以向农村土地承包仲裁委员会申请仲裁。

1. 农村土地承包经营纠纷仲裁的参加人

(1) 当事人。发生农村土地承包经营纠纷申请人和被申请人为当事人。

(2) 代表人。家庭承包的,可以由农户代表人参加仲裁。当事人一方人数众多的,可以推选代表人参加仲裁。

(3) 第三人。与案件处理结果有利害关系的,可以申请作为第三人参加仲裁,或者由农村土地承包仲裁委员会通知其参加仲裁。

(4) 代理人。当事人、第三人可以委托代理人参加仲裁。

2. 仲裁委员会和仲裁员

依照《土地承包经营纠纷调解仲裁法》规定,农村土地承包仲裁委员会由当地人民政府及其有关部门代表、有关人民团体代表、农村集体经济组织代表、农民代表和法律、经济等相关专业人员兼任组成，其中农民代表和法律、经济等相关专业人员不得少于组成人员的二分之一。农村土地承包仲裁委员会设主任一人、副主任一至二人和委员若干人。主任、副主任由全体组成人员选举产生。

农村土地承包仲裁委员会应当从公道正派的人员中聘任仲裁员。仲裁员应当符合下列条件之一：①从事农村土地承包管理工作满五年；②从事法律工作或者人民调解工作满五年；③在当地威信较高，并熟悉农村土地承包法律以及国家政策的居民。

农村土地承包仲裁委员会应依法履行下列职责，包括聘任、解聘仲裁员，受理仲裁申请，监督仲裁活动。

3. 申请和受理

（1）申请时效

农村土地承包经营纠纷申请仲裁的时效期限为两年，自当事人知道或者应当知道其权利被侵害之日起计算。

（2）仲裁申请

当事人申请仲裁，应当向纠纷涉及的土地所在地的农村土地承包仲裁委员会递交仲裁申请书。仲裁申请书可以邮寄或者委托他人代交。仲裁申请书应当载明申请人和被申请人的基本情况，仲裁请求和所根据的事实、理由，并提供相应的证据和证据来源。

书面申请确有困难的，可以口头申请，由农村土地承包仲裁委员会记入笔录，经申请人核实后由其签名、盖章或者按指印。

（3）仲裁受理

农村土地承包仲裁委员会决定受理的，应当自收到仲裁申请之日起五个工作日内，将受理通知书、仲裁规则和仲裁员名册送达申请人；决定不予受理或者终止仲裁程序的，应当自收到仲裁申请或者发现终止仲裁程序情形之日起五个工作日内书面通知申请人，并说明理由。

农村土地承包仲裁委员会应当自受理仲裁申请之日起五个工作日内，将受理通知书、仲裁申请书副本、仲裁规则和仲裁员名册送达被申请人。

被申请人应当自收到仲裁申请书副本之日起10日内向农村土地承包仲裁委员会提交答辩书；书面答辩确有困难的，可以口头答辩，由农村土地承包仲裁委员会记入笔录，经被申请人核实后由其签名、盖章或者按指印。农村土地承包仲裁委员会应当自收到答辩书之日起五个工作日内将答辩书副本送达申请人。被申请人未答辩的，不影响仲裁程序的进行。

4. 仲裁裁决

（1）村土地承包经营纠纷仲裁应当公开开庭进行，但涉及国家秘密、商业秘密和个人隐私以及当事人约定不公开的除外。

（2）当事人申请仲裁后，可以自行和解。达成和解协议的，可以请求仲裁庭根据和解协议作出裁决书，也可以撤回仲裁申请。

（3）仲裁庭作出裁决前，申请人撤回仲裁申请的，除被申请人提出反请求的外，仲裁庭应当终止仲裁。

（4）当事人对发生法律效力的调解书、裁决书，应当依照规定的期限履行。一方当事人逾期不履行的，另一方当事人可以向被申请人住所地或者财产所在地的基层人民法院申请执行。受理申请的人民法院应当依法执行。

（四）诉讼

当事人不愿协商、调解或者协商、调解不成的，可以直接向人民法院起诉。另外，对农村土地承包仲裁机构的仲裁裁决不服的，可以在收到裁决书之日起30日内向人民法院起诉。

第四章练习题

1. 我国农村土地具体包括哪些内容？
2. 农村土地使用权行使时有什么限制？
3. 农村承包合同的内容是什么？
4. 家庭承包中发包方和承包方各自的权利与义务是什么？
5. 发包方在哪些情况下可以解除承包合同？
6. 农村土地承包除家庭承包外还有哪些方式？与家庭承包有哪些区别？
7. 农村土地纠纷主要有哪些类型？解决的途径有哪些？

第五章　农民专业合作社法律制度

2007年7月1日,《中华人民共和国农民专业合作社法》(以下简称《农民专业合作社法》)正式实施,这是新中国成立以来第一部规范和发展农民专业合作经济组织的法律。该法共9章56条,从定义、设立和登记、成员、组织机构、财务管理、合并、分立及解散、扶持政策、法律责任等方面对农民专业合作社及其发展进行了规范。其立法的目的和宗旨是:支持引导农民专业合作社发展,规范农民专业合作社的组织和行为,保护农民专业合作社及其成员的合法权益,促进农业和农村经济发展。该法的颁布和实施对于增强农产品的市场竞争能力、促进农民增收、建设社会主义新农村具有重要意义。

第一节　农民专业合作社法律制度概述

一、农民专业合作社

1. 农民专业合作社的定义

农民专业合作社是在农村家庭联产承包经营的基础上,同类农产品的生产经营者或者同类农业生产经营服务的提供者、利用者,自愿联合、民主管理的互助性经济组织。

2. 农民专业合作社的服务对象

农民专业合作社以其成员为主要服务对象,提供农业生产资料的购买,农产品的销售、加工、运输、贮藏以及与农业生产经营有关的技术、信息等服务。

3. 农民专业合作社应遵循的原则

(1) 成员以农民为主体;

(2) 以服务成员为宗旨,谋求全体成员的共同利益;

(3) 入社自愿,退社自由;

(4) 成员地位平等,实行民主管理;

(5) 盈余主要按照成员与农民专业合作社的交易量(额)比例返还。

4. 农民专业合作社的特征

农民专业合作社是同类商品生产经营者自愿联合起来,以经营企业的方式谋取群体经济效益的一种农业合作经济组织。专业合作社是劳动者的互利组织,与其他各种类型的合作社相比,专业合作社有以下几个特点:

(1) 专业性。以某项达到适度社会规模的商品生产为基础,参加者是从事同类商品生产的农民专业户、为同类生产服务的经济技术组织和从事相关经营的流通企业。因此，专业合作社又可称之为同业合作社。

(2) 先进性。出于竞争和发展的需要，专业合作社一般走以科技为先导、以供销合作社为依托，完善服务体系的路子，是先进的科学技术与分散的家庭经营相衔接的桥梁和纽带。

(3) 生产性。与供销合作社相比，它带有生产合作的性质，具有经营目标的确定性，只经营与生产有关的项目。例如，供应生产资料，收购、推销专业社产品，进行产品加工、储藏、运输等，主要为发展农村适度规模商品经济服务。

(4) 导向性。专业合作社以市场为导向，有较高的商品率和市场占有率，是引导社员有计划地进行生产和流通，把千家万户的农民小生产者与社会主义大市场联结起来的理想中介，是组织社员进入市场的好形式。

(5) 一体性。同类商品生产者、经营者和流通服务组织，通过专业合作社这种形式，结成产、供、销一体的合作经济组织，使社会再生产的各个环节形成彼此依存的有机整体，纳入社会主义市场经济发展轨道。

5. 发展农民专业合作社的作用

(1) 是稳定家庭承包经营制度，完善双层经营体制的迫切需要。实行家庭联产承包责任制之后，我国农村建立起"统分结合"的双层经营体制。但长期以来，由于集体经济发展缓慢，村级组织的经济作用实际上已名存实亡，影响到家庭经营潜力的持续发挥。农民专业合作社是在家庭经营基础上的联合，在此基础上，合作组织可以专门围绕某一产品的产前、产中、产后服务把农民组织起来，也可以在社与社之间建立紧密的联系。这样就满足了市场经济条件下农民多样化、复杂化的服务要求，解决了因集体经济势力薄弱所导致的服务不到位的问题。因此，农民专业合作社的发展，既巩固了家庭联产承包经营这个基础，又使农村的双层经营体制得到进一步完善和发展，从而成为在市场经济条件下我国农村的有效经营组织形式。

(2) 实现小生产与大市场对接。农民专业合作社可以在坚持生产经营主体的多元性和独立性的前提下，把农业生产的经营主体——农户联合起来，比较有序地进入市场，形成小生产与大市场的有效对接。农民组织起来以整体进入市场，可以及时获得市场信息，降低进入市场费用，以联合的方式提高农业生产的集约化和市场化程度，增强农户抗御自然风险和市场风险的能力。合作社通过产前、产中、产后各环节的联合，还使农民分享到加工和销售环节的利润，使农民收入增长有了可持续发展的组织保证。

(3) 是提升农业产业化水平，发展现代农业的重要载体。农民专业合作社是当今世界各国适应市场经济要求，发展现代农业的重要组织形式。现代农业就是要求采用现代的生产技术、现代的组织方式和现代的经营方式来发展农业。农民专业合作社是在市场经济条件下处于弱者地位的独立劳动者，为了维护自身的利益而自愿联合起来的一种经济组织。在农业产业化经营中，它的组织功能作用十分明显。它可以把分散的农户组织起来，上接龙头企业，下连农户，用合同、契约规范龙头企业与农户之间的关系，较好地解决龙头企业与农户之间的矛盾和问题，应该说，"公司+农民专业合作社+农户"将是组织千家万户走农业产业化经营道路、发展现代农业、实现农民共同致富的重要模式之一。

(4) 是与国际农产品市场接轨,增强农业国际竞争力的重要环节。在经济全球化的时代,面临日趋激烈的国内外市场,要使中国分散、小规模经营的农产品有可能与跨国公司进行竞争,必须加快培育和发展农民专业合作社。农产品通过合作社集中加工、储运、销售,不仅把增值的加工、销售利润给了农民,提高了农业自身的经济效益,而且使家庭经营生产与大市场有机联结起来,大大提高了农民在市场竞争中的谈判地位和竞争能力。

(5) 是深化农村经济体制改革,推动政府职能转变,建设社会主义新农村的重要手段。目前,我国农业和农村发展正面临着新的战略转型,有关农业政策实施的信息更需要全面及时地反馈,在这些方面,农民专业合作社具有不可替代的作用。农民专业合作社作为农民的组织,作为农民利益的代表,它不仅为农民走向市场架起了桥梁,也为政府与农民的沟通提供了新的渠道。一方面,农民通过合作社,可以把自己的愿望、要求和农村工作中存在的问题及时地反馈给政府;另一方面,政府也可以通过合作社及时准确地了解农民群众的心声,从而大大增强政府指导农村经济的针对性和时效性。因此,高度重视农民专业合作社的发展,对解决目前我国的"三农"问题,加快社会主义新农村建设具有重要意义。

(6) 是增强农民民主管理意识,促进农村社会和谐的重要途径。构建社会主义和谐社会,是我们党的执政目标之一,也是建设社会主义新农村的一个重要方面。农民专业合作社,坚持民主、合作、诚实、守信的原则,弘扬团结互助、平等友爱的精神,传播先进的生产技术和经营模式,就像一所大学校,不断地对农民进行经济、政治、社会文化和科学技术的培训,使农民的现代民主、科学、法制意识得到增强,自身素质得到提高。在民主、合作的氛围中,又不断地创造出相互信任、相互尊重、相互帮助的和谐人际环境。合作社又是一种民主管理的组织,充分尊重农民的主体地位,在实行经济合作的同时,给予每个成员平等的话语权。合作经济组织的发展,还能够有效地改进党对农村工作的领导和政府对农民的服务和管理,从而推动基层民主建设,密切党群、干群关系,促进农村经济社会的和谐健康可持续发展。

二、《农民专业合作社法》的主要内容

《农民专业合作社法》共9章56条,包括合作社的设立和登记,成员,组织机构,财务管理,合作社的合并、分立、解散与清算,扶持政策,法律责任等。合作社法开篇便明确了立法宗旨:支持、引导合作社的发展,规范合作社的组织和行为。

《农民专业合作社法》的内涵:

(1) 农民专业合作社主要由享有农村土地承包经营权的农民组成。加入农民专业合作社不改变家庭承包经营,在遵守本社章程的前提下,仍然具有生产经营自主权。

(2) 农民专业合作社围绕同类农产品的生产或者同类农业生产经营服务而组织起

来，实现成员共同的经济目的。这里所称的"同类"，是指以《国民经济行业分类》规定的分类标准为基础，提供该类农产品的销售、加工、运输、贮藏、农业生产资料的购买，以及与该类农业生产经营有关的技术、信息等服务。

（3）"互助性经济组织"确立了它必须依法设立并从事经营活动的市场主体地位。与其他市场经济主体如公司、合伙企业、个人独资企业等相比，农民专业合作社有以下特点：它不单纯是资本的联合，而主要是劳动联合；它不以营利为目的，而是以服务成员为宗旨；参加合作社主要不是牟取利润，而是为了获得合作社提供的帮助和服务；合作社在内部决策上不实行按投资额多少决定表决权大小的办法，实行的是所有成员一人一票制。

（4）农民专业合作社属于农民专业合作经济组织形式之一。农民专业合作社，主要指农村改革后从事同类农产品生产、加工和经营的农民自发成立的合作经济组织，完全是市场经济和改革开放的产物。

三、《农民专业合作社法》出台的意义

《农民专业合作社法》的颁布实施，是农村经济发展中的一件大事，是农村合作经济发展史上新的里程碑，标志着农民专业合作社将进入依法发展的新阶段，预示着国家将大力推动和扶持农民专业合作社的发育和成长，具有重大的现实意义。

（1）《农民专业合作社法》的颁布和实施，明确了农民专业合作社的法律地位，使其摆脱了"合理不合法"的尴尬局面，完善了我国关于市场主体法律制度，使合作社法成为继公司法、合伙企业法、个人独资企业法之后，又一部维护市场主体的法律。合作社"户口"的解决，将有利于国家扶持农民的相关政策落到实处，增加农民的收入。

（2）推动农业产业化经营。从近几年的发展经验看，"龙头企业+合作社+农户"的经营模式发展得比较好，农民专业合作社在龙头企业和农民之间架起一座桥梁，既保证了龙头企业所需农产品的数量和质量，也成为农民经济利益的代表。合作社法出台后，不仅有利于对农民专业合作社进行规范、管理和扶持，而且有利于提高农业生产规模化和专业化水平，推动当地优势农产品生产和特色产业发展，进而带动加工业发展。

（3）有利于改善政府对农业投入的机制。农民专业合作社与农户的利益一致，政府通过扶持合作社可以促进农业持续发展，从而提高支农效率。虽然我国工业逐渐有能力反哺农业，但政府支农资源仍是有限的。所以，关键是要找准切入点。从发达国家如美国、日本、韩国等的经验看，政府都是通过扶持合作社带动农业发展。从我国实践来看，农民专业合作社掌握市场需求和农户信息，作为市场主体代表农户与企业谈判，或直接参与市场竞争。政府通过支持农民专业合作社来带动广大农民致富，发展优势特色产业，不仅可以省掉中间环节，还可以有效提高政府的工作效率。

（4）将极大地推动构建和谐社会的进程。首先，确立和保护农民建立专业经济组织的权利，这是促进全社会民主法制更加完善、依法治国基本方略得到全面落实的重要方面。农民在经济生活中的权利，是其各方面权利的核心和基础，农民专业合作经济组

织的发展,将极大地促进各种社会组织的发育成长,促进农村社会组织化程度的提高,从而为农村社会的全面发展奠定基础。其次,农民专业合作社推动农民参与市场竞争,将使广大农民进一步增强法制意识和公共道德意识,促进农民素质全面提高,从而形成和谐的人际关系。最后,农民专业合作社有利于促进大多数中小农户增加收入,这对于逐步扭转城乡、区域发展差距扩大的趋势,推动合理有序的收入分配格局基本形成,实现全面建设惠及十几亿人口的更高水平的小康社会的目标,也具有十分积极的作用。

第二节 农民专业合作社的设立与登记

农民专业合作社作为独立的市场经营主体,要获得法人地位,必须依法设立登记。

一、农民专业合作社的设立

《农民专业合作社法》对于农民专业合作社的设立采取登记主义,即设立农民专业合作社只要符合法律规定的条件,无需经过行政机关的批准,即可依法登记为农民专业合作社。

1. 农民专业合作社的设立条件

根据《农民专业合作社法》规定,设立农民专业合作社应当具备的条件包括:

(1) 有五名以上符合规定的成员;其中农民至少应当占成员总数的80%。成员总数20人以下的,可以有1个企业、事业单位或者社会团体成员;成员总数超过20人的,企业、事业单位和社会团体成员不得超过成员总数的5%。

(2) 有符合本法规定的章程。农民专业合作社章程应当载明的事项包括:①名称和住所;②业务范围;③成员资格及入社、退社和除名;④成员的权利和义务;⑤组织机构及其产生办法、职权、任期、议事规则;⑥成员的出资方式、出资额;⑦财务管理和盈余分配、亏损处理;⑧章程修改程序;⑨解散事由和清算办法;⑩公告事项及发布方式;⑪需要规定的其他事项。

(3) 有符合本法规定的组织机构。农民专业合作社成员大会由全体成员组成,是合作社的权力机构。

(4) 有符合法律、行政法规规定的名称和章程确定的住所。农民专业合作社的名称应当含有"专业合作社"字样,并符合国家有关企业名称登记管理的规定。农民专业合作社的住所是其主要办事机构所在地。

(5) 有符合章程规定的成员出资。农民专业合作社成员可以用货币出资,也可以用实物、知识产权等能够用货币估价并可以依法转让的非货币财产作价出资。成员以非货币财产出资的,由全体成员评估作价。成员不得以劳务、信用、自然人姓名、商誉、特许经营权或者设定担保的财产等作价出资。成员的出资额以及出资总额应当以人民币表示。成员出资额之和为成员出资总额。

2. 设立大会

设立农民专业合作社应当召开由全体设立人参加的设立大会。设立时自愿成为该社成员的人为设立人。

设立大会行使的职权主要包括：

（1）通过本社章程，章程应当由全体设立人一致通过；

（2）选举产生理事长、理事、执行监事或者监事会成员；

（3）审议其他重大事项。

二、农民专业合作社的登记

1. 登记机关

农民专业合作社经登记机关依法登记，领取农民专业合作社法人营业执照，取得法人资格。未经依法登记，不得以农民专业合作社名义从事经营活动。其登记机关是工商行政部门。

2. 设立登记申请应提交的文件

（1）登记申请书；

（2）全体设立人签名、盖章的设立大会纪要；

（3）全体设立人签名、盖章的章程；

（4）法定代表人、理事的任职文件及身份证明；

（5）出资成员签名、盖章的出资清单；

（6）住所使用证明；

（7）法律、行政法规规定的其他文件。

3. 登记程序

登记程序由申请、审查、核准发照及公告等几个阶段组成。

（1）申请是农民专业合作社的设立人或者农民专业合作社提出的创设、变更农民专业合作社有关登记事项的行为，是登记的初始阶段，必须以书面形式提出，并且应当按照有关法律的规定提交相关的文件、证件等。如果农民专业合作社的经营活动是必须经行业主管机关许可的，还须提交相应的许可证明。只有符合法定要求的，登记工作主管机关才能受理。

（2）审查是指受理登记申请的机关，在接到申请者所提交的申请之后，于法定期限内，对申请者所提交的申请内容，依法进行审查的活动。

（3）核准是指登记机关在收到申请人的申请及相关的材料并予以审核之后，应在法定期限内对审核的结果，即核准登记或不予登记的决定及时通知申请人。对于核准登记的，应当及时颁发有关证明。

（4）公告是指将登记的有关事项，通过有效的途径使利益相关人知晓，以便商事交易的进行、公众监督、保障交易各方的合法权益。

4. 登记时限和费用

《农民专业合作社法》规定，登记机关应当自受理登记申请之日起二十日内办理完毕，向符合登记条件的申请者颁发营业执照。农民专业合作社登记办法由国务院规定。

办理登记不得收取费用。

第三节 农民专业合作社的成员与组织机构

一、农民专业合作社的成员

(一) 农民专业合作社成员的条件

(1) 具有民事行为能力的公民。这里的公民主要是指农民。属于农业户口的公民是农民，在农村承包土地经营的非农业户口公民，凭村民委员会证明或土地承包合同，可视为农民。非我国公民不能成为农民专业合作社成员。

(2) 从事与农民专业合作社业务直接有关的生产经营活动的组织，包括企业、事业单位或社会团体，这些单位成为农民专业合作社成员必须是与所加入的农民专业合作社生产经营活动有直接关系。如固定为专业合作社成员提供生产资料和收购其产品、提供技术服务、产品运输、贮藏、加工及代购代销服务等与该专业合作社业务范围有直接关系的单位。

(3) 具有管理公共事务职能的单位不得加入成为农民专业合作社的成员。

(二) 农民专业合作社成员的权利

根据《农民专业合作社法》第 16 条的规定，农民专业合作社的成员享有的权利包括：

(1) 参加成员大会，并享有表决权、选举权和被选举权，按照章程规定对本社实行民主管理。①参加成员大会。农民专业合作社成员大会是农民专业合作社的最高权力机关，由全体成员组成，是成员对农民专业合作社事务进行参与的重要渠道。所以，参与成员大会是农民专业合作社成员的一项基本权利，农民专业合作社的每个成员不论其出资额的多少都有权参加成员大会，决定农民专业合作社的重大问题，任何人不得限制或剥夺。②行使表决权，实行民主管理。农民专业合作社是全体成员的合作社，成员大会是成员行使权利的机构。作为成员，有权通过出席成员大会并行使表决权，参加对农民专业合作社重大事项的决议。③享有选举权和被选举权。理事长、理事、执行监事或者监事会成员，由成员大会从本社成员中选举产生，依照《农民专业合作社法》和章程的规定行使职权，对成员大会负责。所有成员都有权选举理事长、理事、执行监事或者监事会成员，也都有资格被选举为理事长、理事、执行监事或监事会成员，但是法律另有规定的除外。在设有成员代表大会的农民专业合作社中，成员还有权选举成员代表，并享有成为成员代表的被选举权。

(2) 利用本社提供的服务和生产经营设施。农民专业合作社以服务成员为宗旨，谋求全体成员的共同利益。作为农民专业合作社的成员，有权利用本社提供的服务和本社置备的生产经营设施。

(3) 按照章程规定或者成员大会决议分享盈余。社员投资的目的之一是为了获得盈余，因此，盈余分配是农民专业合作社成员权利的核心。法律保护成员参与盈余分配的权利，成员有权按照章程规定或成员大会决议分享盈余。

（4）查阅本社的章程、成员名册、成员大会或者成员代表大会记录、理事会会议决议、监事会会议决议、财务会计报告和会计账簿。社员要参与农民专业合作社的重大事项的决策，其前提是要掌握农民专业合作社的经营状况。因此法律规定，农民专业合作社成员对农民专业合作社事务享有知情权，有权查阅相关资料，特别是了解农民专业合作社经营状况和财务状况，以便监督农民专业合作社的运营。

（5）章程规定的其他权利。

（三）农民专业合作社成员的义务

农民专业合作社成员的义务是指成员基于其成员地位而应对农民专业合作社承担的责任。权利与义务总是相对的，成员享有权利，也要承担义务。因此，《农民专业合作社法》第18条规定了成员的义务：

（1）执行成员大会、成员代表大会和理事会的决议。成员大会和成员代表大会的决议，体现了全体成员的共同意志，对全体成员均具有约束力，成员应当严格遵守并执行。

（2）按照章程规定向本社出资。该义务称为出资义务，即社员应当按照其所认缴的出资额，按照约定期限向农民专业合作社缴纳资金。这一义务的履行是取得成员资格的前提条件。在尚未履行此义务前，任何人不得取得农民专业合作社成员资格。成员加入农民专业合作社时是否出资以及出资方式、出资额、出资期限，都需要由农民专业合作社通过章程自己决定。

（3）按照章程规定与本社进行交易。农民加入农民专业合作社是要解决在独立的生产经营中个人无力解决、解决不好或个人解决不合算的问题，是要利用和使用农民专业合作社所提供的服务。成员按照章程规定与本社进行交易，既是成立农民专业合作社的目的，也是成员的一项义务。成员与农民专业合作社的交易，可能是交售农产品，也可能是购买生产资料，还可能是有偿利用农民专业合作社提供的技术、信息、运输等服务。成员与农民专业合作社的交易情况，按照《农民专业合作社法》第36条的规定，应当记载在该成员的账户中。

（4）按照章程规定承担亏损。由于市场风险和自然风险的存在，农民专业合作社的生产经营可能会出现波动，有的年度有盈余，有的年度可能会出现亏损。农民专业合作社有盈余时分享盈余是成员的法定权利，农民专业合作社亏损时承担亏损也是成员的法定义务。

（5）章程规定的其他义务。

（四）农民专业合作社成员行使表决权的一般原则

农民专业合作社成员行使表决权的一般原则为"一人一票"制。《农民专业合作社法》第17条规定："农民专业合作社成员大会选举和表决，实行一人一票制，成员各享有一票的基本表决权。"每一个成员不论是农民成员还是法人成员，在进行选举和表决时，均享有一票的基本表决权。成员出资多少与成员在农民专业合作社中享有的表决权没有直接联系，每名成员各自享有一票的基本表决权，任何人不得限制和剥夺。

（五）农民专业合作社成员的附加表决权

《农民专业合作社法》第 17 条规定："出资额或者与本社交易量（额）较大的成员按照章程规定，可以享有附加表决权。本社的附加表决权总票数，不得超过本社成员基本表决权总票数的百分之二十。享有附加表决权的成员及其享有的附加表决权数，应当在每次成员大会召开时告知出席会议的成员。"附加表决权是农民专业合作社成员在享有"一人一票"基本表决权外的额外投票权，是对合作社贡献较大的成员的权利的补充，有利于激发合作社成员出资和与合作社交易的热情。

需要注意的是，附加表决权只适用于农民专业合作社成员大会或者成员代表大会。理事会会议、监事会会议实行的是一人一票，附加表决权在理事会会议、监事会会议中不能行使。

（六）农民专业合作社成员资格的终止

（1）社员自愿退社。我国农民专业合作社遵循"入社自愿、退社自由"的原则。《农民专业合作社法》第 19 条规定："农民专业合作社成员要求退社的，应当在财务年度终了的三个月前向理事长或者理事会提出；其中，企业、事业单位或者社会团体成员退社，应当在财务年度终了的六个月前提出；章程另有规定的，从其规定。退社成员的成员资格自财务年度终了时终止。"

（2）丧失民事行为能力的。农民专业合作社的成员必须是具备民事行为能力的公民，因此，丧失民事行为能力的自然要退社。

（3）自然人死亡的。自然人死亡包括自然死亡和宣告死亡。宣告死亡是指自然人下落不明达一定时间，由与其有利害关系的人向法院申请，由法院判决推定其死亡的一种制度。自然人死亡后，其享有权利和承担义务的能力丧失，应自然退社。团体破产、解散的，团体组织破产或被解散产生的法律效果如同自然人的死亡，所以团体破产、解散后必然资格终止。

（4）被本社除名的。农民专业合作社章程可以自行规定社员在何种情况下被除名，如果社员违反了章程规定的情形，将被社员大会除名，社员被除名之后社员资格终止。

成员在其资格终止前与农民专业合作社已订立的合同，应当继续履行；章程另有规定或者与本社另有约定的除外。

成员资格终止的，农民专业合作社应当按照章程规定的方式和期限，退还记载在该成员账户内的出资额和公积金份额；对成员资格终止前的可分配盈余，依照《农民专业合作社法》第 37 条第 2 款的规定向其返还。资格终止的成员应当按照章程规定分摊资格终止前本社的亏损及债务。

二、农民专业合作社组织机构

（一）农民专业合作社成员大会

1. 农民专业合作社成员大会召开的要求

农民专业合作社成员大会由全体成员组成，是本社的权力机构。合作社召开成员大会，出席人数应当达到成员总数的三分之二以上。

根据法律规定，成员因故不能参加成员大会，可以书面委托其他成员代理。一名成员最多可以代理的成员人数由农民专业合作社章程规定。委托他人代为出席成员大会应当注意以下几个问题：①必须委托农民专业合作社其他成员代为出席，非合作社成员不能代理合作社成员出席成员大会。②一名合作社成员所代理的其他成员数不得超过章程规定的数额。③代理他人出席成员大会的成员必须提交书面委托授权书。④虽未亲自出席但委托其他成员代为出席的成员应包含在出席成员大会的人数当中。

成员大会选举或者作出决议，应当由本社成员表决权总数过半数通过；作出修改章程或者合并、分立、解散的决议应当由本社成员表决权总数的三分之二以上通过；章程对表决权数有较高规定的，从其规定。

2. 农民专业合作社成员大会的类型

农民专业合作社成员大会分为定期会议和临时会议。定期会议，每年至少召开一次，会议的召集由章程规定。但如有下列情形之一的，应当在二十日内召开临时成员大会：

（1）百分之三十以上的成员提议；

（2）执行监事或者监事会提议；

（3）章程规定的其他情形。

3. 农民专业合作社成员大会的职权

（1）修改章程；

（2）选举和罢免理事长、理事、执行监事或者监事会成员；

（3）决定重大财产处置、对外投资、对外担保和生产经营活动中的其他重大事项；

（4）批准年度业务报告、盈余分配方案、亏损处理方案；

（5）对合并、分立、解散、清算作出决议；

（6）决定聘用经营管理人员和专业技术人员的数量、资格和任期；

（7）听取理事长或者理事会关于成员变动情况的报告；

（8）章程规定的其他职权。

（二）农民专业合作社成员代表大会

《农民专业合作社法》第25条规定："农民专业合作社成员超过150人的，可以按照章程规定设立成员代表大会。成员代表大会按照章程规定可以行使成员大会的部分或者全部职权。"

成员代表大会是代表机构，由农民专业合作社全体成员的代表组成。成员代表的产生办法、任期、代表人数，成员代表大会的职权等事项由农民专业合作社章程规定。某个成员超过150人的农民专业合作社是否设立成员代表大会，由农民专业合作社根据自身发展的实际情况，在农民专业合作社章程中予以明确。

成员代表大会的性质为农民专业合作社成员的代表机构，并非权力机构，不具有成员大会的职权，只能按照农民专业合作社章程规定的范围行使职权。

（三）理事会、监事会

《农民专业合作社法》第26条规定："农民专业合作社设理事长一名，可以设理事会。理事长为本社的法定代表人。农民专业合作社可以设执行监事或者监事会。理事长、理事、经理和财务会计人员不得兼任监事。理事长、理事、执行监事或者监事会成员，由成员大会从本社成员中选举产生，依照本法和章程的规定行使职权，对成员大会负责。理事会会议、监事会会议的表决，实行一人一票。"

1. 理事长与理事会

农村专业合作社必须设立理事长，但可以根据本社的实际情况决定是否设立理事会。理事长的职权主要包括：

（1）主持成员大会，召集并主持理事会会议；

（2）签署本社成员出资证明；

（3）签署聘任或者解聘本社经理、财务会计人员和其他专业技术人员聘书；

（4）组织实施成员大会和理事会决议，检查决议实施情况；

（5）代表本社签订合同等；

（6）履行成员大会授予的其他职权。

《农民专业合作社法》第29条规定，农民专业合作社的理事长、理事和管理人员不得有下列行为：

（1）侵占、挪用或者私分本社资产；

（2）违反章程规定或者未经成员大会同意，将本社资金借贷给他人或者以本社资产为他人提供担保；

（3）接受他人与本社交易的佣金据为己有；

（4）从事损害本社经济利益的其他活动。

理事长、理事和管理人员违反前款规定所得的收入，应当归本社所有；给本社造成损失的，应当承担赔偿责任。

理事会设理事长1人，副理事长和理事若干名，由成员（代表）大会在本组织成员中选举产生。成员较多的农民专业合作社应当设立理事会，其组成人员即理事长、副理事长和理事必须由3个以上的单数成员组成，以防止理事会在作出决定时出现赞成、反对各半数的僵局。理事会的职权包括：

（1）组织召开成员大会并报告工作，执行成员大会决议；

（2）制订本社发展规划、年度业务经营计划、内部管理规章制度等，提交成员大会审议；

（3）制定年度财务预决算、盈余分配和亏损弥补等方案，提交成员大会审议；

（4）组织开展成员培训和各种协作活动；

（5）管理本社的资产和财务，保障本社的财产安全；

（6）接受、答复、处理执行监事或者监事会提出的有关质询和建议；

（7）决定成员入社、退社、继承、除名、奖励、处分等事项（如合作社未设立理事会，则此项权利由合作社的成员大会行使）；

（8）决定聘任或者解聘本社经理、财务会计人员和其他专业技术人员；

（9）履行成员大会授予的其他职权。

2. 监事会与执行监事

监事会是依据章程对理事会的工作实行监督管理的机构，农民专业合作社可以设执行监事或者监事会，但理事长、理事、经理和财务会计人员不得兼任监事。农民专业合作社可以选择设立或不设立监事会或执行监事。设立执行监事的合作社，不再设监事会。不设执行监事的合作社，可以设立监事会。设立监事会的合作社设监事长一名，其他监事的人数、任期等由章程规定。一般而言，监事会或执行监事具有下列职能：

（1）监督理事会对成员大会决议和本社章程的执行情况。

（2）监督检查本社的生产经营业务情况，负责本社财务审核监察工作。

（3）监督理事长或者理事会成员和经理履行职责情况。对违反法律、行政法规、公司章程或者成员大会决议的理事、高级管理人员，有权向成员大会提出罢免的意见。如果理事、高级管理人员的行为损害了合作社的利益，有权要求其改正。

（4）向成员大会提出年度监察报告。

（5）向理事长或者理事会提出工作质询和改进工作的建议。

（6）提议召开临时成员大会。当执行监事或监事会发现合作社的运行存在问题或理事、高级管理人员给合作社造成损害等情况的时候，有权提议召开临时成员大会。

（7）代表本社负责记录理事与本社发生业务交易时的业务交易量（额）情况。

（8）履行成员大会授予的其他职责。

3. 理事会会议与监事会会议的议事原则

（1）会议参加人数。根据法律规定，监事会会议须有2/3以上的监事出席方能召开，合作社章程也可规定监事会会议的参加人数的比例高于2/3，但不能低于此比例。而对于理事会会议的参加人数法律则未作规定，可由合作社章程规定。

（2）会议议事规则。理事会会议和监事会会议的表决都实行一人一票制。重大事项的决议须经2/3以上理事或监事同意方能生效。具体什么事项属于重大事项，由合作社章程自行规定。对于一般事项的决议需要经过多少比例的理事或监事通过方能生效也由合作社章程规定。

（3）会议记录的签字。参加理事会和监事会会议的全体理事和监事应当在会议记录上签字，如果理事和监事个人对某项决议有不同意见时，其意见记入会议记录并签名。如果某合作社召开理事会会议和监事会会议而未签字，则应判定为违反程序的行为，当属无效，对此，有关的利害关系人可以依据法律或者有关司法解释的规定提起相应的民事诉讼。

（4）会议的召集和主持。理事会会议由理事长召集和主持。监事会会议由监事长召集，并且会议决议要以书面形式通知理事会。

（四）管理人员

农民专业合作社的理事长或者理事会可以按照成员大会的决定聘任经理和财务会计人员，理事长或者理事可以兼任经理。经理按照章程规定或者理事会的决定，可以聘任其他人员。经理按照章程规定和理事长或者理事会授权，负责具体生产经营活动。

第四节 农民专业合作社的财务管理

农民专业合作社的财务管理是指农民专业合作社按照国务院财政部门制定的财务会计制度对本社的财务收支、会计核算的活动进行的管理。农民专业合作社加强财务管理，既有利于收支核算，提高经营效益，又有利于维护合作社成员的合法权益。

一、农民专业合作社财务管理的特点

（1）股份相对均化。农民专业合作社是所有者和使用者的统一体，成员和成员之间体现的是劳动平等的关系；合作社在制度设计上应对单个成员的持有股金设有限制，防止一股独大，保证成员之间的平等关系，合作社不因资本的多少而被少数人控制。

（2）运作民主透明。一人一票制是合作社办社的基本原则，也体现了合作社管理的民主性。合作社成员既是合作社的产品生产者，又是合作社的股东，因此每个成员都享有对合作社财务运行的知情权。成员的知情权通过财务公开来实现，对内透明运作，定期公开财务运行情况，年终召开大会公开一年的收益情况，保证了每个成员的知情权。

（3）结构层次分明。合作社是建立在农村家庭承包经营基础上，它是对农村双层经营体制的完善。合作社存在着两个经营层次，一是成员单家独户经营，二是合作社统一经营。在财务管理上，合作社同样也存在着这两个层次。合作社的财务管理一般只反映合作社统一经营的经济活动，成员的生产经营活动由成员自己管理，合作社很少对成员的具体经济活动进行实质性管理。成员和合作社是两个独立核算主体。成员生产的产品的成本一般不在合作社账上反映，合作社的账上仅反映成员惠顾合作社的情况及合作社为成员服务的情况。

二、农民专业合作社财务管理的任务和目标

农民专业合作社财务管理的基本任务是：依法合理筹集资金，有效利用各项资产，合理组织各项财务活动，正确处理好各种财务关系和利益分配关系，加强对合作社内部财务活动的管理和监督，努力提高经济效益。

农民专业合作社有别于以盈利为目的,以股东财富最大化为财务管理目标的股份制企业,是一个集经济性与社会性的组织。其财务管理的目标是实现合作社价值的最大化。通过加强财务管理,使自身的经营、服务能力不断增强,吸引更多农民加入合作社,并对周边农户产生示范作用,带动周边农户发展生产,从而推动农业产业和农村经济的发展。

三、农民专业合作社财务管理的内容

农民专业合作社财务管理的主要内容包括:

(1) 编制年度业务报告、盈余分配方案、亏损处理方案以及财务会计报告。农民专业合作社的理事长或者理事会应当按照章程规定,组织编制年度业务报告、盈余分配方案、亏损处理方案以及财务会计报告,于成员大会召开的十五日前,置备于办公地点,供成员查阅。

(2) 交易核算。分别核算农民专业合作社与其成员的交易、与利用其提供的服务的非成员的交易。

(3) 公积金的提取与使用。农民专业合作社可以按照章程规定或者成员大会决议从当年盈余中提取公积金。公积金用于弥补亏损、扩大生产经营或者转为成员出资。每年提取的公积金按照章程规定量化为每个成员的份额。

(4) 设立成员账户。农民专业合作社应当为每个成员设立成员账户,主要记载该成员的出资额;量化为该成员的公积金份额;该成员与本社的交易量(额)。

(5) 盈余分配。在弥补亏损、提取公积金后的当年盈余,为农民专业合作社的可分配盈余。可分配盈余按照下列规定返还或者分配给成员:①按成员与本社的交易量(额)比例返还,返还总额不得低于可分配盈余的60%;②按前项规定返还后的剩余部分,以成员账户中记载的出资额和公积金份额,以及本社接受国家财政直接补助和他人捐赠形成的财产平均量化到成员的份额,按比例分配给本社成员。具体分配办法按照章程规定或者经成员大会决议确定。

(6) 内部审计。设立执行监事或者监事会的农民专业合作社,由执行监事或者监事会负责对本社的财务进行内部审计,审计结果应当向成员大会报告。成员大会也可以委托审计机构对本社的财务进行审计。

四、农民专业合作社财务管理存在的问题

近年来,农民专业合作经济组织发展迅猛,对促进农业和农村经济发展发挥了十分重要的作用,大大地增加了农民的收入。但在财务管理方面也存在着一些问题,主要表现在以下几个方面:

(1) 财务管理制度不健全

《农民专业合作社法》和《财务会计制度》的颁布,为合作社的发展奠定了法律基础,但对财务管理没有做出具体规定,缺乏配套的财务管理制度。目前,合作社经营资

金一般用于购置固定资产、农业资产、兴办服务设施等,一般不对外投资。大部分合作社缺乏完整的资产保管制度,财物管理上职责不清,财物流通处置缺乏必要的报批手续和账簿记录。

(2) 筹资困难,资金严重不足

农民专业合作社是弱势群体的联合,在成立之时吸纳的股金很有限,合作社又是一种非赢利性的组织,对外交易量少、盈利少,自我积累能力相对不足,抵押资产缺乏,担保难以落实,因此,想通过申请银行贷款的方式来拓展业务也是很困难的。

(3) 合作社财务管理较为混乱

大部分农民专业合作社没有固定的财务公开栏,没有定期向社员公开财务收支情况和经营成果,有的即使公开了,也只是公开几笔数字,而没有详细公开内容,社员看不懂。

(4) 财务人员素质低

农民专业合作社中没有专职的财会人员,财会人员大多不具备会计从业资格,业务技能较差。遇财务检查时,临时聘请相关人员编制会计报表,甚至出现虚账、假账,造成财务管理混乱。

五、加强农民专业合作社财务管理的建议

(1) 首先要从思想上给予高度重视,加强思想教育

做好思想教育工作,让合作社的社员都懂得财务管理的重要性,重视财务管理工作,把财务管理工作当作合作社发展中的重要事情来抓,加大宣传力度,开展普及财务会计知识教育工作,让合作社中从领导到社员都树立重视财务管理的思想,这主要就靠宣传教育。

(2) 开拓新的资金渠道,弥补资金的不足

一方面,创新我国农民专业合作社股金筹集机制,增强其内部融资能力;另一方面,制定吸引外部资金投入的灵活机制,以提高合作社资金实力。利用良好的外部融资环境来提高合作社资金筹集能力;利用政府为合作社创造的良好的财税环境、金融环境,并为其创造有效贷款担保机制,筹集来源于金融机构的资金,以提高资金实力。

(3) 要实行财务公开,强化监督机制

实行财务公开实际上就是把会计监督对象和内容向社员公开,即把与社员利益相关的经济活动如财务计划、每月的经营情况、财务收支情况等,以适当的方式向社员公开。还应在农民专业合作社的章程中明确财务公开的内容、形式、时间等,并作为一种制度确定下来,以便接受社员和股东监督,实行民主决策、民主监督、民主管理,社员监督与外部监督相结合,年终接受上级部门的经济评价,使全体成员都能接受和认知,达到和推动合作社组织进一步发展的目的。

(4) 加强财会人员队伍建设,提高财务人员的专业素质和知识水平

农民专业合作社由专业财会人员从事会计核算和财务管理工作,财会人员不仅要熟

悉企业会计制度，同时要熟悉农民专业合作社独特的生产经营模式，了解不同类型专业合作社在财务处理中的特殊要求。因此，财会管理人员要加快知识更新，加强后续教育，加大《会计法》培训和职业道德教育的力度。作为专业合作社的负责人还应带头并要求社员加强学习财会知识，提高全体社员的财务管理意识。对财会人员应实行聘用制，挑选思想好、责任心强、业务素质高的人员担任财会工作。会计人员应该持证上岗，定期培训，使其业务水平不断得到提高。合作社要加强对财会人员的考核，完善考核机制。

（5）国家和政府应该大力支持农民专业合作社的发展，加大扶持力度

首先，国家和政府可以对农民专业合作社实行政策倾斜，可以视情况设立扶持农民专业合作经济组织发展专项资金。各级财政应在支农资金中安排一定比例，用于支持农民专业合作组织的发展，或从农业产业化资金中切出一块支持农村专业合作组织的发展。尤其对发展前景好、经济效益显著的合作社项目，可加大支持力度。其次，实行税收优惠，对已登记注册成立的专业合作组织，向农户提供产前、产中、产后技术服务并对劳务所得等收入实行税收减免优惠。最后，对农民专业合作组织实行信贷优惠，增加贷款，提高信贷比率，帮助解决农民专业合作组织流动资金不足的问题。

第五节　农民专业合作社的合并、分立、解散与清算

一、农民专业合作社的合并

1. 农民专业合作社合并的概念

农民专业合作社合并，是指两个或者两个以上的农民专业合作社通过订立合并协议，合并为一个农民专业合作社的法律行为。这是增强农民专业合作社市场竞争力，发展和壮大农民专业合作社的有效途径。

2. 农民专业合作社合并的特点

（1）它是农民专业合作社之间的法律行为。一般由准备合并的农民专业合作社各方的法定代表人或者法定代表人的代理人以各自合作社的名义，就合并事宜达成一致的协议，各方依据该协议进行农民专业合作社的合并。

（2）它是自由合并。合并任何一方均不能强迫另一方同自己进行合并，否则，其合并无效。

（3）必须依法进行。按照《农民专业合作社法》的规定，合并需按照章程规定的程序进行，并需要到工商登记部门进行变更登记。

（4）农民专业合作社进行合并，不取消成员资格。农民专业合作社合并后，合并前合作社的成员将成为合并后的合作社的成员。

3. 农民专业合作社合并的形式

农民专业合作社合并主要有两种形式：一是吸收合并，即一个合作社把其他合作社

吸收过来的合并。二是新设合并，即两个或者两个以上合作社重新组建成一个新的具有法人资格的合作社。

4. 农民专业合作社合并的程序

（1）做出合并决议。依据《农民专业合作社法》的规定，合作社合并决议由合作社成员大会做出。农民专业合作社召开关于合作社合并的成员大会，出席人数应当达到成员总数2/3以上。成员大会形成合并的决议，应当由本社2/3以上成员表决同意才能通过。成员大会或者成员代表大会还要授权合作社的法定代表人签订合并协议。

（2）通知债权人。合作社应当自做出合并决议之日起10日内通知债权人。

（3）签订合并协议。合作社合并协议是两个或者两个以上的合作社，就有关合并的事项达成一致意见的书面表示形式，各方合作社签名、盖章后，就产生法律效力。

（4）合并登记。因合并而存续的合作社，保留法人资格，但应当办理变更登记；因合并而被吸收的合作社，应当办理注销登记，法人资格随之消灭；因合并而新设立的合作社，应当办理设立登记，取得法人资格。

二、农民专业合作社的分立

1. 农民专业合作社分立的概念

农民专业合作社的分立，是指一个农民专业合作社依法分成两个或两个以上的农民合作社的法律行为。

2. 农民专业合作社分立的方式

农民专业合作社分立的方式，有新设分立和派生分立两种。合作社的新设分立，是指将一个合作社依法分割成两个或者两个以上新的合作社。按照这种方式分立合作社，原合作社应当依法办理注销登记，其法人资格消灭；分立后新设的合作社应当依法办理设立登记，取得法人资格。分立后新设的合作社都要符合合作社设立的法定条件。合作社的派生分立，是指原合作社保留，但对其财产作相应分割，另外成立一个新的合作社。原有合作社应当依法办理财产变更登记；派生的新合作社应当依法办理设立登记。原合作社和派生的新合作社都应符合合作社设立的法定条件。

3. 农民专业合作社分立的程序

（1）作出分立决定和决议。合作社分立需要成员大会特别决议。

（2）订立分立协议。因合作社分立需要对财产进行分割，对原合作社的债务需要承担，所以分立后拟定要成立的各方主体应达成分立协议，对合作社的财产进行分割，对合作社的成员进行安置，等等。

（3）编制资产负债表与财产清单。合作社分立前，编制资产负债表和财产清单，其目的在于厘清合作社的资产、负债等情况，防止因合作社的分立而无法查找原先账目。同时，编制资产负债表也有利于债权人对专业合作社的资产进行了解，从而保护债权人的利益。

（4）通知债权人。《农民专业合作社法》第40条规定，农民专业合作社分立，其财产作相应的分割,并应当自分立决议作出之日起10日内通知债权人。分立前的债务由分立后的组织承担连带责任。但是,在分立前与债权人就债务清偿达成的书面协议另有约定的除外。

(5)办理相关登记。派生分立中,原合作社的登记事项等发生变化,应办理变更登记。新设分立中,原合作社应自作出分立决议之日起30日内,向原登记机关申请办理注销登记。新成立的专业合作社应办理设立登记。

三、农民专业合作社的解散

1. 农民专业合作社解散的含义

农民专业合作社的解散是指因发生章程规定的或法律规定的解散事由而停止业务活动,并进行清算,最终使法人资格消灭的行为。

2. 农民专业合作社解散的情形

(1)自行解散。自行解散是指农民专业合作社的成员自愿选择解散合作社的情形,其产生的原因主要有以下几点:

①章程规定的解散事由出现;

②成员大会决议解散;

③因合并或者分立需要解散。

(2)强制解散。强制解散是指农民专业合作社在生产过程中,因违反国家法律法规而被强行解散的情形。具体包括两种情形:一是农民专业合作社被依法吊销营业执照或被撤销。二是农民专业合作社宣告破产。

四、农民专业合作社的清算

1. 农民专业合作社清算的含义

农民专业合作社的清算是指农民专业合作社依法宣布解散后,依照一定程序了结农民专业合作社事务,收回债权,清偿债务并分配财产,使农民专业合作社归于消灭的一系列法律行为和制度的总称。农民专业合作社除合并、分立解散外,其他解散都应进行清算。

2. 清算的程序

(1)成立清算组。①成立清算组的时间。除因合并和分立而解散外,在出现解散事由之日起15日内成立清算组。②清算组人员的组成。一般应由成员大会推举成员组成清算组。如果成员大会逾期不能推举成员组成清算组的,专业合作社的所有成员和债权人都有权向人民法院申请指定成员组成清算组进行清算,人民法院应当受理该申请,并及时指定成员组成清算组进行清算。

(2)通知、公告债权人。根据《农民专业合作社法》的规定,清算组应当自成立之日起10日内通知农民专业合作社的成员和债权人,并于60日内在报纸上公告。10日和60日的起算点为清算组成立的当天。如果在规定期间内全部成员、债权人均已收到通知,免除清算组的公告义务。

（3）进行债权登记。债权人应当自接到解散通知之日起 30 日内，未接到通知的自公告之日起 45 日内，向清算组申报债权。债权人申报债权的，应当说明债权的有关事项，并提供证明材料。清算组应当对债权进行登记。在申报债权期间，清算组不得对任何债权人进行单独清偿，必须等到债权申报期结束后，对合作社的财产进行清算后才能偿还。之所以如此，是因为如果将来在清算过程中发现合作社不能清偿全部债权应当申请破产的，如提前对某个债权人进行清偿，则会损害其他债权人的利益。

（4）清理合作社财产。清算组要全面清理合作社的财产，不仅要厘清合作社的债权，还要厘清合作社的债务。

（5）制订清算方案，并经相关部门、组织确认。清算组在清理合作社财产后，负责制定包括清偿合作社员工的工资及社会保险费用，清偿所欠税款和其他各项债务，以及分配剩余财产在内的清算方案，经成员大会通过或者申请人民法院确认后实施。成员大会组成的清算组要经成员大会的确认。法院指定的清算组要经法院的确认。

（6）分配财产。合作社的清算方案经确认后，清算组即可按照清算方案来分配财产。财产的分配顺序依次为：①支付清算费用；②支付合作社员工的工资及社会保险费用；③清偿所欠税款；④清偿其他各项债务；⑤清偿前四项后还有剩余财产的，按比例退还成员的出资。在分配财产的过程中需要注意的是，按照《农民专业合作社法》第 46 条的规定，农民专业合作社接受国家财政直接补助形成的财产，在解散、破产清算时，不得作为可分配剩余资产分配给成员，其处置办法应由国务院规定。

五、合作社注销登记

应当自清算结束之日起 30 日内，由清算组全体成员指定的代表或者委托的代理人向原登记机关申请合作社注销登记，并进行公告。至此，农民专业合作社的清算程序结束，法人资格消灭。在申请注销登记时，应当提交下列文件：①清算组负责人签署的注销登记申请书；②合作社依法做出的解散决议，合作社合并、分立、解散和清算的文件，合作社依法被吊销营业执照或者被撤销的文件，人民法院的破产裁定、解散裁定文书；③成员大会、成员代表大会或者人民法院确认的清算报告；④营业执照；⑤清算组全体成员指定代表或者委托代理人的证明。

第五章练习题

1. 农民专业合作社应遵循哪些原则？
2. 农民专业合作社的特征是什么？
3. 农民专业合作社设立的条件是什么？设立成员大会的职权主要有哪些？
4. 农民专业合作社成员的权利与义务有哪些？
5. 农民专业合作社的组织机构有哪些？成员大会的职权主要包括哪几个方面？
6. 我国农民专业合作社财务管理的特点是什么？
7. 农民专业合作社自行解散有哪些情形？

第六章　农村合同法律制度

农村合同法律制度是调整"三农"问题的重要法律规范之一。本章介绍了合同的基本理论，包括合同的概念和分类，合同的订立与履行，合同的效力，无效合同，合同的变更、转让、解除与终止，合同的管理与纠纷处理，违反合同的责任等。同时，还简要介绍了有名合同的基本特征。其中，合同订立时的要约和承诺、合同履行的规则和抗辩权、合同的效力、违约责任是重点和难点。

第一节　合同法概述

一、合同的概念

合同是指平等主体的自然人、法人、其他组织之间设立、变更和终止民事权利义务关系的协议。其法律特征有：①合同是平等主体之间的民事法律关系。合同是平等当事人之间从事的法律行为，任何一方不论其所有制性质及行政地位，都不能将自己的意志强加给对方。②合同是双方或者多方法律行为。首先，合同至少需要两个或两个以上的当事人；其次，合同是法律行为，故当事人的意思表示是合同的核心要素；最后，因为合同是双方法律行为或者多方法律行为，因此合同成立不但需要当事人有意思表示，而且要求当事人之间的意思表示一致。③合同是当事人之间变动民事权利与义务关系的协议。合同是以在当事人之间变动民事权利义务关系为目的的法律事实。与其他法律事实不同，它是当事人自由约定、协商一致的结果。如果当事人之间的约定合法，则在当事人之间产生相当于法律的效力，当事人就必须按照约定履行合同义务。任何一方违反合同，都要依法承担违约责任。

而农村合同是指农村合作经济组织、个体经济组织、私营经济组织、公民之间以及它们同国家机关和其他经济组织在生产、流通、分配过程中，明确相互权利义务关系的协议。

结合农村合同的实际，农村合同具有以下法律特征：

第一，农村合同主体资格的特殊性。农村合同的主体，包括农村集体合作经济组织、个体经济组织、农民个人，这与一般的民事合同有很大区别。一般的民事合同是平等当事人之间从事的法律行为，任何一方不论其所有制性质及行政地位，都不能将自己的意志强加给对方。但农村合同除了具备一般的民事合同的平等性之外，还具有特殊的人身属性。例如，承包合同，只有享有村民身份的农村村民成为承包方，发包方有一定的管理权，合同双方不是绝对的地位平等。

第二，农村合同内容的特殊性。合同是双方法律行为或者多方法律行为，因此合同成立不但需要当事人有意思表示，而且要求当事人之间的意思表示一致。农村合同除具备以上内容外，农村合同都是在农村以及在农村与城市的广泛区域内发生的，且合同的权利、义务关系复杂，合同内容繁多。另外，在签约方式、签约时间、签约内容、程序等方面也趋于多样化和复杂化。

第三，农村合同是当事人之间变动民事权利与义务关系的协议。合同是以在当事人之间变动民事权利义务关系为目的的法律事实。与其他法律事实不同，它是当事人自由约定、协商一致的结果。如果当事人之间的约定合法，则在当事人之间产生相当于法律的效力，当事人就必须按照约定履行合同义务。任何一方违反合同，都要依法承担违约责任。但农村合同的一方有一定的管理属性，而且这种管理属性是通过合同的方式订立，一方当事人要按照合同的约定，接受另一方当事人的管理。

二、合同的种类

合同的种类是指基于一个标准将合同区分成不同的类型。对于合同可依据不同的标准作各种各样的分类，因而同一合同同时会具有不同合同类型的属性。

1. 有名合同与无名合同

根据合同法或者其他法律是否对合同规定有确定的名称与调整规则为标准，可将合同分为有名合同与无名合同。其中，有名合同，亦称典型合同，是指法律设有规范，并赋予一定名称的合同。比如，《合同法》分则规定的15种合同；此外，《保险法》第2章规定了保险合同；《担保法》规定了保证合同、抵押合同、质押合同、定金合同等，也属于典型合同。无名合同，亦称非典型合同，是指法律尚未特别规定，亦未赋予一定名称的合同。

2. 单务合同与双务合同

此种分类的标准，在于双方当事人在合同成立后是否互负具有对价意义的债务。此处的对价义务并不要求双方的给付价值相等，而只是要求双方的给付具有相互依存、相互牵连的关系即可。

单务合同，又称一方负担合同，指仅一方当事人负担给付义务的合同。例如赠与、无偿保管、无偿委托合同等。

双务合同，指双方当事人互负具有对价意义的债务的合同，或者说双方互负居于给付关系之义务的合同。例如买卖、租赁、承揽、有偿保管、有偿委托合同等。

区分两者的法律意义在于，因为双务合同中当事人之间的给付义务具有依存和牵连关系，因此双务合同中存在同时履行抗辩权和风险负担的问题，而这些情形并不存在于单务合同中。

3. 有偿合同与无偿合同

此种分类是以当事人是否因给付而取得对价为标准。

有偿合同，是指双方当事人，从合同的缔结到债务的履行整个过程中，均作出相互具有对价性质的付出（并不仅限于财产的给付，也包含劳务、事务等）的合同。

无偿合同，是指只有一方当事人作出给付，或者虽然是双方作出给付但双方的给付间不具有对价意义的合同。我国《合同法》所规定的赠与就属于无偿合同，在理论上，使用借贷也属于无偿合同。

4. 诺成合同与要物合同

此种分类是以合同除意思表示外是否需要其他现实成分为标准作出的。确认某种合同属于实践合同，必须法律有规定或者当事人之间有约定。

诺成合同，是指仅依当事人的意思表示一致即可认定合同成立的合同，或称"一诺即成"的合同。

要物合同，又称实践合同，指除当事人双方意思表示一致之外，尚需交付标的物或完成其他现实给付才能成立的合同。在传统民法理论上，其典型代表包括消费借贷、使用借贷与保管；此外，质权设定合同及定金合同也属于要物合同。

区分两者的法律意义在于：除了两种合同的成立要件不同以外，实践合同中作为合同成立要件的给付义务的违反不产生违约责任，而只是一种缔约过失责任。

5. 要式合同与不要式合同

此种分类是以合同的成立或生效是否要求一定的方式为标准作出的。

要式合同，是指必须依据法律规定的方式而成立的合同。

不要式合同，是指对其成立法律没有要求采取特定方式的合同。

6. 主合同与从合同

以两个或多个合同相互间的主从关系为标准，可以将它们分为主合同与从合同，而且这种主从关系仅具有相对的意义。

主合同，是指不需要以其他合同的存在为前提即可独立存在的合同。从合同，又称附属合同，是指以其他合同的存在为其存在前提的合同。例如，保证合同、抵押合同、质押合同或者定金合同，它们相对于主合同而言即为从合同。

7. 束己合同与涉他合同

这是以是否严格遵守合同相对性原则还是涉及第三人为标准所作的分类。

束己合同，是指订约当事人订立合同是为自己设定权利和义务，使自己直接取得和享有某种利益和承受某种负担的合同。

涉他合同，是指合同当事人在合同中为第三人设定了权利或义务的合同。它包括"为第三人利益的合同"与"由第三人履行的合同"两种基本类型。

另外，根据不同的标准还可将合同分为确定合同和射幸合同、附条件合同和附期限合同等。

三、农村合同的种类

我国农村合同的种类主要有：

1. 粮食订购合同

粮食订购合同是国家粮食管理部门委托粮食企业和农民，为实现国家粮食计划，明确双方权利义务关系的书面协议。粮食订购合同是国家粮食管理部门和粮食企业或农民双方根据国家粮食购销管理政策，在平等、自愿、合作、互利的原则下，经充分协商达成的书面合同。

粮食订购合同与一般的民事合同类似，合同内容包括粮食订购的品种、数量、价格、等级等内容。与普通的民事合同不同的是，粮食订购合同的委托方必须做到及时收购粮食，保证不借故压车、退车，做到认真执行国家质价政策，保证不压等压价。对粮食企业或农民交售的粮食，必须按时结算。除农业税外，不代任何部门扣款，不打白条。对于粮食企业或农民，必须做到按签订的合同订购品种、数量，种足种好各种作物，正常年景保证按合同规定的品种、数量交售。但若遇灾，可向粮食管理部门申请减免交粮，此种情形不构成违反合同约定，也不承担违约责任。

2. 承包合同

按照承包合同的内容划分，可分为耕地承包合同、其他农用地承包合同（包括林业承包合同、牧业承包合同、渔业承包合同、工副业承包合同、果园承包合同等）、农村建设用地合同、四荒地承包合同。

按照承包合同的主体划分，可分为农村村集体发包的合同、农村社区合作经济组织发包的合同。

承包合同的形式可分为家庭和其他方式的承包。承包期限根据承包合同的不同性质有不同的期限。承包合同的发包方有权监督承包方按合同约定履行合同，发包方有义务维护承包方的合法权益。

四、农村合同的基本原则

农村合同的基本原则就是农村合同总的指导方针，它对于农村合同的订立、变更和终止，农村合同的履行以及违反农村合同的责任都具有指导的效力和作用。我国农村合同的基本原则包括：

1. 平等原则

当事人平等原则是指自然人、法人、其他组织在合同的订立和履行过程中是平等的，一方不得将自己的意志强加给另一方。同时，当事人平等原则要求司法机关在处理合同案件时，要坚决避免"地方保护主义"和"部门保护主义"，真正做到适用法律一律平等。

但是，当事人平等原则中的"平等"，是指合同当事人法律地位平等，而不是事实上的平等，是当事人之间机会平等，或程序平等，而不是实质结果的平等。

2. 合同自由原则

合同自由原则是指是否缔约、与何人缔约、缔约内容、缔约方式，均体现当事人的自由意志。合同自由原则是合同法的精髓和灵魂，反映了商品经济的运行规律。

但是，合同自由原则并不是绝对的，法律虽赋予了当事人自由缔结的合同以法律效力，同时也反映了国家意志和社会整体利益，不可能纵容当事人恣意妄为，因此，在法律中也设置了许多强制性和禁止性条款，以限制当事人对合同自由原则的滥用。

3. 公平原则

公平原则是指本着社会公认的公平观念确定当事人之间的权利义务。当事人在订立合同时，应当按照公平合理的标准确定合同的权利义务，不能使合同的权利义务显失公平。当事人发生纠纷时，法院应当按照公平原则对当事人确定的权利义务进行价值判断，以决定其法律效力。

4. 诚实信用原则

诚实信用原则在合同法中主要体现在：在订立合同时，不得欺诈、不得假借订立合同，进行恶意磋商，损害对方利益；在履行合同义务时，当事人应当根据合同的性质、目的和交易习惯履行通知、协助、提供必要条件、防止损失扩大、保密等义务；合同终止后，当事人应根据交易习惯履行通知、协助、保密等义务。

第二节　农村合同的订立与履行

一、农村合同的订立

农村合同的订立是指当事人达成设立、变更或者终止民事关系协议的过程。订立农村合同，要经过要约和承诺两个阶段。

（一）要约

1. 要约的概念

《合同法》第14条规定，要约是希望和他人订立合同的意思表示，该意思表示应当符合下列规定：①内容具体确定；②表明经受要约人承诺，要约人即受该意思表示约束。

2. 要约的构成要件

要约欲取得法律效力，必须具备下列条件：

（1）要约必须是特定人的意思表示；

（2）要约应向要约人希望与之签订合同的相对人发出；

（3）要约必须有缔结合同的目的；

（4）要约的内容必须确定；

（5）要约必须含有该要约一经被接受，要约人即受其约束的旨意。要约人只有表明其愿意接受合同的约束才能给接受其要约条件的受要约人以确定性，要约人才可能与之订立合同，要约人若无受约束的意思表示，则该种意思表示只能属于要约邀请。

要约邀请是希望他人向自己发出要约的意思表示，这种意思表示是向不特定的人发出，对于发出邀请的人没有法律上的约束力，寄送的价目表、拍卖公告、招股说明书及招股公告、商业广告一般都属于要约邀请。

3. 要约的生效

要约生效的时间因其所采取的书面或者口头形式之不同而不同。

（1）口头形式。在口头形式，要约的效力从相对人了解要约时开始生效。

（2）书面形式。在书面形式，要约何时生效，学理上有不同的解释。大致有两种主张：一为发信主义，二为受信主义。前者是指要约一旦脱离要约人的实际控制即发生效力，如电报、信件、传真的发出等。后者是指要约必须到达受要约人时，才发生效力。根据我国《合同法》第 16 条的规定，要约到达受要约人时生效。由此可见，我国合同法采取的是"受信主义"原则。但考虑到现代通信手段的发展，该条同时规定：采用数据电文形式订立合同，收件人指定特定系统接收数据电文的，该数据电文进入该特定系统的时间，视为到达时间；未指定特定系统的，该数据电文进入收件人的任何系统的首次时间，视为到达时间。

4. 要约的撤回和撤销

要约的撤回，是指在要约发生法律效力之前，要约人做出的取消要约的意思表示。《合同法》第 17 条规定："要约可以撤回。撤回要约的通知应当在要约到达受要约人之前或者与要约同时到达受要约人。"

要约的撤销，是指在要约发生法律效力之后，要约人做出的取消要约的意思表示。我国《合同法》第 19 条规定，要约的撤销应具备下列条件：第一，撤销要约的通知应当在受要约人发出承诺通知之前到达受要约人。第二，不存在法律规定的属于要约不得撤销的情形。这些情形包括：①要约人在要约中确定有承诺期限。②要约人以其他形式明确表示要约不可撤销。③受要约人有理由认为要约是不可撤销的，并已经为履行合同做了准备工作。

5. 要约的失效

要约的失效是指要约丧失其法律效力，要约人和受要约人均不再受其拘束。要约失效后，要约人不再受其要约的拘束，受要约人也丧失了做出承诺的资格或权利。

《合同法》第 20 条规定："有下列情形之一的，要约失效：①拒绝要约的通知到达要约人；②要约人依法撤销要约；③承诺期限届满，受要约人未作出承诺；④要约人对要约的内容做出实质性变更。"

（二）承诺

1. 承诺的构成要件

承诺是受要约人向要约人发出的接受要约条件的意思表示。承诺一般应符合以下条件：

（1）承诺必须由受要约人作出；

（2）承诺的内容必须与要约的内容一致；

（3）承诺应该在规定的期限内到达受要约人；

（4）承诺的方式必须符合要约的规定。

2. 承诺的生效

承诺通知到达要约人时生效，承诺不需要通知的，根据交易习惯或者要约的要求作出承诺行为时生效。承诺的送达方式参见前述关于要约的送达方式。

3. 承诺的撤回

承诺的撤回是指受要约人在承诺生效之前将其取消的行为。我国《合同法》第27条规定："承诺可以撤回。撤回承诺的通知应当在承诺通知到达要约人之前或者与承诺通知同时到达要约人。"在这一问题上，需要保护的是要约人的合理信赖利益。在发生撤回迟延，或因特殊原因，本可以先于承诺或与承诺同时到达的撤回通知迟延的，原则上可以适用与要约撤回相同的规则。

4. 承诺的迟延

如果承诺在要约规定的承诺期限届满或者合理期限后到达要约人，属于迟延的承诺。它包括两种情形：一是因受要约人没有及时做出承诺，导致承诺超过承诺期限到达受要约人；二是因客观原因导致承诺没有在承诺期限内到达要约人。针对第一种情形，《合同法》第28条规定："受要约人超过承诺期限发出承诺的，除要约人及时通知受约人该承诺有效的以外，为新要约。"针对第二种情形，《合同法》第29条规定："受要约人在承诺期限内发出承诺，按照通常情形能够及时到达要约人，但因其他原因承诺到达要约人时超过承诺期限的，除要约人及时通知受要约人因承诺超过期限不接受该承诺的以外，该承诺有效。"

（三）合同的内容

合同的内容是指合同当事人订立合同的各项具体意思表示，具体体现为合同的各项条款。根据我国《合同法》的规定，在不违反法律强制性规定的情况下，合同的内容由当事人约定，一般包括以下条款：

（1）当事人的名称或者姓名和住所；

（2）标的，即合同双方当事人权利义务所共同指向的对象；

（3）数量；

（4）质量；

（5）价款或报酬；

（6）履行期限、地点和方式；

（7）违约责任；

（8）解决争议的方法。

当事人对合同条款的理解有争议的，应当按照合同所使用的词句、合同的有关条款、合同的目的、交易习惯以及诚实信用原则，确定该条款的真实意思。合同文本采用两种以上文字订立并约定具有同等效力的，对各文本使用的词句推定具有相同含义。各文本使用的词句不一致的，应当根据合同的目的予以解释。

格式条款是指一方当事人为了与不特定多数人订立合同重复使用而单方预先拟定，并在订立合同时不允许对方协商变更的条款。格式条款的适用可以简化签约程序，加快交易速度，减少交易成本。因此，并非格式条款就是不公平的。但是，由于格式条款是由一方当事人拟定，且在合同谈判中不容对方协商修改，条款内容难免有不够公平之处。所以，《合同法》对格式条款的效力及解释作有特别规定，以保证合同相对人的合法权益：①采用格式条款订立合同的，提供格式条款的一方应当遵循公平原则确定当事人之间的权利和义务，并采取合理的方式提请对方注意免除或者限制其责任的条款，按照对方的要求，对该条款予以说明。②格式条款具有《合同法》规定的合同无效和免责条款无效的情形，或者提供格式条款一方免除其责任、加重对方责任、排除对方主要权利的，该条款无效。③对格式条款的理解发生争议的，应当按照通常理解予以解释。对格式条款有两种以上解释的，应当作出不利于提供格式条款一方的解释。格式条款和非格式条款不一致的，应当采用非格式条款。

（四）合同的形式

合同的形式是指合同当事人意思表示一致的外在表现形式。当事人订立合同，可以采取书面形式、口头形式和其他形式。口头形式的合同方便易行，但缺点是发生争议时难以举证确认责任，不够安全。所以，重要的合同不宜采用口头形式。对法律、行政法规规定采用书面形式的合同，当事人应当采用书面形式。当事人自行约定合同采用书面形式的，也应当采用书面形式。书面形式是指合同书、信件和数据电文（包括电报、电传、传真、电子数据交换和电子邮件）等各种可以有形地表现所载内容的形式，不限于合同书一种形式。农村合同应当尽量采用书面形式。

（五）合同的成立

1. 合同成立的时间

承诺生效时合同成立。承诺生效的时间即合同成立的时间。如果当事人采用合同书形式订立合同的，自双方当事人签字或者盖章时合同成立。双方当事人签字或者盖章不在同一时间的，以最后签字或者盖章的时间为合同成立的时间。当事人采用信件、数据电文等形式订立合同的，可以在合同成立之前要求签订确认书，签订确认书的时间为合同成立的时间。

2. 合同成立的地点

承诺生效的地点为合同成立的地点。当事人采用合同书形式订立合同的，双方当事人签字或者盖章不在同一地点的，以最后签字或者盖章的地点为合同成立的地点。当事人采用数据电文形式订立合同的，收件人的主营业地为合同成立的地点；没有主营业地的，其经常居住地为合同成立的地点。当事人另有约定的，按照其约定。

3. 合同成立的特殊情况

《合同法》第36条规定："法律、行政法规规定或者当事人约定采用书面形式订立合同，当事人未采用书面形式但一方已经履行主要义务并且对方接受的，该合同成立。"《合同法》第37条规定："采用合同书形式订立合同，在签字或者盖章之前，当事人一方已经履行主要义务并且对方接受的，该合同成立。"《合同法》的上述规定主要是从鼓励交易原则出发，不过分拘泥于合同的形式，虽然合同的形式要件欠缺，但如果当事人一方已经履行主要义务并且对方接受的，法律仍承认合同成立。

二、合同的履行

（一）合同履行的概念

合同的履行，是指合同的双方当事人正确、适当、全面地完成合同中规定的各项义务的行为。当事人应当按照合同约定全面履行自己的义务。在合同的履行中，当事人应当遵循诚实信用原则，根据合同的性质、目的和交易习惯履行通知、协助、保密等法定附随义务。

（二）合同履行的规则

1. 当事人就有关合同内容约定不明确时的履行规则

合同生效后，当事人就质量、价款或者报酬、履行地点等内容没有约定或者约定不明确的，可以协议补充；不能达成补充协议的，按照合同有关条款或者交易习惯确定。依照上述办法仍不能确定的，适用《合同法》的下列规定：

（1）质量要求不明确的，按照国家标准、行业标准履行；没有国家标准、行业标准的，按照通常标准或者符合合同目的的特定标准履行。

（2）价款或者报酬不明确的，按照订立合同时履行地的市场价格履行；依法应当执行政府定价或者政府指导价的，按照规定履行。

（3）履行地点不明确的，给付货币的，在接受货币一方所在地履行；交付不动产的，在不动产所在地履行；其他标的，在履行义务一方所在地履行。

（4）履行期限不明确的，债务人可以随时履行，债权人也可以随时要求履行，但应当给对方必要的准备时间。

（5）履行方式不明确的，按照有利于实现合同目的的方式履行。

（6）履行费用的负担不明确的，由履行义务方负担。

2. 执行政府定价或者政府指导价的合同的履行规则

执行政府定价或者政府指导价的，在合同约定的交付期限内政府价格调整时，按照交付时的价格计价。逾期交付标的物的，遇价格上涨时，按照原价格执行；价格下降时，按照新价格执行。逾期提取标的物或者逾期付款的，遇价格上涨时，按照新价格执行；价格下降时，按照原价格执行。

3. 第三人代为履行或代为接受履行合同的规则

合同生效后，通常应由合同当事人亲自履行和亲自接受履行。但在不涉及人身性质的合同中，当事人也可以约定由第三人代为履行或代为接受履行，在这种情况下，第三人只是合同的履行主体，而不是合同当事人。由于合同仅在当事人之间产生约束力，因此，在第三人代为履行或代为接受履行合同时，应遵守下列规则：

（1）当事人约定由第三人向债权人履行债务的，第三人不履行债务或者履行债务不符合约定，债务人应当向债权人承担违约责任。

（2）当事人约定由债务人向第三人履行债务的，债务人未向第三人履行债务或者履行债务不符合约定，应当向债权人承担违约责任。

4．提前履行和部分履行的规则

合同生效后，当事人应当按照合同约定的期限全面履行合同义务。当出现当事人提前履行或部分履行时，应遵守下列规则：

（1）债务人提前履行债务的，债权人可以拒绝接受履行，但提前履行不损害债权人利益的，债权人应当接受履行。因债务人提前履行债务给债权人增加的费用，由债务人承担。

（2）债务人部分履行债务的，债权人可以拒绝接受履行，但部分履行不损害债权人利益的，债权人应当接受履行。因债务人部分履行债务给债权人增加的费用，由债务人承担。

三、双务合同履行中的抗辩权

抗辩权，又称异议权，是对抗对方的请求权或否认对方权利主张的权利。根据抗辩权的功能，可将抗辩权分为消灭的抗辩权与延缓的抗辩权。消灭的抗辩权，是指使请求权归于消灭的抗辩权。由于使请求权归于消灭即是使请求权永久地不能行使，故消灭的抗辩权又称为永久的抗辩权。延缓的抗辩权，是指使请求权效力延期或使对方请求权于一定期限内不能行使的抗辩权。由于延缓的抗辩权仅使对方的请求权一时不能行使，并不使对方的请求权归于消灭，故又称为一时的抗辩权。如时效届满的抗辩权即属于消灭的抗辩权，而同时履行抗辩权、检索抗辩权等权利则属于延缓的抗辩权。一般认为，合同履行中的抗辩权包括同时履行抗辩权、不安抗辩权以及后履行抗辩权三种类型。

1．同时履行抗辩权

同时履行抗辩权又称为履行合同中的抗辩权，是指在双务合同中，未规定何方先履行的，一方在他方未履行对待给付义务前，拒绝自己之履行的权利。

同时，履行抗辩权的适用，必须具备以下条件：

（1）由同一双务合同互负债务，且此两债务之间互负对价关系。所谓对价关系，是指一方履行与他方对待履行互为条件，互相依存，具有牵连性。单务合同和不完全双务合同不符合此要件，因此其当事人不能行使同时履行抗辩权。

（2）双方债务均已届满清偿期。合同未到履行期，对方请求履行的，一方可以拒绝，此时并非行使同时履行抗辩权，而是履行期未届临之抗辩权。

（3）对方未履行债务。

（4）对方的对待给付是可能履行的。例如，甲向乙出卖房屋，该房屋已被烧毁，甲请求乙付款，则乙可作出抗辩，表示拒绝，此时乙行使的是消灭的抗辩权，而非同时履行抗辩权。

2．不安抗辩权

不安抗辩权，又称为先履行抗辩权，是指双务合同中，先履行方有确切证据证明后履行方于合同成立后丧失或可能丧失履行能力时中止履行合同的权利，并在后履行方于合理期限内未能恢复履行能力或提供担保时解除合同的权利。

不安抗辩权的适用，必须具备以下条件：

（1）因同一双务合同互负债务，且此两债务间具有对价关系；

（2）该合同必须属于异时履行；

（3）先履行方的债务已届清偿期；

（4）先履行方有确切证据证明后履行方于合同成立后丧失或可能丧失履行能力。

《合同法》第68条和第69条对不安抗辩权及其行使做了明确的规定："应当先履行债务的当事人，有确切证据证明对方有下列情形之一的，可以中止履行：（1）经营状况严重恶化；（2）转移财产、抽逃资金，以逃避债务；（3）丧失商业信誉；（4）有丧失或者可能丧失履行债务能力的其他情形。"

当事人依法中止履行的，应当及时通知对方。对方提供适当担保时，应当恢复履行。中止履行后，对方在合理期限内未恢复履行能力并且未提供适当担保的，中止履行的一方可以解除合同。

3．后履行抗辩权

根据《合同法》第67条的规定，所谓后履行抗辩权，是指依照合同约定或法律规定负先履行义务的一方当事人，届期未履行义务或者履行义务严重不符合约定条件时，后履行方为保护自己的期限利益或者保证自己履行合同的条件而中止履行合同的权利。

四、合同债权的保全

合同债权的保全是指法律为防止债务人的财产不当减少或不增加而给债权人的债权带来损害，允许债权人行使代位权和撤销权，以保护其债权的法律制度。合同债权保全的措施，包括债权人代位权和债权人撤销权两种。

1．债权人的代位权

债权人代位权，是指因债务人怠于行使其到期债权，对债权人造成损害的，债权人可以向人民法院请求以自己的名义代位行使债务人权利的权利。例如，甲欠乙10万元，丙欠甲5万元，甲在其对丙的债权到期后，一直不行使对丙的债权，致使其无力清偿对乙的债务，则乙可以代位行使甲对丙的债权，要求丙履行对甲的债务，以保障自己债权的实现。债权人行使代位权，只能通过诉讼的方式，即向人民法院提起代位权诉讼，请求人民法院强制债务人的债务人履行债务。

行使代位权，应当符合下列条件：

（1）债权人对债务人的债权合法、确定，并且必须已到清偿期。这是债权人行使代位权的前提。

（2）债务人怠于行使其到期债权，并且因此对债权人造成损害。这是指债务人不履行其对债权人的到期债务，又不以诉讼方式或者说仲裁方式向其债务人主张其享有的具有金钱给付内容的到期债权，致使债权人的到期债权未能实现。如果在代位权诉讼中，次债务人（即债务人的债务人）不认为债务人有怠于行使其到期债权情况的，应当承担举证责任。

(3) 债务人的债权已到期。对于债务人未到期的债权，债权人不能行使代位权。

(4) 债务人的债权不是专属于债务人自身的债权。专属于债务人自身的债权，是指基于扶养关系、赡养关系、继承关系产生的给付请求权和劳动报酬、退休金、养老金、抚恤金、安置费、人寿保险、人身伤害赔偿请求权等权利。对于专属于债务人自身的债权，债权人不能行使代位权。

债权人代位权的行使范围以债权人的债权为限。债权人行使代位权的必要费用，由债务人负担。

2. 债权人的撤销权

债权人的撤销权，是指债权人因债务人实施减少其财产的行为，对债权人造成损害的，债权人可以请求人民法院撤销该行为的权利。债权人行使撤销权，只能通过诉讼的方式，即由债权人向人民法院提起诉讼，由人民法院作出撤销债务人行为的判决才能发生撤销债务人不当行为的效果。因此，债权人的撤销权又称为撤销诉权或废罢诉权。

《合同法》第74条对债权人的撤销权作出明确规定："因债务人放弃其到期债权或者无偿转让财产，对债权人造成损害的，债权人可以请求人民法院撤销债务人的行为。债务人以明显不合理的低价转让财产，对债权人造成损害，并且受让人知道该情形的，债权人也可以请求人民法院撤销债务人的行为。撤销权的行使范围以债权人的债权为限。债权人行使撤销权的必要费用，由债务人负担。"

根据《合同法》第74条的规定，债权人行使撤销权须具备客观要件和主观要件，并且因债务人所为的行为是否为有偿而有所不同。

从客观要件上说，首先，必须是债务人实施了处分其财产的行为，包括放弃到期债权、无偿转让财产和以明显不合理的低价转让财产的行为；其次，债务人处分其财产的行为已经发生效力，对尚未发生效力的行为不存在撤销的问题；再次，债务人处分其财产的行为已经或将要严重损害债权人的债权。

从主观要件上说，债务人与第三人主观上具有恶意。这里的第三人仅指上述债务人的第三种处分行为中的第三人，即以明显不合理的低价受让财产的第三人。对于第三人来说，只要其知道债务人是以明显不合理的低价向其转让财产，即可认定其具有恶意。债权人撤销权行使的效果是使债务人不当处分财产行为的效力溯及既往地消灭，恢复债务人的责任财产，以保障债权人债权的实现。

债权人的撤销权必须在法定的期间内行使。《合同法》第75条规定："撤销权自债权人知道或者应当知道撤销事由之日起1年内行使。自债务人的行为发生之日起5年内没有行使撤销权的，该撤销权消灭。"

五、合同的担保

合同的担保是指法律规定或当事人的约定，为督促债务人履行债务，确保债权得以实现所采取的特别保障措施。担保方式主要有保证、抵押、质押、留置和定金五种。

（一）保证

1. 保证的概念

保证是指保证人和债权人约定，当债务人不履行债务时，保证人按照约定履行债务或承担责任的行为。

2. 保证人

保证从形式上看是人保，实质上还是财产保，所以《担保法》第7条规定，保证人必须有代为清偿的能力。并且，对保证人的范围加以限制：

（1）国家机关不得为保证人。但是，经国务院批准为使用外国政府或者国家组织贷款进行转贷的除外。

（2）公益性事业单位不得为保证人。《担保法》第9条规定，学校、幼儿园、医院等以公益为目的的事业单位、社会团体不得作保证人。

（3）企业法人的分支机构、职能部门不得为保证人。《担保法》第10条规定，企业法人的分支机构有法人书面授权的，可以在授权范围内提供保证。

任何单位和个人不得强令银行等金融机构或者企业为他人提供保证；银行等金融机构或者企业对强令其为他人提供保证的行为，有权拒绝。

同一债务有两个以上保证人的，保证人应当按照保证合同约定的保证份额，承担保证责任，没有约定保证份额的，保证人承担连带责任，债权人可以要求任何一个保证人承担全部保证责任，保证人都负有担保全部债权实现的义务。已经承担保证责任的保证人，有权向债务人追偿，或者要求承担连带责任的其他保证人清偿其应当承担的份额。

3. 保证合同

保证合同应当以书面形式订立，包括以下内容：

（1）被保证的主债权种类、数额。

（2）债务人履行债务的期限。

（3）保证的方式。

（4）保证担保的范围。保证担保的范围包括主债权及利息、违约金、损害赔偿金和实现债权的费用。保证合同另有约定的，按照约定。当事人对保证担保的范围没有约定或者约定不明确的，保证人应当对全部债务承担责任。

（5）保证的期间。

（6）双方认为需要约定的其他事项。

保证合同不完全具备前款规定内容的，可以补正。

4. 保证方式

保证的方式有两种：一般保证和连带责任保证。

当事人在保证合同中约定，债务人不能履行债务时，由保证人承担保证责任的，为一般保证。当事人在保证合同中约定保证人与债务人对债务承担连带责任的，为连带责任保证。连带责任保证的债务人在主合同规定的债务履行期届满没有履行债务的，债权人可以要求债务人履行债务，也可以要求保证人在其保证范围内承担保证责任。当事人对保证方式没有约定或者约定不明确的，按照连带责任保证承担保证责任。

一般保证的保证人在主合同纠纷未经审判或者仲裁，并就债务人财产依法强制执行仍不能履行债务前，对债权人可以拒绝承担保证责任，这就是一般保证人的先诉抗辩权，又称作检索抗辩权。但是，有下列情形之一的，保证人不得行使先诉抗辩权：

（1）债务人住所变更，致使债权人要求其履行债务发生重大困难的；

（2）人民法院受理债务人破产案件，中止执行程序的；

（3）保证人以书面形式放弃前款规定的权利的。

5. 保证期间

保证期间指保证人承担保证责任的期间。保证期间不因任何事由发生中断、中止、延长的法律后果。保证期间有明确约定的，保证人在约定期间内承担保证责任。

保证合同约定的保证期间早于或者等于主债务履行期限的，视为没有约定，保证期间为主债务履行期届满之日起 6 个月。保证合同约定保证人承担保证责任直至主债务本息还清时为止等类似内容的，视为约定不明，保证期间为主债务履行期届满之日起两年。主合同对主债务履行期限没有约定或者约定不明的，保证期间自债权人要求债务人履行义务的宽限期届满之日起计算。

6. 保证责任的免除或消灭

（1）主合同当事人双方恶意串通，骗取保证的；

（2）主合同债权人采取欺诈、胁迫等手段，使保证人在违背真实意思的情况下提供担保的；

（3）未经保证人同意，债权人许可债务人转让债务的；

（4）未经保证人同意，债权人与债务人协议变更主合同，除非另有约定，如果加重债务人的债务，保证人对加重部分不再承担保证责任；

（5）保证期间届满，债权人未要求的；

（6）同一债权有保证又有物保的，债权人放弃物保的，保证人在债权人放弃权利的范围内免除保证责任；

（7）保证合同解除或终止；

（8）主债务消灭。

（二）抵押

1. 抵押的概念

抵押是指债务人或第三人不转移财产的占有，将该财产作为债权担保，在债务人不履行债务时，债权人有权以该财产折价或以拍卖、变卖该财产的价款优先受偿的担保方式。

2. 抵押物

抵押物可以是动产，也可以是不动产。但是，抵押人所担保的债权不得超出其抵押物的价值。财产抵押后，该财产的价值大于所担保债权的余额部分，可以再次抵押，但不得超出其余额部分。

以依法取得的国有土地上的房屋抵押的,该房屋占用范围内的国有土地使用权同时抵押。以出让方式取得的国有土地使用权抵押的,应当将抵押时该国有土地上的房屋同时抵押。乡(镇)、村企业的土地使用权不得单独抵押。以乡(镇)、村企业的厂房等建筑物抵押的,其占用范围内的土地使用权同时抵押。

根据法律规定,以下财产不得抵押:

(1) 土地所有权。

(2) 耕地、宅基地、自留地、自留山等集体所有的土地使用权,但依法承包并经发包方同意抵押的荒地的土地使用权、乡(镇)以及村企业的土地使用权除外。

(3) 学校、幼儿园、医院等以公益为目的的事业单位、社会团体的教育设施、医疗卫生设施和其他社会公益设施;根据《担保法司法解释》的规定,如果学校、幼儿园、医院等以公益为目的的事业单位、社会团体,以其教育设施、医疗卫生设施和其他社会公益设施以外的财产为自身债务设定抵押的,人民法院可以认定抵押有效。

(4) 所有权、使用权不明或者有争议的财产。

(5) 依法被查封、扣押、监管的财产;但是已经设定抵押的财产被采取查封、扣押等财产保全或者执行措施的,不影响抵押权的效力。

(6) 依法不得抵押的其他财产。

3. 抵押合同

抵押人和抵押权人应当以书面形式订立抵押合同。抵押合同应当包括以下内容:

(1) 被担保的主债权种类、数额;

(2) 债务人履行债务的期限;

(3) 抵押物的名称、数量、质量、状况、所在地、所有权权属或者使用权权属;

(4) 抵押担保的范围;

(5) 当事人认为需要约定的其他事项。

抵押合同不完全具备前款规定内容的,可以补正。

订立抵押合同时,抵押权人和抵押人在合同中不得约定在债务履行期届满抵押权人未受清偿时,抵押物的所有权转移为债权人所有,这就是所谓的"流质契约禁止"。

4. 抵押物登记

当事人以以下财产抵押的,应当办理抵押物登记,抵押权自登记之日起设立。办理抵押物登记的部门如下:

(1) 以无地上定着物的土地使用权抵押的,为核发土地使用权证书的土地管理部门;

(2) 以城市房地产或者乡(镇)、村企业的厂房等建筑物抵押的,为县级以上地方人民政府规定的部门;

(3) 以林木抵押的,为县级以上林木主管部门;

(4) 以航空器、船舶、车辆抵押的,为运输工具的登记部门;

(5) 以企业的设备和其他动产抵押的,为财产所在地的工商行政管理部门。

当事人以其他财产抵押的,可以自愿办理抵押物登记,抵押合同自签订之日起生效。当事人未办理抵押物登记的,不得对抗第三人。当事人办理抵押物登记的,登记部门为抵押人所在地的公证部门。

5. 抵押的效力

(1) 担保范围

抵押担保的范围包括主债权及利息、违约金、损害赔偿金和实现抵押权的费用。抵押合同另有约定的,按照约定。

(2) 孳息处理

债务履行期届满,债务人不履行债务致使抵押物被人民法院依法扣押的,自扣押之日起抵押权人有权收取由抵押物分离的天然孳息以及抵押人就抵押物可以收取的法定孳息。抵押权人未将扣押抵押物的事实通知应当清偿法定孳息的义务人的,抵押权的效力不及于该孳息。孳息应当先充抵收取孳息的费用。

(3) 抵押不破租赁

抵押人将已出租的财产抵押的,应当书面告知承租人,原租赁合同继续有效。

(4) 抵押物转让的法律要求

抵押期间,抵押人转让已办理登记的抵押物的,应当经抵押权人同意,并告知受让人转让物已经抵押的情况;转让抵押物的价款明显低于其价值的,抵押权人可以要求抵押人提供相应的担保;抵押人不提供的,不得转让抵押物。抵押人转让抵押物所得的价款,应当向抵押权人提前清偿所担保的债权或者向与抵押权人约定的第三人提存。超过债权数额的部分,归抵押人所有,不足部分由债务人清偿。

(5) 抵押权转让及转抵押

抵押权不得与债权分离而单独转让,也不得作为其他债权的担保,即禁止转抵押。

(6) 抵押物价值减少的处理

抵押人的行为足以使抵押物价值减少的,抵押权人有权要求抵押人停止其行为。抵押物价值减少时,抵押权人有权要求抵押人恢复抵押物的价值,或者提供与减少的价值相当的担保。抵押人对抵押物价值减少无过错的,抵押权人只能在抵押人因损害而得到的赔偿范围内要求提供担保。抵押物价值未减少的部分,仍作为债权的担保。

6. 抵押权的实现

债务履行期届满抵押权人未受清偿的,可以与抵押人协议以抵押物折价或者以拍卖、变卖该抵押物所得的价款受偿;协议不成的,抵押权人可以向人民法院提起诉讼。抵押物折价或者拍卖、变卖后,其价款超过债权数额的部分归抵押人所有,不足部分由债务人清偿。

同一财产向两个以上债权人抵押的,拍卖、变卖抵押物所得的价款按照以下规定清偿:

(1) 不动产抵押权的清偿

依据《物权法》第187条,不动产设立抵押的必须登记,否则不生效。下面以房屋抵押权为例，探讨抵押权的实现。

①抵押权不同天登记的，以登记的先后为序；

②同一天在不同部门登记的，同一顺序（《担保法》解释第58条）；

③登记的抵押权与未登记的抵押权，物权优先于债权（因未登记的不动产抵押权不生效，实质是物权优先于债权。）

（2）动产抵押权的清偿

依据《物权法》第188条、第189条规定，动产设立抵押权的，是否登记依当事人自愿。不登记的，不影响抵押权本身的生效，但"不得对抗第三人"。如何理解"不得对抗第三人"？《物权法》第199条作了规定，废止了《担保法》第54条第（2）项的规定。

①都已登记的抵押权，以登记的先后为序清偿；

②登记与未登记之间，登记的抵押权优先清偿；

③都未登记的，处于同一顺序。

为债务人抵押担保的第三人，在抵押权人实现抵押权后，有权向债务人追偿。

抵押权因抵押物灭失而消灭。因灭失所得的赔偿金，应当作为抵押财产，这就是抵押权的物上代位性。

7. 最高额抵押

最高额抵押，是指抵押人与抵押权人协议，在最高债权额限度内，以抵押物对一定期间内连续发生的债权作担保。

借款合同可以附最高额抵押合同。债权人与债务人就某项商品在一定期间内连续发生交易而签订的合同，可以附最高额抵押合同。最高额抵押的主合同债权不得转让。

（三）质押

我国《担保法》规定了两种质押方式，即动产质押和权利质押。

1. 动产质押

（1）动产质押的概念

动产质押，是指债务人或者第三人将其动产移交债权人占有，将该动产作为债权的担保。债务人不履行债务时，债权人有权依照本法规定以该动产折价或者以拍卖、变卖该动产的价款优先受偿。提供担保物的债务人或者第三人为出质人，债权人为质权人，移交的动产为质物。

（2）质押合同

出质人和质权人应当以书面形式订立质押合同。质押权自质物移交于质权人占有时生效。质押合同应当包括以下内容：被担保的主债权种类、数额；债务人履行债务的期限；质物的名称、数量、质量、状况；质押担保的范围；质物移交的时间；当事人认为需要约定的其他事项。

质押合同不完全具备前款规定内容的，可以补正。

出质人和质权人在合同中不得约定在债务履行期届满质权人未受清偿时，质物的所有权转移为质权人所有,这就是"流质契约禁止"。

(3) 质押的效力

①担保范围。质押担保的范围包括主债权及利息、违约金、损害赔偿金、质物保管费用和实现质权的费用。质押合同另有约定的,按照约定。

②孳息的处理。质权人有权收取质物所生的孳息。质押合同另有约定的,按照约定。孳息应当先充抵收取孳息的费用。

③质押物的保管。质权人负有妥善保管质物的义务。因保管不善致使质物灭失或者毁损的,质权人应当承担民事责任。质权人不能妥善保管质物可能致使其灭失或者毁损的,出质人可以要求质权人将质物提存,或者要求提前清偿债权而返还质物。

④质物价值减少的处理。质物有损坏或者价值明显减少的可能,足以危害质权人权利的,质权人可以要求出质人提供相应的担保。出质人不提供的,质权人可以拍卖或者变卖质物,并与出质人协议将拍卖或者变卖所得的价款用于提前清偿所担保的债权或者向与出质人约定的第三人提存。

⑤质押权的实现。债务履行期届满债务人履行债务的,或者出质人提前清偿所担保的债权的,质权人应当返还质物。债务履行期届满质权人未受清偿的,可以与出质人协议以质物折价,也可以依法拍卖、变卖质物。质物折价或者拍卖、变卖后,其价款超过债权数额的部分归出质人所有,不足部分由债务人清偿。

为债权人质押担保的第三人,在质权人实现质权后,有权向债务人追偿。

质权因质物灭失而消灭。因灭失所得的赔偿金,应当作为出质财产,这就是"流质契约禁止"。质权与其担保的债权同时存在,债权消灭的,质权也消灭。

2. 权利质押

(1) 权利质押的范围

下列权利可以质押:

第一,汇票、支票、本票、债券、存款单、仓单、提单;

第二,依法可以转让的股份、股票;

第三,依法可以转让的商标专用权、专利权、著作权中的财产权;

第四,依法可以质押的其他权利。

(2) 权利质押的生效

以汇票、支票、本票、债券、存款单、仓单、提单出质的,应当在合同约定的期限内将权利凭证交付质权人。质押权自权利凭证交付之日起生效。

以载明兑现或者提货日期的汇票、支票、本票、债券、存款单、仓单、提单出质的,汇票、支票、本票、债券、存款单、仓单、提单兑现或者提货日期先于债务履行期的,质权人可以在债务履行期届满前兑现或者提货,并与出质人协议将兑现的价款或者提取的货物用于提前清偿所担保的债权或者向与出质人约定的第三人提存。

以依法可以转让的股票出质的,出质人与质权人应当订立书面合同,并向证券登记机构办理出质登记,质押权自登记之日起生效。股票出质后,不得转让,但经出质人与质权人协商同意的可以转让。出质人转让股票所得的价款应当向质权人提前清偿所担保的债权或者向与质权人约定的第三人提存。以有限责任公司的股份出质的，适用公司法股份转让的有关规定。质押合同自股份出质记载于股东名册之日起生效。

以依法可以转让的商标专用权、专利权、著作权中的财产权出质的，出质人与质权人应当订立书面合同，并向其管理部门办理出质登记。质押合同自登记之日起生效。

（3）权利质押权的实现

权利出质后，出质人不得转让或者许可他人使用，但经出质人与质权人协商同意的可以转让或者许可他人使用。出质人所得的转让费、许可费应当向质权人提前清偿所担保的债权或者向与质权人约定的第三人提存。

（四）留置

1. 留置的概念

留置是指债权人因一定的合同关系占有债务人的动产，若债务人不按合同约定履行债务时，债权人有权依法留置该财产，以该财产折价或以拍卖、变卖该财产的价款优先受偿。

2. 留置权的成立

（1）法定性。法律规定可以适用留置的合同有保管合同、运输合同、加工承揽合同以及法律规定可以留置的其他合同。

（2）留置的标的物应是动产。一般而言，不动产和有价证券不能留置，但是无记名的有价证券因其交付而转移视同动产；建设工程合同所涉及的不动产，债权人不得留置，但根据《合同法》第286条的规定，发包人未按照约定支付价款的，承包人可就该工程变价并依法行使优先受偿权（建设工程承包人的优先受偿权优于抵押权和其他债权）。

（3）债权人须依法占有债务人的动产。这种占有应符合法律规定的合同范围，且当事人又没有约定不得留置。

（4）占有人有债权尚未实现。

（5）债权已到清偿期限，债务人未届期清偿。债权人与债务人应当在合同中约定，债权人留置财产后，债务人应当在不少于两个月的期限内履行债务。债权人与债务人在合同中未约定的，债权人留置债务人财产后，应当确定两个月以上的期限，通知债务人在该期限内履行债务。

（6）留置的财产为可分物的，留置物的价值应当相当于债务的金额。

（五）定金

1. 定金的概念

定金是指当事人一方在合同价款或者报酬的数额内预付给对方一定数额的货币作为债权的担保。

2. 定金合同

定金应当以书面形式约定。当事人在定金合同中应当约定交付定金的期限，定金合同从实际交付定金之日起生效。

定金的数额由当事人约定，但不得超过主合同标的额的20%。

3. 定金的效力

（1）证明合同成立。

（2）定金在合同履行时可抵作价款。

（3）在合同未履行时适用定金罚则。《担保法》规定：给付定金的一方不履行约定的债务的，无权要求返还定金；接受定金的一方不履行约定的，应当双倍返还。

4. 定金的认定

最高人民法院关于适用《中华人民共和国担保法》若干问题的解释规定，当事人交付留置金、担保金、保证金、订约金、押金或者订金等，但没有约定定金性质的，当事人主张定金权利的，人民法院不予支持。实际交付的定金数额多于或者少于约定数额，视为变更定金合同；收受定金一方提出异议并拒绝接受定金的，定金合同不生效。当事人约定的定金数额超过主合同标的额20%的，超过的部分，人民法院不予支持。

5. 定金担保的效力等级

（1）物的担保优于保证：被担保的债权既有物的担保又有人的担保的，债务人不履行到期债务或者发生当事人约定的实现担保物权的情形，债权人应当按照约定实现债权；没有约定或者约定不明确，债务人自己提供物的担保的，债权人应当先就该物的担保实现债权；第三人提供物的担保的，债权人可以就物的担保实现债权，也可以要求保证人承担保证责任。提供担保的第三人承担担保责任后，有权向债务人追偿。债权人在主合同履行期届满后怠于行使担保物权，致使担保物的价值减少或者毁损、灭失的，视为债权人放弃部分或者全部物的担保。保证人在债权人放弃权利的范围内减轻或者免除保证责任。

（2）抵押权之间的效力等级：同一财产向两个以上债权人抵押的，顺序在先的抵押权与该财产的所有权归属一人时，该财产的所有权人可以以其抵押权对抗顺序在后的抵押权。同一财产向两个以上债权人抵押的，顺序在后的抵押权所担保的债权先到期的，抵押权人只能就抵押物价值超出顺序在先的抵押担保债权的部分受偿。顺序在先的抵押权所担保的债权先到期的，抵押权实现后的剩余价款应予提存，留待清偿顺序在后的抵押担保债权。

（3）抵押权与质权、留置权的效力等级：同一财产法定登记的抵押权与质权并存时，抵押权人优先于质权人受偿。同一财产抵押权与留置权并存时，留置权人优先于抵押权人受偿。

第三节 合同的效力

合同的效力，又称合同的法律效力，是指已成立的合同在当事人之间产生的法律约束力。合同的成立与合同的生效不同，合同的成立是指当事人就合同的主要条款达成合意，它只是表明当事人之间存在合意的事实；合同的生效则反映了法律对已成立的合同的评价。只有依法成立的合同，即具备合同生效要件的合同才是一个有效的合同。有效合同在当事人之间产生法律约束力，国家法律予以保护。如果已成立的合同不具备法律规定的生效要件，就不是一个有效的合同，不能产生当事人预期的法律后果。

一、有效合同

1. 有效合同的概念和合同的生效要件

有效合同，又称为生效的合同，是指符合合同的生效要件，在当事人之间产生法律约束力，受法律保护的合同。

有效合同必须具备以下生效要件：

（1）当事人缔约时有相应的缔约能力

所谓相应的缔约能力，包括三个方面的含义：一是缔约人缔约时要有相应的行为能力；二是缔约人缔约时要有相应的缔约资格，如代理人代理订立合同，要有代理权；三是缔约人缔约时要有对其所处分的财产权利的相应的处分能力，如买卖合同的出卖人对其出卖的财产要有处分权。

（2）意思表示真实

意思表示是指行为人将其设立、变更、终止民事权利义务的内在意思通过某种形式表示于外部的行为。只有当当事人内在的意愿与外在的表示一致时，才能产生当事人所预期的法律效果，才能达到当事人所追求的经济目的。因此，法律要求缔约当事人的意思表示必须是真实的。

（3）不违反法律和社会公共利益

法律保护的是当事人的合法行为。只有当事人缔结的合同的内容符合法律的规定，不损害社会公共利益，法律才会对其做出肯定性评价，才会赋予其法律效力。需指出的是，第一，所谓合同不违反法律是指合同不得违反法律、法规的强制性规定。第二，合同不违反法律，也包括当事人应当遵守法律对合同形式的强制性要求，《合同法》第44条规定："法律、行政法规规定应当办理批准、登记等手续生效的，依照其规定。"

2. 合同生效的时间

（1）一般的合同，依法成立的时间即合同生效的时间。

（2）法律、行政法规规定应当办理批准、登记等手续生效的，依照其规定办理批准、登记等手续时合同生效。

（3）附生效条件的合同，自条件成就时生效。

（4）附生效期限的合同，自期限届至时生效。根据最高人民法院的《合同法司法解释》第9条规定，法律、行政法规规定合同应当办理批准手续，或者办理批准、登记等手续才生效的，在法院审理案件过程中，一审法庭辩论终结前当事人仍未办理批准手续的，或者仍未办理批准、登记等手续的，人民法院应当认定该合同未生效；法律、行政法规规定合同应当办理登记手续，但未规定登记后生效的，当事人未办理登记手续不影响合同的效力，但合同标的所有权及其他物权不能转移。

二、可撤销合同

1. 可撤销合同的概念和特征

可撤销合同,又称相对无效合同,是指欠缺合同生效要件,存在法定撤销事由,合同一方当事人可请求人民法院或者仲裁机构撤销或者变更的合同。

可撤销合同一般具有如下特征:

(1) 可撤销合同在未被撤销前是有效的合同;

(2) 可撤销合同一般是意思表示有缺陷的合同;

(3) 可撤销合同的撤销或变更要由有撤销权的当事人通过行使撤销权来实现;

(4) 可撤销合同的撤销或变更须由人民法院或仲裁机构做出。

2. 可撤销合同的类型

(1) 因重大误解订立的合同。所谓重大误解,是指当事人对合同的性质,对方当事人,标的物的种类、质量、数量等涉及合同后果的重要事项存在错误认识,违背其真实意思表示订立合同,并因此受到较大损失的情形。

(2) 显失公平的合同。所谓显失公平,是指一方当事人利用优势或者对方没有经验,在订立合同时致使双方的权利与义务明显违反公平、等价有偿原则的情形。

(3) 一方以欺诈、胁迫的手段或者乘人之危,使对方在违背真实意思的情况下订立的合同。与上述因欺诈、胁迫订立的无效合同相比较,二者的区别在于是否损害了国家利益。损害国家利益的为无效合同;未损害国家利益的为可撤销合同。

3. 撤销权的行使

在上述三种合同中,意思表示不真实的一方当事人享有撤销权,有权请求人民法院或者仲裁机构撤销或者变更合同。当事人请求变更的,人民法院或者仲裁机构不得撤销。

撤销权的行使是有期限和限制条件的。有下列情形之一的,撤销权消灭:①具有撤销权的当事人自知道或者应当知道撤销事由之日起 1 年内没有行使撤销权;②具有撤销权的当事人知道撤销事由后明确表示或者以自己的行为放弃撤销权。

被撤销的合同,自始没有法律约束力,被撤销前的合同效力归于消灭。被撤销的合同,产生同无效合同一样的法律后果。

三、效力待定合同

效力待定合同,是指虽已成立,但因缔约一方当事人欠缺相应的缔约能力,其是否发生效力尚不能确定,有待于其他行为使之确定的合同。效力待定合同虽欠缺合同生效的要件,但并不属于上述无效合同或可撤销合同,法律允许根据情况对这类合同予以补救。根据《合同法》第 47 条、第 48 条和第 51 条的规定,效力待定合同有以下三种:

(1) 限制民事行为能力人订立的合同

这种合同经限制民事行为能力人的法定代理人追认,合同有效但纯获利益的合同或者与其年龄、智力、精神健康状况相适应而订立的合同，不必经法定代理人追认。

为避免因限制民事行为能力人订立的合同效力长期处于不确定状态而影响相对人的利益，《合同法》规定了相对人的催告权。相对人可以催告法定代理人在 1 个月内予以追认。法定代理人未作表示的，视为拒绝追认，合同无效。合同被追认之前，善意相对人有撤销的权利。撤销应当以通知的方式做出。

（2）行为人没有代理权、超越代理权或者代理权终止后以被代理人名义订立的合同

这种合同又称为无权代理合同，该合同经被代理人追认，代理行为有效，合同对被代理人发生效力。该合同未经被代理人追认，对被代理人不发生效力，由行为人承担责任。

相对人可以催告被代理人在 1 个月内予以追认。被代理人未作表示的，视为拒绝追认。合同被追认之前，善意相对人有撤销的权利。撤销应当以通知的方式做出。

第四节　无效合同

一、无效合同的概念

无效合同，是指虽已成立，但因不具备合同的生效要件，没有法律约束力的合同。无效合同自始没有法律约束力，法律不予承认和保护。

根据《合同法》第 52 条的规定，有下列情形之一的合同是无效合同：

（1）一方以欺诈、胁迫的手段订立合同，损害国家利益；
（2）恶意串通，损害国家、集体或者第三人利益；
（3）以合法形式掩盖非法目的；
（4）损害社会公共利益；
（5）违反法律、行政法规的强制性规定。

根据最高人民法院的《合同法司法解释》规定，合同法实施以后，人民法院确认合同无效，应当以全国人大及其常委会制定的法律和国务院制定的行政法规为依据，不得以地方性法规、行政规章为依据。当事人超越经营范围订立合同，人民法院不因此认定合同无效，但违反国家限制经营、特许经营以及法律、行政法规禁止经营规定的除外。

如果仅属于部分无效，不影响其他部分效力的，其他部分仍然有效。合同无效、被撤销或者终止的，不影响合同中独立存在的有关解决争议方法的条款的效力。

二、合同无效的法律后果

合同无效或者被撤销的合同自始没有法律约束力。但合同无效或者被撤销后，也会产生一定的法律后果。这些法律后果主要包括：

（1）返还财产、收缴财产

合同无效或者被撤销后，因该合同取得的财产，应当予以返还；不能返还或者说没有必要返还的，应当折价补偿。当事人恶意串通，损害国家、集体或者第三人利益的，因此取得的财产收归国家所有或者返还集体、第三人。

（2）赔偿损失

对合同无效或者被撤销有过错的一方当事人应当赔偿对方当事人因此所受到的损失；双方都有过错的，应当各自承担相应的责任。该责任性质为缔约过失损害赔偿责任。

第五节 合同的变更、转让、解除与终止

一、合同的变更

一般而言，合同的变更有广义与狭义之分。广义的合同变更包括合同内容的变更和合同主体的变更，前者是指当事人不变而合同内容发生变动的现象，后者则指在不改变合同内容的情况下变动合同的债权人或债务人。合同内容的变更称为合同的变更，即狭义上的合同变更；主体的变更则称为合同的转让，它包括合同权利的转让、合同义务的转让和合同权利义务的一并转让三种情形。

二、合同的转让

（一）债权让与

1. 债权让与的概念

债权让与，是指不改变合同之债的内容，债权人通过与第三人订立合同的方式将其享有的债权移转于第三人。其中的债权人称为让与人，第三人称为受让人。

2. 债权让与的条件

（1）须有有效存在的债权，且债权的让与不改变其内容。

（2）让与人和受让人须就债权的让与达成合意，并且该合意应符合合同生效的要件。

（3）被让与的合同债权应具有可让与性。根据我国《合同法》第79条的规定，下列债权为不得让与的债权：

第一，依其性质不得让与的合同债权。具体包括：①以债权人和债务人的特殊信赖关系为基础的债权。例如雇佣、委托等关系。这类债权具有强烈的人身信任关系，故不得让与。②不作为债权原则上不得让与。③从权利原则上不能脱离主权利而单独让与。例如，保证债权乃为担保主债权而成立，如果它和主债权分离，将失去其担保性质，所以不得单独让与。但当权利可与主权利分离而单独存在时，可以让与，如已产生的利息债权可与本金债权相分离而单独让与。④债权的让与将实质性地增加债务人的风险或负

担时,该债权不得让与。

第二,当事人约定不得让与的债权。根据合同自由原则,当事人完全可以在不违反法律强行性规定的前提下,以特别约定禁止相对方让与合同债权。但这种禁止让与的约定必须在合同债权让与之前订立,否则不影响债权让与的效力。此外,由于合同效力具有相对性,所以当事人关于债权不得让与的约定,原则上仅在当事人之间具有效力。此约定对第三人是否有其效力,应依其为善意还是恶意来定。如果第三人不知或不应知当事人之间有不得让与的约定,则不能以该约定对他进行对抗;在相反的情况下,得以当事人之间关于不得让与的约定对抗该第三人。

第三,法律规定不得让与的债权。这里所说的"法律规定",应作广义的解释,它不仅包括民法上的规定(如《担保法》第61条),也包括其他强行性法律规范。例如,《民事诉讼法》规定有不得扣押的财产,因此,此种财产不得让与。

(4)债权让与必须通知债务人。合同法规定,债权人转让其债权虽然不必征得债务人的同意,但必须将转让的事实通知债务人时,才对债务人生效。然而,通知生效主义也存在一些例外情形,这主要表现为以下几个方面:

第一,证券化债权的让与不以通知债务人作为对其生效的要件。例如,根据票据法的规定,指示债权因背书和票据的交付而移转;不记名证券则仅因债券的交付而移转债权。

第二,当事人之间特别约定合同债权不得让与的,债权人如欲转让其债权,则须取得债务人的同意。

第三,某些特殊债权的让与必须办理登记手续,例如电话通信权的过户。

(5)债权让与的效力。债权让与有效成立后,即在让与人和受让人之间产生法律效力,并在让与通知后,对债务人也产生一定法律效果。

第一,债权让与的对内效力。债权让与在让与人和受让人之间的效力,称为债权让与的对内效力,具体包括:①合同主权利和非专属于债权人的从权利的移转。随同债权移转而一并移转的从权利一般包括保证债权、担保物权、定金债权、利息债权、违约金债权、损害赔偿请求权以及选择权、催告权等形成权。但从权利随之移转只是一般原则,而专属于让与人自身的从权利并不随之移转。例如,合同解除权等形成权因关系到债的关系的存废,和原债权人不可分离,所以并不当然随债权让与而移转于受让人。②让与人的权利瑕疵担保责任。在有偿让与债权时,让与人应保证所转让的债权没有瑕疵,亦即不受第三人的追索,但受让人明知权利有瑕疵或当事人限制或免除权利瑕疵担保责任的除外。③让与人的交付及告知义务。让与人应将债权的证明文件全部交付给受让人,包括债务人出具的借据、票据、合同文书、往来电报书信等。让与人也应向受让人交付所占有的担保物。让与人还应告知受让人行使债权的一切必要情况,如债务履行期、履行地、履行方式、债务人可能主张的抗辩以及债权的担保等。合同法虽然未对此作出规定,但根据诚实信用原则的要求,这些义务构成让与人的从给付义务和附随义务。

第二，债权让与的对外效力。债权让与对债务人的效力，称为对外效力。促进债权的自由流通和保护债务人及第三人的利益，是债权让与这一问题的两个方面。所以，债权让与的对外效力，主要是从保护债务人和第三人的利益出发而规定的。①让与人和债务人之间的效力。在进行让与通知前，债务人对原债权人所为的履行有效，该履行行为可免除其合同债务，但是，债务人在收到让与通知后，就应当将受让人作为债权人而履行债务，其对让与人的履行不能构成债的清偿，合同债务不能免除，他仍须向受让人履行债务。②在受让人和债务人之间的效力。表现为三个方面：其一，债务人在收到让与通知后，即应将受让人作为债权人而履行债务。其二，根据《合同法》第82条的规定，债务人接到让与通知时，凡债务人可对抗原债权人的一切抗辩，均可用以对抗受让人。这些抗辩权包括两类：一是实体法上的抗辩权，比如合同不成立、无效的抗辩权，履行期尚未届至的抗辩权，债权已消灭的抗辩权，合同履行中的同时履行抗辩权、不安抗辩权等；二是诉讼法上的抗辩权，比如诉讼时效已过的抗辩权等。对于这些抗辩事由，不论是发生在让与前还是让与后，也不论是发生在让与通知前还是让与通知后，债务人均可主张。其三，根据《合同法》第83条的规定，债务人接到债权让与通知时，债务人对让与人享有债权的，债务人仍然可以依法向受让人主张抵消，此即债务人的抵消权。

（二）债务承担

1. 债务承担的概念

债务承担，是指不改变债的内容，债权人或债务人通过与第三人订立转让债务的协议，将债务全部或部分地移转给第三人承担。

广义的债务承担，包括两种情形。第一种情形是指原债务人的债务全部移转于第三人，由该第三人代替原债务人的地位，而原债务人脱离债务关系。此为免责的债务承担，是狭义上的债务承担。第二种情形是指第三人加入债务关系，原债务人并不脱离债务关系，而是与第三人一起对同一内容的债务负连带责任。此为并存的债务承担。《合同法》第84条实际上规定了两种形式的债务承担。

2. 债务承担的条件

债务承担的条件包括以下方面：

（1）须有有效债务存在。

（2）债务应具有可转移性。不具有可移转性的债务，不能成为债务承担合同的标的。不得移转的债务主要包括：第一，法律规定不得移转的债务。例如，因扶养请求权而发生的债务，仅可由第三人代为履行（即履行承担），而不得以债务承担合同移转于第三人。第二，性质上不可移转的债务，除非经债权人同意，否则不得移转。这种债务是指与特定债务人的人身具有密切联系的债务，它或者以特定债务人的特殊技能为基础，或者以特别的人身信任关系为基础，需要债务人亲自履行，因而不得移转。例如，以某著名演员的表演为标的的债务，以及委托合同中受托人的义务。第三，债权人和债务人特别约定不得移转的债务，原则上不得移转。但这种特别约定也可因债权人同意债务人移转债务而失其效力，此时债务人移转债务的行为和债权人同意移转的行为，可视为他们取消该约定的行为。

(3) 债务人和承担人之间达成合意。

(4) 债务承担须经债权人同意。并存的债务承担不会威胁到债权人的债权，所以无需债权人的同意。

3. 债务承担的效力

并存的债务承担并非标准的债务承担，这里只阐述免责的债务承担的效力。

债务人脱离债务关系，由承担人直接向债权人承担债务。嗣后承担人不履行债务的，债权人仅可请求法院对承担人强制执行或向承担人请求损害赔偿，原债务人并不对承担人的履行能力负担保义务。

根据《合同法》第85条的规定，债务人可对抗债权人的事由，承担人均可援用。债务承担以债务移转时的状态移转于承担人，所以承担人能以承担债务时已经存在的事由对抗债权人。例如，债务具有无效原因，承担人就可向债权人主张无效。但专属于合同当事人的解除权和撤销权，只能由原债务人行使，承担人不得享有。应注意的是，由于债务承担的无因性，没有特别约定，承担人不能基于原因待定的事由对抗债权人，只能基于所承担的债务本身所具有的抗辩事由向债权人行使抗辩权。

根据《合同法》第86条的规定，非专属于原债务人的从义务移转于承担人。例如，附随于主债务的利息债务，应随着主债务的移转而移转于新债务人。但与他人为原债务人提供的保证不同，在债务承担未取得保证人同意时，保证人的保证责任归于消灭。

三、合同的解除

合同解除是指合同有效成立后、全部履行前，当具备法律规定的合同解除条件时，因当事人一方或双方的意思表示而使合同关系归于消灭的法律行为。合同解除有约定解除和法定解除两种情况。

1. 约定解除

根据合同自愿原则，当事人在法律规定范围内享有自愿解除合同的权利。当事人约定解除合同包括两种情况：

(1) 协议解除。协议解除是指合同生效后未履行或未完全履行之前，当事人以解除合同为目的，经协商一致，订立一个解除原来合同的协议。解除合同生效，合同消灭。解除合同的协议应当符合合同的一般生效要件。法律、行政法规规定解除合同应当办理批准、登记等手续的，依照其规定。

(2) 约定解除权。约定解除权是指当事人在合同中约定，合同履行过程中出现某种情况，当事人一方或双方有解除合同的权利。当合同履行过程中出现当事人约定的可解除合同的事由时，享有解除权的一方当事人通过行使解除权解除合同。行使约定的解除权解除合同属于单方解除，即仅凭一方当事人的单方意思表示而使合同关系消灭。

2. 法定解除

法定解除，是指在合同依法成立后、没有完全履行完毕之前，当事人在法律规定的解除条件出现时,通过行使解除权而使合同关系消灭。法定解除也属于单方解除。

根据《合同法》第94条的规定,法定解除条件有以下几种情形:

(1) 因不可抗力致使不能实现合同目的。不可抗力是指不能预见、不能避免并不能克服的客观现象。不可抗力对合同履行的影响程度不同,只有当不可抗力致使合同目的不能实现的,才能解除合同。当出现这种情形时,双方当事人都享有解除权。

(2) 在履行期限届满之前,当事人一方明确表示或者以自己的行为表明不履行主要债务。这种情形在合同法上称为预期违约。需要注意的是,必须是预期违约方表示不履行合同的主要义务。出现预期违约情形,相对方享有解除权。

(3) 当事人一方迟延履行主要债务,经催告后在合理期限内仍未履行。这一解除条件必须符合两项要求:一是一方迟延履行主要债务,即影响合同目的实现的债务;二是违约方经催告在合理期限内仍未履行。出现这种情形,债权人享有解除权。

(4) 当事人一方迟延履行债务或者有其他违约行为致使不能实现合同目的。这种致使合同目的不能实现的违约情形属于根本违约,债权人享有解除权。

(5) 法律规定的其他情形。如前面所述的当事人行使不安抗辩权中止履行后,对方在合理期限内未恢复履行能力并且未提供适当担保的,中止履行的一方可以解除合同。

3. 合同解除的程序和效力

在约定的或者法定的解除条件具备时,当事人一方主张解除合同时,应当通知对方。合同自通知到达对方时解除。对方有异议的,可以请求人民法院或者仲裁机构确认解除合同的效力。法律、行政法规规定解除合同应当办理批准、登记等手续的,应按规定办理。

合同解除后,尚未履行的,终止履行;已经履行的,根据履行情况和合同性质,当事人可以要求恢复原状,采取其他补救措施,并有权要求赔偿损失。合同的权利义务终止,不影响合同中结算和清算条款的效力。

四、合同的终止

合同权利义务终止的情形又称为合同消灭的原因,即引起合同消灭的法律事实。根据《合同法》第91条的规定,有下列情形之一的,合同的权利义务终止:

(1) 债务已经按照约定履行;

(2) 合同解除;

(3) 债务相互抵消;

(4) 债务人依法将标的物提存;

(5) 债权人依法免除债务;

(6) 债权债务同归于一人;

(7) 法律规定或者当事人约定终止的其他情形。

第六节 合同的管理与纠纷处理

合同的管理，指国家机关及其有关的农村经济组织对合同的订立、合同的效力、合同的履行等进行检查、监督，以及在合同不履行时进行调解、仲裁或审判，直至强制执行等一系列行为。

一、农村合同的管理与纠纷处理机关

农村合同的管理与纠纷处理机关主要有：①工商行政管理部门和农村经济各主管部门。②农村有关基层组织。例如，乡镇行政管理机关、乡镇法律服务站、村人民调解委员会。③人民法院。在具体受理农村合同纠纷案件时，应当充分发挥有关农村基层组织以及承包合同管理部门的作用，绝大部分纠纷可由他们调解。人民法院主要受理承包合同纠纷案件。农村承包合同纠纷，一般由农村有关基层组织以及业务主管部门等负责解决。当事人不服处理向人民法院起诉的，人民法院应依法受理，当事人直接向人民法院起诉的，人民法院也应当依法处理。

农村合同的管理与纠纷处理机关在处理农村合同时，要遵循以下原则：①有利生产原则。有些农村合同的履行，因受自然条件的制约，季节性很强，因此，人民法院对此类合同要及时立案，尽快审理，必要时，可裁定先行恢复生产，然后解决纠纷。对于承包合同纠纷要认真解决，不能影响生产。对农村其他合同纠纷，民政部门、司法部门也要调查研究，及时解决。②平等协商、着重调解的原则。农村合同纠纷首先在调解的基础上，尊重当事人的意见，能够调解解决的，就调解。不能调解解决的，应当依照事实结案。③尊重群众意见，严格依法办事。

二、农村合同纠纷的处理

近年来，随着农村税费改革、免征农业税、粮食直补、粮食最低保护价收购等惠农政策相继出台，极大地激发了农民从事农业生产的积极性。但因农业生产产生的纠纷也日益增多。解决农村合同纠纷，双方当事人可以通过协商方式解决，也可以请求村民委员会、乡（镇）人民政府等解决。当事人不愿协商、调解或者协商、调解不成的，可以向农村仲裁机构申请仲裁，也可以直接向人民法院起诉。因此，农村合同纠纷的解决途径有协商、调解、仲裁、诉讼。此外，为保证农村合同的有效执行，农村合同的公证也非常必要。

（一）农村合同的公证

农村承包合同是农村集体组织与农民就承包经营集体土地、生产资料或其他财产所达成的明确相互间权利义务关系的协议。包括：土地承包合同、林业承包合同、牧业承包合同、渔业承包合同、工副业承包合同、果园承包合同等。农村承包合同公证是公证机构为农业生产和农村改革提供法律服务的有效措施，是引导集体经济组织和农民依法办事的有力手段。

当事人申办农村承包合同公证的,应当向有管辖权的公证处提出申请,填写公证申请表,并提交下列证明材料:①发包方的集体经济组织资格证明和代表人的身份证明、承包方的身份证明、代理人的身份证明和授权委托书。②村级所有资产的承包,如村有土地、果园、鱼塘的承包,发包方应提交村民大会或村委会同意承包的决议。③发包方应当提交承包标的所有权证明。④合同文本(公证处可以为当事人代为草拟承包合同)。⑤其他有关证明材料。如涉及土地用途或种植种类变更的承包合同,如需经上级主管部门批准的,发包方应提交主管部门的批准文件;合伙承包或家庭承包的,应当提供其他合伙人或家庭成员同意承包的证明。

公证处应当注意:①审查合同内容是否真实、合法,权利义务是否平等,要帮助当事人修改、完善承包合同,防止将承包合同变成单方的义务保证书。②审查、核对承包标的是否真实、准确、属实,是否适宜承包,是否属于发包人所有或经营管理。③审查承包费订得是否合理、合法。对于承包期较长的合同,在确定承包费时,必须考虑到通货膨胀、物价涨落、市场供求关系的趋势和走向、产销价格变化等多种因素,合理确定承包费标准。

(二) 农村合同的仲裁

合同仲裁是由国家工商行政管理局和地方各级工商管理局设立的仲裁委员会,对合同纠纷案件进行调查研究,查明事实,根据国家的法律、行政法规和政策规定进行的裁决,是调解纠纷、解决争议的行政性措施。仲裁决定书和法院判决书具有同等法律效力。

农村合同仲裁与调解不同。第一,农村合同调解除依据合同有关法律、法规政策外,还要依据行政调解有关规定。第二,农村合同调解是各级行政授权,仲裁是法律授权,只要当事人一方申诉,且符合立案条件立案的,其权利关系开始存在,直至执行。第三,农村合同的调解机构是各级调解行政机构,仲裁是仲裁机构。第四,合同调解不是终级决定,调解不服,可以申请仲裁,或向人民法院起诉。农村合同仲裁裁决后,制作裁决书,如果当事人在裁决书下发之日起30日内未向人民法院起诉,裁决书具有法律效力,在一定程度上具有终级决定。

1. 农村合同仲裁基本原则

农村合同仲裁基本原则体现在以下四个方面:

(1) 依法的原则。仲裁应当根据事实,依法解决农村合同纠纷。一是坚持开庭前的实地查看、现场调查,查清纠纷产生的来龙去脉及争议焦点。二是在开庭审理期间,让当事人充分举证质证,对于似是而非的证据坚持不予认可。三是对于复杂案件,在全面掌握事实真相的前提下,运用相关法律,综合考虑,依法仲裁。四是采取又裁又审的制度。

(2) 当事人权利平等原则。仲裁应公平、公正、合理地解决农村合同纠纷。坚持当事人法律地位平等是仲裁结果是否合法公正的前提。有些合同纠纷,不仅涉及双方当事人的权益之争，甚至涉及地方政府的行政行为。如果不坚持当事人法律地位平等的原则，就不能做到裁决的公平公正。

（3）先行调解原则。农村合同纠纷案件受理后，开庭中先行调解，调解能达成协议的，调解解决，不能调解解决的，依法裁决。农村合同的纠纷多数集中在本村村民与村民之间，通过调解化解矛盾，不仅对于当事人双方今后的友好相处至关重要，更主要的是对巩固地方的社会稳定和经济发展有极其重要的作用。基于以上考虑，我们认为主要坚持两条：一是依法调解。在遵守《合同法》及相关法律、法规及政策的前提下，尽力调解，力争做到"程序合法、内容合法、结果合法"。二是耐心调解。在案件审理过程中，双方当事人由于相互举证质证，情绪激动，难以当庭达成调解协议。休庭后，仲裁庭及时动员各方面力量进行劝说、调解，促使双方当事人达成共识，形成调解协议。

（4）独立办案原则。仲裁依法独立进行，不受行政机关、社会团体和个人的干涉。农村合同纠纷一经受理，就存在"案件一进门，双方都托人"的现象。为此，仲裁法律制度必须明确农村合同纠纷仲裁机构即仲裁委必须做到"三个禁止"，坚持依法独立办案。即：禁止仲裁人员单独会见当事人和委托代理人；禁止为当事人打听案情或说情；禁止接受当事人请客送礼。

2．农村合同纠纷仲裁当事人权利义务

农村合同仲裁参与人进行合同纠纷仲裁活动，享有下列权利：

（1）陈述案情，进行辩论；

（2）变更、放弃或承认、反驳仲裁请求；

（3）申请与案件有利害关系的仲裁员回避；

（4）请求调解、自行和解；

（5）接受裁决；

（6）申请执行；

（7）申请财产、证据保全和先执行。

农村合同仲裁参与人进行合同纠纷仲裁活动，应承担下列义务：

（1）如实陈述案情；

（2）提供证据；

（3）遵守仲裁秩序；

（4）执行发生法律效力的裁决书或者调解书；

（5）按规定预交仲裁费。

3．农村合同纠纷仲裁程序

（1）申请与受理。

①有具体的仲裁请求、事实、理由；

②属于仲裁委员会的受理范围，属于该仲裁委员会管辖；

③有明确的被申请人。

（2）组成仲裁庭。仲裁委员会自受理仲裁申请之日起 5 日内，应当将仲裁通知、仲裁规则、仲裁员名册送达申请人，将仲裁通知、仲裁申请书副本、仲裁员名册送达被申请人。

（3）开庭审理。

在农村合同仲裁的实践中要注意把握以下四个环节：

（1）要把握入庭环节，力求稳，主要做到"三个稳定"。一是稳定场面。由书记员请申请人、被申请人、第三人入席，请首席仲裁员、仲裁员入席。宣布仲裁庭纪律。二是稳定当事人情绪。传阅（告知）仲裁参与人权利义务告知书，同时核对当事人及其代理人的身份。记明申请人、被申请人姓名、性别、年龄、出生年月、民族、住址及其代理人姓名、职务、代理事项和权限。三是稳定仲裁参与人员。由首席仲裁员宣布仲裁庭组成人员，询问当事人对仲裁庭组成人员有无要求回避的。询问当事人要求出庭作证人员，将仲裁参与人员确定下来。这样，仲裁庭的氛围庄重而严肃。

（2）要把握庭审调查环节，力求细。庭审调查一般经过三个以上回合调查，力求做到知无不言，言务必尽。分别由申请人（或代理人）、被申请人（或代理人）、第三人（或代理人）陈述事实（或答辩），讲明具体事实和理由，直到当事人对上述事实没有争议，予以认定。

（3）要把握归纳焦点环节，力求准。所谓争议焦点，是指发生承包纠纷的当事人双方就纠纷的核心问题，所持的不同观点、看法、主张和态度。由首席仲裁员归纳纠纷案争议的焦点，分别询问各方当事人及代理人对归纳的争议焦点有无异议或补充。归纳争议焦点应做到"三结合"：一是结合申请人申诉状要求解决的问题；二是结合庭审调查各方提出的不同意见；三是结合实际情况与法律、政策必须明确的观点等。

（4）要把握举证环节，力求充分。在明确争论焦点的基础上，分别由首席仲裁员分配举证责任并举证，当事人对自己提出的主张有责任提供证据，反驳对方主张，也应提出证据并说明理由。一般证据有书证、物证、人证。对提供的证据实行一证一质。第一个争议焦点举证完后，转为第二个争议焦点。经质证后，一般应区别情况予以认定，经质证各方均无异议的证据，仲裁应予以当即认定，有异议不能当即认定的，可以在休庭合议后再决定是否予以认定。庭外有必要查证的，仲裁庭应依法调取（或搜集）证据以及当事人补证（接受当事人的质询）。

第七节　违反合同的责任

一、缔约过失责任

缔约过失责任，是指在合同订立过程中，当事人一方违反诚实信用原则的要求，因自己的故意或过失给缔约相对方造成信赖利益的损失时，依法应当承担的损害赔偿责任。

缔约过失责任的构成须具备以下要件：

（1）缔约过失责任发生于订立合同的过程中

《合同法》第42条规定了合同未成立时的缔约过失责任，而未涉及合同无效或者被撤销时的缔约过失责任，后一情形在"合同的效力"一章中的第58条加以规定。

（2）当事人一方须有缔约过失责任

为明确缔约过失责任的适用，《合同法》第42条和第43条规定了三种具体的缔约过失行为类型。另外，《合同法》第42条还规定了一个概括性条款，即当事人在订立合同过程中的其他违背诚实信用原则的行为也属于缔约过失行为。

①假借订立合同，恶意进行磋商。例如，甲就某项合同的订立与乙进行谈判，目的在于阻止乙与丙订立合同，或者使乙丧失其他商业机会，甲在主观上具有假借磋商谈判而使乙遭受损害的恶意，如给乙造成损害，则甲须负缔约过失责任。

②故意隐瞒与订立合同有关的重要事实或者提供虚假情况。当事人在订立合同的过程中，必须依据诚实信用原则，履行重要事实的告知义务。其内容主要包括：财产状况、履约能力等方面的告知义务，瑕疵告知义务，性能和使用方法的告知义务。

③泄露或者不正当使用在订立合同过程中知悉的商业秘密。根据《反不正当竞争法》第10条的规定，商业秘密是指不为公众所知悉，能为权利人带来经济利益，具有实用性并经权利人采取保密措施的技术信息和经营信息。《合同法》第43条规定："当事人在订立合同过程中知悉的商业秘密，无论合同是否成立，不得泄露或者不正当地使用。泄露或不正当地使用该商业秘密给对方造成损失的，应当承担损害赔偿责任。"

④其他违背诚实信用原则的行为。除上述三种情况以外，在实践中还存在其他违反诚实信用原则的缔约过失的行为。这主要表现在：违反有效的要约和要约邀请；违反初步的协议或许诺；因一方过错导致合同不成立、被宣告无效或被变更或撤销；订约阶段未尽到通知、保护、照顾等附随义务；无权代理，等等。

（3）行为人的过失行为造成了相对方的合理的信赖利益的损害

这一条件也就是要求行为人的过失行为和相对方信赖利益之间具有因果关系，它是构成缔约过失责任的关键。通常认为，此处的信赖利益的损害是指相对方因信赖合同的成立和有效，但由于合同不成立和无效的结果而遭受的损失。

（4）须行为人有行为能力

缔约过失责任的成立，须以实施人有行为能力为要件，以贯彻保护行为能力人或限制行为能力人的民法精神。例如，无行为能力人未经法定代理人的同意或追认而订立的合同不生效力，由此导致对方当事人受到损害的，该无行为能力人不承担缔约过失责任。但如果其行为具备侵权行为的要件时，则应承担侵权责任。

二、违约责任

违约责任是指合同的当事人违反合同义务所应承担的民事责任。违约责任设立的目的在于保证当事人订立的合同最终得到履行。合同是当事人在自由协商的基础上订立的，要使订立的合同对当事人具有法律上的约束力，则必须有一种制度保证合同能够得到履行，违约责任设立的目的就在于此。当事人不履行合同义务，就必须承担法律规定的违约责任，可以说，违约责任是一种强制合同得以履行的制度。

违约行为有以下几种形式：

（1）预期违约

预期违约是指当事人一方在合同履行期限到来之前，明确表示或者以自己的行为表示将不会履行合同义务的行为。预期违约与实际违约的区别在于预期违约是在履行期限到来之前违反合同规定，而实际违约则是在实际履行期限届满之后违反合同约定。对于预期违约，当事人一方可以要求违约方在履行期限届满之前就承担违约责任。

（2）拒绝履行

拒绝履行是指履行期限到来之后，一方当事人无正当理由拒绝履行合同义务的行为。拒绝履行的特点在于一方当事人明确表示不履行合同的义务，而且这种拒绝履行没有任何正当的理由。在一方拒绝履行之后，另一方可以要求其继续履行，也可以要求解除合同并承担违约金和损害赔偿责任。

（3）不能履行

不能履行是指合同的债务人在事实上已经不可能履行债务。这里的不能履行是指在合同订立后的不能履行，不包括当事人在订立合同时就不能履行合同义务。一方不能履行合同义务，另一方可以解除合同，并追究对方的违约责任。

（4）迟延履行

迟延履行是指当事人在合同约定或者法律规定的期限内没有按时履行合同的行为。迟延履行包括债权人的迟延履行和债务人的迟延履行。债权人的迟延履行主要是指债权人没有在合同约定或者法律规定的期限内受领债务人的履行；债务人的迟延履行主要是指债务人没有在合同约定或者法律规定的期限内及时履行合同义务。债权人迟延履行，应该支付违约金，造成债务人损害的，应该承担损害赔偿责任；债务人迟延履行的，也应当承担相应的违约责任，债权人可以要求其继续履行，如果继续履行对债权人没有利益的话，债权人可以拒绝继续履行，并要求债务人承担相应的违约责任。

（5）不适当履行

不适当履行是指债务人虽然履行合同，但是其履行不符合合同约定的内容。不适当履行包括履行的标的、数量、质量、地点及方式等方面的不适当。对于不适当履行，违约的一方应该向对方支付违约金，如果给对方造成损害的，应该承担损害赔偿责任。

违约责任的承担方式主要有以下几种：

（1）继续履行

继续履行是指在违约方不履行合同时，对方有权要求其继续履行合同义务。

根据《合同法》的规定，继续履行应该符合以下条件：①债权人在合理的期限内提出请求。②有继续履行的必要。继续履行应该符合债权人的需要，而且履行的费用符合经济合理性，也就是说，履行的费用不能过高。③有继续履行的可能。债务人有能力继续履行，而且履行标的适合继续履行。

(2) 违约金

违约金是指当事人在合同中约定的，一方违反合同时应该向对方支付的一定数额的款项。

当事人约定违约金时，可以约定一方违约时应该向另一方支付一定数额的违约金，也可以约定因违约产生的损失赔偿数额的计算方法。我国合同法对违约金的数额并没有作出明确的限制，但是规定约定的违约金低于造成的损失的，当事人可以请求法院或者仲裁机构增加；约定的违约金过分高于造成的损失的，当事人可以请求法院或者仲裁机构进行适当减少。

如果双方当事人在合同中既约定了定金，又约定了违约金，在一方违约时，对方当事人可以选择适用违约金条款或者定金条款。

(3) 损害赔偿

损害赔偿是指合同的一方当事人因违约行为而给对方造成损失时，依法或者依据合同的约定向对方当事人所作的经济补偿。

损害赔偿具有明显的补偿性，其不同于违约金的地方在于违约方要承担损害赔偿责任，除了要有违约行为以外，还必须有给对方财产造成损失的事实。

合同的双方当事人可以在合同中约定损害赔偿额或者损害赔偿额的计算方法。一方当事人违约时，应该按照约定向另一方当事人支付损害赔偿额。如果没有约定损害赔偿额，损害赔偿的数额应该包括违约行为给对方造成的直接损失和间接损失。直接损失是指既有财产或者既存利益因违约行为而减少。间接损失是指本来可以获得的利益因违约行为没有获得。但是，无论是直接损失还是间接损失，都只限于财产损失，不包括精神损失，而且，损失赔偿的数额不得超过违反合同的一方在订立合同时预见到或者应当预见到的因违反合同可能造成的损失。

根据我国《合同法》的规定，因不可抗力不能履行合同的一方，应该将不可抗力的事实及时通知对方，并且提供相关证明，如果当事人没有及时实施这些行为，造成对方当事人损失的，仍应该承担违约责任。另外，不可抗力如果是在债务人迟延履行之后发生的，则债务人也不能免除责任。

根据合同自由的原则，合同的双方当事人完全有权利在合同中约定免责事由，但是这种免责事由不能违背诚实信用和平等、公平等原则，不能对社会公共利益造成危害。《合同法》中规定了在两种情况下免责条款是无效的：一是造成对方人身伤害的免责条款无效，二是因故意或者重大过失给对方造成财产损失的免责条款无效。另外，在格式合同中，如果提供格式条款的一方免除自己的重要义务，加重对方责任的，这种免责条款也是无效的。

第八节 有名合同

《合同法》规定了15种有名合同,本节将对其基本特征作一介绍,分别为买卖合同、供用电(水、气、热力)合同、赠与合同、借款合同、租赁合同、融资租赁合同、承揽合同、建设工程合同、运输合同、技术合同、保管合同、仓储合同、委托合同、行纪合同、居间合同。

一、买卖合同

买卖合同是出卖人转移标的物的所有权于买受人,买受人支付价款的合同。

1. 买卖合同的特征

(1)买卖合同以移转所有权为最终目的。这一特征使之与其他类型的合同区别开来。

(2)买卖合同是典型的有偿双务合同。买卖合同双方当事人的权利义务互有反对性,即一方的权利是他方的义务,而一方的义务则是他方的权利,因而是双务合同;任何一方要取得他方的利益必须付出对价,因而又是有偿合同。

(3)买卖合同是诺成合同。除法律有特别规定或当事人有特别约定,买卖合同自双方协议一致时,即发生法律效力,不以物的交付为成立条件。

2. 所有权和风险转移

(1)交付的认定及孳息。标的物在订立合同之前已为买受人占有的,合同生效的时间为交付时间。根据《合同法》第141条规定,出卖人应当按照约定的地点交付标的物。当事人没有约定交付地点或者约定不明确,依照本法第61条的规定仍不能确定的,适用下列规定:①标的物需要运输的,出卖人应当将标的物交付给第一承运人以运交给买受人。②标的物不需要运输,出卖人和买受人订立合同时知道标的物在某一地点的,出卖人应当在该地点交付标的物;不知道标的物在某一地点的,应当在出卖人订立合同时的营业地交付标的物。

标的物在交付之前产生的孳息,归出卖人所有,交付之后产生的孳息,归买受人所有。

(2)所有权转移。标的物的所有权自标的物交付时起转移,但法律另有规定或者当事人另有约定的除外。当事人可以在买卖合同中约定买受人未履行支付价款或者其他义务的,标的物的所有权属于出卖人。出卖具有知识产权的计算机软件等标的物的,除法律另有规定或者当事人另有约定的以外,该标的物的知识产权不属于买受。

(3)风险转移。标的物毁损、灭失的风险,在标的物交付之前由出卖人承担,交付之后由买受人承担,但法律另有规定或者当事人另有约定的除外。并且,因买受人的原因致使标的物不能按照约定的期限交付的,买受人应当自违反约定之日起承担标的物毁损、灭失的风险。出卖人出卖交由承运人运输的在途标的物,除当事人另有约定的以外，毁损、灭失的风险自合同成立时起由买受人承担。当事人没有约定交付地点或者约定不明确，依照《合同法》第 141 条第二款第一项的规定标的物需要运输的，出卖人将标的物交付给第一承运人后，标的物毁损、灭失的风险由买受人承担。出卖人按照约定或者依照本法第 141 条第二款第二项的规定将标的物置于交付地点，买受人违反约定没有收取的，标的物毁损、灭失的风险自违反约定之日起由买受人承担。

出卖人按照约定未交付有关标的物的单证和资料的，不影响标的物毁损、灭失风险的转移。因标的物质量不符合质量要求，致使不能实现合同目的的，买受人可以拒绝接受标的物或者解除合同。买受人拒绝接受标的物或者解除合同的，标的物毁损、灭失的风险由出卖人承担。标的物毁损、灭失的风险由买受人承担的，不影响因出卖人履行债务不符合约定，买受人要求其承担违约责任的权利。

二、赠与合同

赠与合同是指当事人约定一方将自己所有的财产无偿转让给他方所有的协议。

赠与合同的特征：

（1）赠与合同是一种双方法律行为。

（2）赠与合同为单务无偿合同。即使是附负担的赠与，受赠人履行所附的负担，也不是赠与人履行义务的对价。正因为赠与合同是无偿合同，受赠人单纯获得利益无须支付任何代价，所以，即使是限制民事行为能力人或无民事行为能力人，也可以单独接受赠与而成为受赠人。

（3）赠与合同为诺成性合同。最高人民法院《关于执行〈中华人民共和国民法通则〉若干意见（试行）》第 128 条规定赠与合同为实践合同，此与《合同法》第 185 条关于诺成合同的规定冲突，固应采用《合同法》的规定。

三、借款合同

借款合同，是指借款人向贷款人借款，到期返还借款并支付利息的合同。其中向对方借款的一方称为借款人，出借钱款的一方称为贷款人。借款合同依据贷款人的不同，可以区分为金融机构借款合同和自然人间的借款合同。

四、供用电、水、气、热力合同

供用电、水、气、热力合同是指一方提供电、水、气、热力供另一方利用，另一方利用这些资源并支付报酬的合同。供用电、水、气、热力合同属转移财产所有权合同的一种，实质上是特种商品的买卖合同。买卖合同中的相关规定，对于该合同同样有参照适用的效力。供用电、水、气、热力合同具有以下特征：

（1）公用性。所谓公用性，是指供应人提供的电、水、气、热力的消费对象不是社会中的某些特殊阶层，而是一般的社会公众。因此，供应人有强制缔约义务，不得拒绝利用人通常、合理的供应要求。

(2) 公益性。所谓公益性，是指这类公共供用合同的目的不只是为了供应方从中得到利益，更主要的是为了满足人民生活的需要，提高人民生活质量。公用供用企业并非纯粹以营利为目的的企业，而是以促进公共生活水平等公益事业为重要目标的企业。国家对于这类供用合同的收费标准都有一定的限制，供应人不得随意将收费标准提高。

(3) 继续性。所谓继续性，是指供用电、水、气、热力合同中，合同目的的实现需要供应方持续不断地履行合同义务。因此，与经由义务人的一次交付行为即可完成合同履行的合同不同，供用电、水、气、热力合同为继续性合同。在供用电、水、气、热力合同因各种原因终止之时，其效力仅能在将来发生，而不能溯及过去。

五、租赁合同

租赁合同是指当事人一方以物交付另一方使用，另一方为此支付租金，并于使用完毕后归还原物的协议。

租赁合同的特征：

(1) 租赁合同是转让财产使用权的合同。

(2) 租赁合同的标的物是特定的非消耗物。租赁合同终止后，承租人必须把租赁物返还给出租人，所以租赁合同的标的物只能是特定的非消耗物。

(3) 租赁合同为诺成、双务、有偿合同。

(4) 租赁合同具有临时性。一般来说，租赁期限不得超过20年，租赁期限届满，当事人可以续订租赁合同，但约定的租赁期限自续订之日起不得超过20年，当事人没有规定租赁期限的，为不定期租赁。租赁期限6个月以上的，应当采用书面形式。当事人未采用书面形式的，视为不定期租赁。

(5) 租赁合同具有某些物权特征。租赁合同本质上是一种债权，没有对抗第三人的效力。现代各国民法为了保护承租人的利益，大多承认租赁权尤其是不动产租赁权具有物权的效力，即出现了"租赁权物权化"的趋势。一方面，确立"买卖不破租赁原则"，即租赁物在租赁期间所有权变动的，不影响租赁合同的效力。另一方面，确立不动产承租人的"优先购买权"，即出租人出卖租赁房屋的，应当在出卖之前的合理期限内通知承租人，承租人享有以同等条件优先购买的权利。

六、融资租赁合同

融资租赁合同是指出租人作为买受人，按承租人的要求出资向第三人购买租赁物，并供承租人使用、收益，由承租人支付租金的合同。融资租赁合同是市场经济条件下出现的一种新型合同，它实质上是集资金和物为一体的新型信贷方式。对承租人来说，无须立即支付所需贵重设备的全部价款，即可以在较长期限内获得利润支付租金。对出租人而言，则利用手中的资金向承租人提供信贷，按承租人的要求购买资产，并将该资产交付租赁。在租赁期内，租赁物的所有权虽然属于出租人，但实际上租赁物的全部责任，包括维修、保管、保险等都移转给承租人。出租人以承租人分期给付的租金收回投资。

七、承揽合同

1. 承揽合同的概念

承揽合同是当事人双方约定一方为他方完成一定工作并交付工作成果，他方接受该工作成果并支付相应报酬的协议。

2. 承揽合同的特征

（1）承揽人的工作具有独立性。定做人虽有权对承揽人的工作进行必要的监督检验，但不得妨碍承揽人独立完成工作。

（2）承揽合同是以完成一定工作、提供成果为目的的合同。

（3）承揽人在工作中独立承担风险。承揽人完成的工作成果在交付定做人之前毁损、灭失的风险，由承揽人承担。如果该风险是由不可抗力引起的，承揽人可以免除承担违约责任，但承揽人不能以为完成定做人交付的工作为由，要求定做人给付报酬或赔偿损失。

（4）承揽合同是诺成、双务、有偿合同。

3. 承揽合同的种类

目前，常见的承揽合同有以下几种：

（1）加工合同；

（2）定作合同；

（3）修理合同；

（4）印刷合同；

（5）复制合同；

（6）测绘测试合同；

（7）检验、鉴定合同。

以上仅是承揽合同的几种典型形式，现实生活中承揽合同的形式很多。

八、建设工程合同

建设工程合同，又称基本建设工程承揽合同，是指建设工程的发包人为完成工程建设的任务，与承包人订立的关于承包人按照发包人的要求完成工程建设，发包人接受该建设工程并支付价款的合同，具体包括工程勘察、设计、施工、监理合同。

建设工程合同原为承揽完成不动产工程项目的合同，故而具备承揽合同的诺成、双务、有偿等特征。但与一般承揽合同相比，它还具有以下特点：

（1）此类合同的标的仅限于基本建设工程项目。

（2）建设工程合同具有较强的国家管理性。除合同法外，我国还颁布了《中华人民共和国建筑法》、《建设工程勘察设计合同条例》等法律、法规对建设工程合同法律关系予以调整，以确保工程质量。

（3）合同的主体只能是法人。发包人和承包人都必须是经过批准的、具有资质的法人。

(4) 建设工程合同具有要式性。根据《合同法》第270条的规定,此类合同应当采用书面形式。

九、运输合同

运输合同,又称运送合同,是指承运人将旅客或者货物运送到约定地点,旅客或者托运人向承运人支付票款或运费的协议。

运输合同的法律特征:

(1) 运输合同的标的是运输行为。

(2) 运输合同一般为标准合同。运输合同的承运人为从事客货运输业务的人,运输合同的条件一般由承运人事先拟定,当事人的基本权利、义务和责任有专门的运输法规调整,客票、货运单、提单统一印制。

(3) 运输合同为诺成、双务、有偿合同。

十、技术合同

技术合同是当事人就技术开发、转让、咨询或者服务订立的确立相互之间权利义务关系的合同。技术合同的特征主要表现为:

(1) 技术合同的标的是一种无形财产。

(2) 技术合同的履行具有特殊性。其一,技术转让不同于一般合同的"交货",技术转让一般表现为技术许可,即针对技术的使用权而非所有权的转让;其二,技术合同的履行内容不同于一般合同,它往往产生与技术有关的其他权利归属问题,如专利权、非专利技术使用权和转让权等。

(3) 技术合同为双务、有偿合同。

十一、保管合同

保管合同,又称寄托合同或寄存合同,是保管人保管寄托人交付的保管物并返还该物的合同。保管合同的特征为:

(1) 保管合同为实践合同。《合同法》第367条规定:"保管合同自保管物交付时成立,但当事人另有约定的除外。"可见,保管合同具有实践性特征,但依合同自由原则,当事人可以通过约定使其成为诺成性合同。

(2) 保管合同一般为无偿合同。当然,双方当事人也可以约定保管费,从而使保管合同成为有偿合同。

(3) 保管合同为双务合同。在无偿合同中,寄托人虽不必支付保管费,但需支付其他必要费用,该支付其他必要费用的义务与保管人的保管义务是具有对价关系的,因此也为双务合同。

(4) 保管合同以物品的保管为目的。保管合同的这一特征使得其与借用、租赁、承揽、运送等合同区别开来。在这些合同中，当事人一方也应保管他方物品，但是保管物品并非这些合同的直接目的，也非当事人的主要义务，而是附随义务，这些合同的目的在于制作、修理、利用或使用物品。

十二、仓储合同

仓储合同，又称仓储保管合同，是保管人储存存货人交付的仓储物，存货人支付仓储费的合同。仓储物以动产为限，不动产不能作为仓储合同的标的物。至于为他人保管牲畜、有价证券等，即使收取报酬，也非仓储合同，而是保管合同。

仓储合同的法律特征表现为：

（1）仓储合同的一方当事人是具有仓储设备专事仓储保管业务的人。仓管人可以是法人，也可以是个人合伙、个体户，但必须具备一定条件或资格，即必须具有仓储设备，并专门从事仓储保管业务。

（2）仓储合同为双务、有偿、非要式合同。

（3）根据《合同法》第382条规定"仓储合同自成立时生效"，并不以仓储物的交付为合同生效要件。可见，仓储合同应为诺成合同。

十三、委托合同

委托合同，又称委任合同，是指依双方当事人约定，一方为他方处理事务的合同。在委托合同中，委托他人为自己处理事务的人为委托人，接受委托的人为受托人。

1. 委托合同的特征

（1）委托合同的标的是处理事务的行为。

（2）委托合同的订立以双方当事人相互信任为基础。

（3）受托人以委托人的费用办理委托事务。

（4）委托合同是诺成、非要式合同。

（5）委托合同可以有偿，也可以无偿。

2. 委托合同与代理的区别

（1）代理人的代理行为不包括事实行为；而受托人接受委托的行为包括事实行为。

（2）代理属于对外（即本人与代理人以外的第三人）的关系，不对外也就无所谓代理；而委托合同属于对内关系，且其存在于委托人与受托人之间。

（3）代理关系的成立，被代理人授予代理人代理权属于单方法律行为；而委托合同为双方法律行为，委托合同的成立应有受托人承诺，若受托人不承诺，则合同不能成立。

十四、行纪合同

行纪合同，是指当事人约定一方接受他方的委托，以自己的名义为他方办理购、销或其他商业上的贸易活动，他方给付一定报酬的协议。行纪合同的特征为：

（1）行纪人以自己的名义为委托人实施一定的法律行为。行纪人与第三人进行的法律行为，其法律后果直接由行纪人承担，委托人与第三人之间不存在直接的权利义务关系，这是行纪合同与委托合同的主要区别。

（2）行纪人为委托人的利益办理事务。行纪人与第三人发生的权利义务关系最终应归属于委托人。因此，行纪人与第三人实施法律行为时，应考虑委托人的利益，并将其结果归属于委托人。

（3）行纪合同为诺成、双务、有偿合同。

十五、居间合同

居间合同，又称中介服务合同，是指居间人按委托人的要求，为委托人与第三人订立合同提供机会或进行介绍。居间合同的特征为：

（1）居间人是为委托人报告订约机会或充任订约媒介的人。

（2）委托人一方给付报酬以与第三人达成交易为条件。这与一般有偿合同当事人一方履行义务即可取得相应报酬有明显不同。

（3）居间合同为有偿、诺成、非要式合同。

第六章练习题

1. 合同的概念、特点是什么？
2. 试述合同的基本原则。
3. 谈谈要约和要约邀请的区别。
4. 无效合同、可撤销合同具体包括哪些情形？
5. 试述合同的保全制度。
6. 承担违约责任的方式有哪些？

第七章 农业自然资源保护法律制度

农业自然资源是农业、农村和农民生存发展的基础和重要条件,与"三农"问题有着十分紧密的联系。伴随人类社会的发展,通过立法保护农业自然资源是世界各国保障农业自然资源可持续利用的重要手段。我国的农业自然资源保护法律制度是"三农"法律制度的重要组成部分。本章介绍了我国有关农业自然资源保护的法律体系、法律制度与规则,具体分析了农业土地资源保护、森林资源保护、渔业资源保护、水资源保护、草原资源保护和生物资源保护的法律制度。重点掌握如何保护和有效利用我国的自然资源,以提高农业自然资源保护意识,增强农业自然资源保护法制观念。

第一节 农业资源与农业自然资源保护法律制度概述

一、农业资源概述

1. 含义

它是指在一定的技术、经济和社会条件下,人类农业活动所依赖的自然条件和社会条件。广义的农业资源是指所有农业自然资源、自然条件和农业生产所需要的社会经济技术资源的总和。而狭义的农业资源仅指农业自然资源和自然条件。农业自然资源和自然条件是自然界可被利用于农业生产的物质和能量,及保证农业生产活动正常进行所需的自然环境条件的总称,一般指天然存在的物体。而农业社会经济技术资源,是指农业生产过程中所需要的物质技术和保证农业生产活动正常进行所必需的条件,主要包括劳动和资本,也包括影响农业生产活动的其他外部条件。

2. 分类

农业资源是由多种具体资源组成的。按不同的原则,可把农业资源分为不同的组成部分。

(1) 按其来源分为自然资源和社会资源。农业自然资源传统上又分为土地资源、气候资源、水资源和生物资源;农业社会资源又分为农业人口与劳动力资源、农业资金、物质技术资源等。

(2) 按其重复利用程度分为可更新资源(又称再生资源)和不可更新资源。

(3) 按其是否具有可储藏性分为可储藏性资源和流失性资源。

(4) 按用途分为种植业资源、林业资源、畜牧业资源和渔业资源。

(5) 按其资源存量与需求之间的关系分为广泛性资源和稀缺性资源。

3．特性

（1）系统性与整体性。组成农业资源的各要素相互依存、相互制约，形成一个有机整体，成为具有多因素、多层次、多结构、多功能的大系统。例如，农业自然资源系统是由土地、水、生物、气候等多个子系统组成，而各子系统又由若干要素组成，如土地资源是由土壤、气候、地貌、岩石、水文等要素构成。这些要素相互之间存在着复杂的制约关系，如水土流失和生物群落的变化，导致生态系统的退化。

（2）地域性。由于纬度差异和地表形状的复杂变化，地球上各个地区的水、热条件各不相同，加上地理位置与社会经济发展水平的差异，不同地区的农业资源各有其独特的类型和组合方式。

（3）动态性。作为一个系统，农业资源是不断发展变化的。它既指农业自然资源和农业社会经济资源在时空两方面的不断变化（土地利用方式的改变，农村劳动力迁移等），也指农业资源本身随着经济发展和技术进步而表现出来的范围的变化。

（4）数量的有限性和潜力的无限性。任何农业资源都有一定的数量限制，在一定的技术水平下，人类利用资源的能力、范围、种类等有限；但是另一方面，农业自然资源是可更新和循环的，且随着科学技术的进步，其利用范围不断扩大，利用效率（生产能力）不断提高。

（5）稀缺性与有价值性。农业劳动力通过劳动创造了价值，因此，农业劳动力资源是有价值的。农业自然资源随着需求增加表现出稀缺性，也具有价值。

（6）相对有限性。农业资源在一定地域、一定时限及一定的科技水平下其数量总是有限的。

（7）可更新性。农业资源中可更新资源的可更新性并不是必然的、绝对的和无条件的，只有在合理利用的前提下才能保持其可更新性。

（8）不可更新性。投入农业的化肥、农药、农机具、塑料制品、化石燃料以及依附于工业原料的生产资源等物化的社会资源，只能随使用逐步耗损，不能循环往复长期地使用，属于不可更新资源。

二、我国农业资源状况

1．我国农业自然资源状况

（1）土地资源。陆地面积居世界第3位。未利用土地中，可作为宜耕地的面积不足全部后备资源的20%。人均耕地少，不及世界人均耕地的47%。

（2）气候资源。气候条件复杂多样，分为东部季风区、西北干旱区和青藏高寒区3个气候大区。大部分地区光、热条件较为优越。夏季盛行季风气候，雨热同季，夏秋季降水量占全年降水量的70%～90%。

（3）水资源。水资源总量居世界第6位。人均为世界人均占有量的25%，每公顷耕地平均占有径流量只相当于世界平均数的2/3。此外，长江流域及以南地区水资源占全国的80%，而耕地只占全国的36%，形成以水田农业为主的区域；长江以北地区水资源为全国的 18%，但耕地占 64%，形成旱作农业区域。

（4）生物资源。品种丰富，是世界上最古老的作物资源中心之一。森林总面积位居世界第 5 位。人均占有森林面积仅相当于世界平均水平的 11.7%。天然草场占国土面积的 29.8%，南方草坡占国土面积的 9%。

（5）矿产资源。地质条件复杂，资源丰富，矿种齐全。

2．我国农业社会资源状况

（1）人口众多，农业人口密度大，劳动力剩余状况严重。

（2）农业市场发育不健全。农业人口比重过大，农业还处于一种半自给半商品的状况，劳动生产率低，农业商品化程度低，农民收入少。

（3）农业资金投入不足。用于基建投资年均仅有 20 亿～30 亿元，且 20 世纪 80 年代中后期连续下降，由占 5% 下降到 3.4%。

（4）农业现代装备水平中等。50 多年来，农业水利化与化肥化的发展迅速。但大部分农业动力仍以人力或畜力为主，机械化程度不高，电气化水平很低，现代装备水平只属中等水平。

三、农业自然资源保护法律制度概述

1．概念

农业自然资源保护法律制度是指调整人们在自然资源开发、利用、保护和管理过程中所产生的各种社会关系的法律规范的总称。自然资源法由各种资源法所构成，主要包括土地资源、水资源、森林资源、草原资源、野生动植物资源等方面的法律、行政法规和地方法规等。

目前我国主要有《中华人民共和国土地管理法》、《中华人民共和国森林法》、《中华人民共和国草原法》、《中华人民共和国水法》、《中华人民共和国水土保持法》、《中华人民共和国渔业法》和《中华人民共和国野生动物保护法》以及若干农业资源法律的实施条例、细则和规定等。

2．原则

（1）坚持重要农业自然资源属于公有的原则。《中华人民共和国宪法》第 9 条第 1 款规定："矿藏、水流、森林、山岭、草原、荒地、滩涂等自然资源，都属于国家所有，即全民所有；由法律规定属于集体所有的森林、山岭、草原、荒地、滩涂除外。"

（2）坚持统一规划，多目标开发的综合利用的原则。这一原则由农业资源的特性所决定。农业资源的特性在于它的整体性，表现为资源与资源之间、资源与环境之间、资源内部不同成分之间，形成互相联系、互相制约、不同层次的有机整体。

（3）坚持既利用农业资源又保护农业生态平衡的原则。农业生态平衡是农业资源各种因素之间，它们与自然界其他因素之间，自然形成的一定的内在制约的联系。因此，在农业资源立法时，就不能只讲利用农业资源，不考虑农业生态平衡，而应从长久利用农业资源的高度，把两者很好地结合起来。

(4) 坚持"开源与节流"的原则。"开源"就是鼓励寻找新资源，充分利用丰裕资源，开发潜在资源及人造代用资源等。"节流"就是要千方百计地提高利用农业资源的技术水平，使农业资源的非正常损失减到最低限度。

第二节 农业土地资源保护法律制度

一、概念和保护的意义

1．概念

农业土地资源是指用做农业生产资料的土地。农业土地资源保护法律制度是指关于国家干预农业土地资源保护关系的法律规范的总称。主要包括《中华人民共和国农业法》、《中华人民共和国土地管理法》、《中华人民共和国水土保持法》、《中华人民共和国防沙治沙法》、《中华人民共和国退耕还林条例》、《中华人民共和国基本农田保护条例》、《中华人民共和国土地管理法实施条例》、《中华人民共和国水土保持法实施条例》、《中华人民共和国土地复垦规定》、《加强土地管理制止乱占耕地的通知》，等等。其中，包括耕地占用审批制度、耕地保护制度、耕地保养制度、水土保持制度、防沙治沙制度、退耕还林制度等。

2．保护的意义

①土地是农业生产最基本的生产资料，离开了土地资源农业生产便无从进行。保护土地资源就是保护了农业生产中基本的物质条件，保护了国民经济的基础，保护了人类社会生存和发展的基础。②土地资源是有限的、不可再生的资源。因此，保护农业土地资源，防止人们对土地资源的过度利用，防止农地资源的非农化，对农业发展具有极为重要的意义。③土地过度利用、浪费、破坏的严重形势决定了对农地资源保护的紧迫性和艰巨性。

二、耕地占用审批制度

耕地占用审批制度是指关于非农建设占用耕地审批职责、权限、程序的政策与法规。它主要体现在《中华人民共和国土地管理法》中，其主要内容包括：

(1) 非农建设用地原则。《中华人民共和国土地管理法》第20条第2款规定："国家建设和乡（镇）村建设必须节约使用土地，可利用荒地的，不得占用耕地；可利用劣地的，不得占用好地。"

(2) 国家建设征用耕地的审批权限。①国家建设征用耕地1千亩以上，其他土地2千亩以上，包括一个建设项目同时征用耕地1千亩和其他土地1千亩以上合计为2千亩以上的，由国务院批准；②出让耕地1千亩以下，其他土地2千亩以下的，由省、自治区人民政府批准；③征用耕地3亩以下的，其他土地10亩以下的，由县级人民政府批准；④省辖市、自治州人民政府的批准权限，由省、自治区人民代表大会常务委员会决定；⑤直辖市的区、县人民政府的批准权限，由直辖市人民代表大会常务委员会决定。

（3）非农用地使用权的主要形式。①农村宅基地使用权；②乡（镇）村企业用地使用权；③乡（镇）村公共设施、公益事业用地使用权；④国家建设所需对农村集体土地的临时使用权。

（4）建设用地管理法律制度，分为国家建设用地和乡（镇）村建设用地。其基本特征为：①实行严格的审批制度，控制非农建设占用农用地，特别是耕地。建设占用地，涉及农用地转为建设用地的，根据用地的不同情况，实行国务院和省级人民政府两级审批的制度。②严格限制占用集体土地进行非农建设。根据《中华人民共和国土地管理法》第43条规定，只有三种情况可使用农民集体所有的建设用地：一是举办乡镇企业使用本集体的土地或农民集体以本集体所有的土地使用权以入股、联营等形式与其他单位或个人共同举办企业的；二是村民建住宅使用本集体的土地的；三是乡（镇）村公共设施和公益事业建设使用农民集体的土地的。

集体土地征用是指国家因建设用地的需要，依照法定的条件和程序，将集体所有的土地强制性转为国有的行为。它有以下法律特征：①是政府的一种行政行为；②是一种依法实施的强制性行为；③具有一定的补偿性；④是一种引起土地权属变更的行为。

关于征地的权限，必须经国务院批准方可征用的土地包括：①基本农田；②基本农田以外的耕地超过35公顷的；③其他土地超过70公顷的。由省级人民政府批准方可征用的土地：除了由国务院审批征用的土地以外，其他征用的土地都由省级人民政府批准；省级人民政府批准征用土地的，必须同时报国务院备案。

征地的程序如下：（建设单位向建设项目批准机关的同级土地部门）预申请——（建设单位向土地所在地市、县人民政府土地部门）申请——（受理申请的市、县人民政府土地部门）拟订方案并上报（上一级土地部门）——（受理上报材料的土地部门同级人民政府审核后逐级上报有批准权的人民政府）审批——（市、县人民政府土地部门）组织实施并公告——（市、县人民政府土地部门）征地补偿、安置方案的拟订、报批和实施——（市、县人民政府土地部门）颁发证书、办理土地登记。

补偿标准如下：①征用耕地的补偿费用包括土地补偿费、安置补助费及地上附着物和青苗补偿费。土地补偿费为该耕地被征用前三年年均产值的6～10倍；安置补助费按照需要安置的农业人口数计算，每一个需要安置的农业人口的安置补助费为该耕地被征用前三年年均产值的4～6倍，但是每公顷被征用耕地的安置补助费，最高不得超过被征用前三年年均产值的15倍。②征用城市郊区的菜地，用地单位应当按照国家有关规定缴纳新菜地开发建设基金。③征用其他土地的土地补偿费和安置补助费，由省、自治区、直辖市参照征用耕地的土地补偿费和安置补助费的标准规定。④被征用土地上的附着物和青苗的补偿标准，由省、自治区、直辖市规定。征用耕地的安置补助费可以合理增加，但土地补偿费和安置补助费的总额不得超过土地被征用前三年年均产值的30倍。

农村建设用地制度是国家依法对农村建设使用土地实施规划、审批、监督等的管理制度。其核心是集体土地建设用地使用权的管理、用地规划和布局、用地标准、审批和控制等。

审批包括：①乡（镇）村企业建设用地，应当持有关批准文件，向县级以上地方人民政府土地部门提出申请，按照省、自治区、直辖市规定的批准权限，由县级以上人民政府批准；其中，涉及农用地的，经依法办理农用地转批手续。②乡（镇）村公共设施、公益事业建设用地，先经乡（镇）人民政府审核，其他审批程序同于乡（镇）村企业建设用地。③农村村民宅基地用地，经乡（镇）人民政府审核，由县级人民政府批准；其中，涉及占用农用地的，依法办理农用地转批手续。

控制包括：①乡（镇）村企业建设用，严格控制，其用地面积不得超过省、自治区、直辖市按照乡镇企业的不同行业和经营规模分别规定的控制标准；②农村村民一户只能拥有一处宅基地，其宅基地的面积不得超过省、自治区、直辖市规定的控制标准。

（5）法律责任。法律责任是指实施违反土地法律规范的行为人，依法应承担的法律后果。承担的前提是土地违法行为。所谓土地违法行为，是指违反土地法律规定的行为。法律责任的基本形式主要有行政责任、民事责任和刑事责任三种形式。

①行政责任。它是针对违反土地法律规范的轻微或失职行为，由法定的行政机关依法对违法者实施行政制裁的法律后果。其主要形式包括行政处罚、行政赔偿责任和行政处分。行政处罚的适用范围及种类包括：a. 非法土地交易。即指土地所有权禁止交易；土地使用权可以交易，但必须依法进行。违反规定即为非法土地交易，违法者应承担相应的法律责任。b. 非法占用土地。非经法定批准程序或虽经审批，但超过批准的数量或法定标准而进行土地征用和土地使用的行为，均为非法占用土地，违法者应承担相应的法律责任。c. 破坏耕地种植条件和造成土地荒漠化、盐渍化的，由县级以上人民政府土地部门责令限期改正或治理，可以并处罚款。d. 依法收回国有土地使用权，当事人拒不交出土地的，临时用地期满拒不归还的，或不按批准用途使用国有土地的，由县级以上人民政府土地部门责令交还土地，处以罚款。e. 拒不履行土地复垦义务的，由县级以上人民政府土地行政主管部门责令限期改正；逾期不改正的，责令缴纳复垦费，还可处以罚款。

②民事责任。它是指个人或组织实施违反土地法律规范、侵犯平等主体之间的土地权利的行为，依法应承担的法律后果。承担的方式，主要是采取强制履行应尽义务，或承担因侵权行为或违约行为造成损害的民事赔偿责任，一般包括排除妨碍、消除危险、停止侵占、恢复原状、返还财产、继续履约、赔偿损失、支付违约金等。

③刑事责任。它是指行为人违反土地管理法律、法规的行为已触犯了刑法有关规定，所须承担的法律后果。1997年的《中华人民共和国刑法》中增设了土地犯罪的条款，包括非法转让、倒卖土地使用权罪，非法占有耕地罪，非法批准征用、占用土地罪和非法低价出让国有土地使用权罪。该四个罪名涵盖了管理、用地和流转三大领域，从而使土地管理受到了刑法强制性的保护，填补了在此之前我国土地立法的空白。另外，根据《中华人民共和国土地管理法》第79条、第397条的规定及刑法相关条款的规定，

还涉及土地主管部门工作人员在土地行政管理中的贪污罪、挪用公款罪、侵占罪、玩忽职守罪和滥用职权罪等罪名。

三、耕地保护制度

1. 概述

耕地是指适宜耕作、种植农作物的土地。耕地保护制度是指为保证耕地的永续利用而采取的各种保护措施与建立的相关法律制度。其主要内容：一是对现有耕地加以特殊保护，使其数量不致锐减，使其质量状况不致恶化。其核心是基本农田保护区制度。二是建立土地开发、整理与复垦制度，促使耕地数量逐渐增加，质量性能逐步改善。

2. 基本农田保护区制度

基本农田保护区制度是指根据一定时期人口和国民经济发展对农产品的需求，按土地利用总体规划确定长期不得占用的耕地。基本农田保护区是指对基本农田实行特殊保护而依照法定程序划定的区域。其管理体制包括：①县级以上地方各级人民政府应当将基本农田保护工作纳入国民经济和社会发展计划，并作为政府领导任期目标责任制的一项内容，由上一级人民政府监督实施国务院土地主管部门负责的全国基本农田保护管理工作；②县级以上地方各级人民政府土地主管部门和农业主管部门按照本级政府规定的职责分工，负责本行政区域内的基本农田保护管理工作。

各级政府在编制土地利用总体规划时，应划入基本农田保护区的耕地包括：①国务院有关主管部门和县级以上地方各级人民政府批准确定的粮、棉、油和名、优、特、新农产品生产基地；②高产、稳产田和有良好的水利与水土保护设施的耕地以及经过治理、改造和正在实施改造计划的中低产田；③大中城市蔬菜生产基地；④农业科研、教学试验田。各省、自治区、直辖市划定的基本农田应占本行政区域内耕地总面积的80%以上。

基本农田保护区的保护措施：①一经依法划定，任何单位和个人都不得擅自改变或占用；②经国务院批准占用基本农田的，当地人民政府应按照国务院的批准文件修改土地利用总体规划，并补充划入数量和质量相当的基本农田；③占用单位应按照县级以上各级人民政府的要求，将所占用基本农田耕作层土壤用于新开垦耕地、劣质地或其他耕地的土壤改良；④禁止在保护区内建窑、建房、建坟或擅自挖砂、采石、采矿、取土、堆放固体废弃物；⑤禁止任何单位和个人闲置、荒芜基本农田；⑥承包经营的单位或个人连续2年弃耕抛荒的，原发包单位应终止承包合同，收回发包的基本农田；⑦县级以上人民政府农业行政主管部门应会同同级环保行政主管部门对基本农田环境污染进行监测和评价，并定期向本级人民政府提出环境质量与发展趋势报告，调查处理农田环境污染事故。

有下列行为之一的，从重给予处罚：①未经批准或采用欺骗手段骗取批准，非法占用的；②超过批准数量，非法占用的；③非法批准占用的；④买卖或以其他形式转让的。应将耕地划入保护区而不划入的，由上一级人民政府责令限期改正；拒不改正的，对直接负责的主管人员和其他直接责任人员依法给予行政处分或法律制裁。违反规定擅自占用、改变或破坏基本农田的，由县级以上人民政府土地行政主管部门责令改正或治理，恢复原种植条件，处占用基本农田的耕地开垦费1倍以上2倍以下罚款；构成犯罪的，依法追究刑事责任。侵占、挪用基本农田的耕地开垦费或非法转让、倒卖、占用及非法批准征用基本农田，构成犯罪的，依法追究刑事责任；尚不构成犯罪的，依法给予行政处分或纪律处分。

3. 对耕地实行特殊保护的其他制度和措施

①占有耕地补偿制度。非农业建设经批准占用耕地的，依照"占多少、垦多少"的原则，由占用耕地的单位负责开垦与所占耕地的数量和质量相当的耕地；没有条件开垦或者开垦的耕地不符合要求的，应按照省、自治区、直辖市的规定缴纳耕地开垦费，专款用于开垦新的耕地；各省、自治区、直辖市人民政府应制定开垦耕地计划，监督占用耕地的单位按照计划开垦耕地或按照计划组织开垦耕地，并进行验收。②耕地总量不减少制度。各省、自治区、直辖市人民政府应严格执行土地利用总体规划和土地利用年度计划，采取措施，确保本行政区域耕地总量不减少；耕地总量减少的，由国务院责令在规定期限内组织开垦与所减少耕地的数量与质量相当的耕地，并由国务院土地行政主管部门会同农业行政主管部门验收。个别省、直辖市确因土地后备资源匮乏，新增建设用地后，新开垦耕地的数量不足以补偿所占耕地的数量的，须报经国务院批准减免本行政区域内开垦耕地的数量，进行易地开垦。③保证耕地质量数量措施。④禁止或限制闲置耕地措施。⑤实行耕地占用税措施。

4. 耕地保养制度

耕地保养制度是关于农业生产经营组织和农民应保养耕地，合理使用化肥农药，增加使用有机肥料，提高地力，防止耕地的污染、破坏和地力衰退及农业行政主管部门加强耕地质量建设的职责的法律制度。其具体内容包括：

（1）保养耕地、保持培肥地力是农业生产经营组织和农民的应尽义务和农业行政主管部门的应尽职责。

（2）农业生产经营组织和农民的具体保养义务。一是应遵守国家法律、法规和有关政策，保养耕地，保持和培肥地力，努力做到养分投入产出平衡有余，不能采取只用不养、掠夺地力的经营方式，及非法改变耕地的用途；二是合理使用化肥、农药、农用薄膜；三是增加使用有机肥料；四是在保养耕地、提高地力的过程中采用先进的科学技术；五是保护和提高地力。

（3）农业行政主管部门在加强耕地质量建设方面的具体职责。一是支持农民和农业生产经营组织加强耕地质量建设。例如，资讯、技术等方面的支持，以加强耕地质量的建设。二是对耕地质量进行定期监测，及时发现耕地质量是否发生不利方面的变化，同时也可通过定期监测进行经验总结，从总体上实现耕地的合理利用与开发。

5. 水土保持的制度

水土保持制度是关于预防和治理因自然因素和人为因素造成的水土流失，保护水土资源的政策与法规。包括1991年的《中华人民共和国水土保持法》、1997年的《中华人民共和国水土保持法实施条例》和《中华人民共和国农业法》关于水土保持的规定。

（1）工作方针

国家对水土保持工作实行预防为主，全面规划，综合防治，因地制宜，加强管理，注重效益的方针。

（2）各级政府的基本职责

①批准水土保持规划。国务院和县级以上地方人民政府的水土行政主管部门，应在调查评价水土资源的基础上，会同有关部门编制水土保持规划，由同级人民政府批准。批准后需调整的，也应经原批准的政府批准。②将水土保持规划确定的任务，纳入国民经济和社会发展计划，安排专项资金，并组织实施。③划定水土流失重点防治区。县级以上人民政府应依据水土流失的具体情况，划定水土流失重点防治区，进行重点防治。④各级人民政府应加强水土保持的宣传教育工作，普及水土保持科学知识。⑤鼓励开展水土保持的科学技术研究，推广水土保持的先进技术，培养水土保持的技术人才。⑥对在水土保持工作中成绩显著的单位和个人给予奖励。⑦采取措施实施水土流失的预防和治理。⑧对水土保持进行监督管理，处理有关纠纷，制裁违法行为。

（3）单位和个人的权利义务

①任何单位和个人都有保护水土资源、防治水土流失的义务，并有权对破坏水土资源、造成水土流失的单位和个人进行检举。②从事可能引起水土流失的生产建设活动的单位和个人，须采取措施保护水土资源，并负责治理因生产建设活动造成的水土流失。③遵守《中华人民共和国水土保持法》关于水土流失预防和治理的各项规定。

（4）预防

①植树造林，扩大植被。各级地方人民政府应组织全民植树造林，鼓励种草，扩大森林覆盖面积，增加植被。各级地方人民政府应根据当地情况，组织农业集体经济组织和国有农林牧场，种植薪炭林、饲草和绿肥植物，有计划地进行封山育林，轮封轮牧，防固风沙，保护植被；禁止毁林开荒、烧山开荒，及在陡坡地和干旱地区铲草皮、挖树兜。②限定陡坡地开垦种植的坡度，规范开垦行为，禁止在25°以上陡坡地开垦种植农作物。③规范林木采伐行为。林木采伐须因地制宜地采用合理采伐方式，严格控制滥伐，对采伐区和集材道采取防止水土流失的措施，并在采伐后及时完成更新造林任务。对水源涵养林、水土保持林、防风固沙林等防护林只准进行抚育和更新性质的采伐。林区采伐林木方案须有采伐区水土保持措施。采伐方案经林业主管部门批准后，采伐区水土保持措施由水土行政主管部门监督实施。④规范与水土保持有关的各种建设施工行为。⑤加强对采矿、取土、挖砂、采石等工作的管理，防止水土流失。

（5）治理

①县级以上人民政府应根据水土保持规划组织有关行政主管部门和单位有计划地对水土流失进行治理。②建立水土流失防治体系。③水土流失地区的农业集体经济组织和农民对水土流失的治理，国家应给予鼓励和扶持。④实行水土流失治理承包制。⑤企事

业单位在生产和建设过程中须采取水土保持措施。造成水土流失的须治理,本单位无力治理的,由水土行政主管部门治理,由造成水土流失的单位承担治理费用。⑥加强对水土流失地区建设的水土保持设施和种植的林草及其他治理成果的检查验收、管理和保护。

6. 防沙治沙制度

防沙治沙制度是关于预防和治理因自然因素和人为因素造成的土地沙化和沙化土地的政策与法规。包括2001年第九届全国人民代表大会常务委员会第二十三次会议通过的《中华人民共和国防沙治沙法》和《中华人民共和国农业法》关于防沙治沙方面的规定。土地沙化是指因气候变化和人类活动所导致的天然沙漠扩张和沙质土壤上植被破坏、沙土裸露的过程。《中华人民共和国防沙治沙法》所称土地沙化,是指主要因人类不合理活动所导致的天然沙漠扩张和沙质土壤上植被及覆盖物被破坏,形成流沙及沙土裸露的过程。《中华人民共和国防沙治沙法》所称沙化土地,包括已经沙化的土地和具有明显沙化趋势的土地。具体范围,由国务院批准的全国防沙治沙规划确定。

7. 退耕还林制度

退耕还林制度是关于退耕还林的政策与法规。包括2002年的《中华人民共和国退耕还林条例》、2000年的《中华人民共和国关于进一步做好退耕还林工作的若干意见》、2003年的《中华人民共和国关于进一步完善退耕还林政策措施的若干意见》和《中华人民共和国农业法》关于退耕还林的规定,其目的是为了规范退耕还林活动,保护退耕还林者的合法权益,巩固退耕还林成果,优化农村产业结构,改善生态环境。其适用范围为国务院批准规划内的退耕还林活动。

第三节 森林资源保护法律制度

一、森林资源保护及其立法

1. 概念

森林是指存在于一定区域内的以树木或其他木本植物为主体的植物群落。根据其用途,可分为防护林、用材林、经济林、薪炭林、特种用途林。森林资源则是指一个国家或地区林地面积、树种及木材蓄积量等的总称。

2. 立法

主要包括1963年国务院颁布的《中华人民共和国森林保护条例》;1973年农林部颁布的《中华人民共和国森林采伐更新规程》;1979年全国人民代表大会常务委员会颁布的《中华人民共和国森林法》(试行);1984年全国人大常委会颁布的《中华人民共和国森林法》;1986年国务院颁布的《中华人民共和国森林法实施细则》;1998年《关于修改〈中华人民共和国森林法〉的决定》,对1984年的《中华人民共和国森林法》进行了较大修改,将原法42条增加到49条;1987年颁布的《中华人民共和国森林法采伐更新管理办法》;1988年颁布的《中华人民共和国森林防火条例》;1989年颁布的

《中华人民共和国森林病虫害防治条例》等。

二、立法的主要内容

1. 权属的规定

森林资源除法律规定属于集体所有者外，属于全民所有。法律允许公民个人享有对林木的所有权，对林木所在地的林地的使用权。全民所有和集体所有的森林、林木和林地，个人所有的林木和使用的林地，由县级以上地方人民政府登记造册，核发证书，确认所有权或使用权。森林、林木、林地的所有者和使用者的合法权益，受法律保护，任何单位和个人不得侵犯。全民单位营造的林木，由营造单位经营并按规定支配林木收益。集体单位营造的林木归单位所有。农村居民在房屋前后、自留地、自留山地种植的林木，城镇居民和职工在自有房屋的庭院内种植的林木，归个人所有。集体或者个人承包全民所有或集体所有的宜林荒山荒地造林的，承包后种植的林木归承包后的集体或者个人所有，承包合同有规定的按合同规定办理。

2. 保护的法律规定

保护的法律规定包括：

（1）建立护林组织，加强护林责任制。

（2）禁止毁林开荒和毁林采石、采矿、采土及其他毁林活动，禁止在幼株地、特种用途地内砍柴放牧。

（3）加强森林病虫防治和林木种苗检疫。

（4）加强森林防火。

3. 植树造林的法律规定

（1）植树造林，保护森林，是公民应尽的义务。

（2）全国森林覆盖率的奋斗目标是 30%，县级以上地方人民政府按照山区、丘陵区和平原区的不同标准，确定本行政区域的奋斗目标。

（3）国家决定 3 月 12 日为我国植树节，年满 11 岁以上的公民要完成法定的义务植树任务。

（4）各级人民政府在植树造林方面的职责主要包括：组织群众植树造林；保护林地和林木；预防森林火灾；防治森林病虫害；制止滥伐、盗伐林木；提高森林覆盖率。

4. 采伐的法律规定

（1）应遵循的原则

一是按照用材林的消耗量要低于林木生产量的原则，全民单位和集体单位都要制定年采伐限额，经省级人民政府审核后，报经国务院批准。二是按照年度木材生产计划不得超过年度林木采伐限额的原则，全民单位经营的森林和林木、集体单位所有的森林和林木以及农村居民自留山的造林，都必须纳入年度木材生产计划。

（2）须遵守的规定

采伐林木须申请采伐许可证；审核发放许可证的部门应严格审查采伐申请，不得超过批准的年采伐限额发放许可证；采伐林木的单位和个人，须贯彻采育结合的方法，限期完成更新造林的任务；林区木材经营严格执行国务院的有关规定，从林区运出的木材，须持有林业主管部门发给的运输证件。

5. 法律责任

（1）对于盗伐、滥伐森林或者其他林木，情节轻微的；伪造或倒卖林木许可证、木材运输证件的；开伐木材的单位和个人，没有按照规定完成更新造林任务，情节严重的；进行开垦、采矿、采土、采种、采脂、砍柴及其他活动，致使森林、林木受到破坏的，可分别处以或并处责令赔偿损失、补种树木、没收违法所得、罚款。

（2）对于盗伐、滥伐林木情节严重的；盗伐林木据为己有，数额巨大的；超越批准的年采伐限额发放林木许可证，情节严重，致使森林严重破坏的；伪造或倒卖林木采伐许可证，情节严重的，可依照刑法的有关规定，追究行为人或直接责任人员的刑事责任。

第四节　渔业资源保护法律制度

一、渔业资源保护及其立法

1. 概念

渔业资源是指水域中可作为渔业生产经营的对象，及具有科学研究价值的水生生物的总称。主要有鱼类、虾蟹类、贝类、海藻类、淡水食用水生植物类以及其他类 6 大类。

2. 立法

包括 1986 年的《中华人民共和国渔业法》、1987 年的《中华人民共和国渔业法实施细则》、1988 年的《中华人民共和国渔业资源政治保护费缴收使用办法》、1993 年的《中华人民共和国水生野生动物保护实施条例》及《中华人民共和国渔业水质标准》。

二、立法的主要内容

1. **立法目的**
（1）加强渔业资源保护、增殖、开发和利用。
（2）发展人工养殖。
（3）保障渔业生产者的合法权益。
（4）促进渔业生产发展，以满足人民生活日益增长的需要。

2. **基本方针**
实行以养殖为主，养殖、捕捞、加工并举，因地制宜，各有侧重的方针。

3. **养殖业和捕捞业**
（1）养殖业方针。鼓励全民所有制单位、集体所有制单位和个人充分利用适于养殖的水面、滩涂发展养殖业。捕捞业方针：国家鼓励、扶持外海和远洋捕捞业的发展，合理安排内水和近海捕捞力量。

（2）渔业许可制度。指国家根据水产资源状况和渔业生产的实际情况，对从事渔业活动的人员及在渔业活动过程中所采取的方法、使用的船舶、涉及的水域、捕捞对象和作业时间的许可或批准。

4. 增殖和保护

渔业资源增殖措施是指为了促进某些经济鱼类大量繁衍，增加其资源量而进行水域环境改造，如对人工鱼、虾苗种等进行放流的一系列措施。

（1）征收渔业资源增殖保护费专用于增殖和保护渔业资源。

（2）建立水产种质资源保护区。指国家为了保护渔业资源或某种特定的经济鱼类及其产卵、索饵、越冬场所所采取的特殊保护措施的水域。未经国务院渔业行政主管部门批准，任何单位或者个人不得在水产种质资源保护区内从事捕捞活动。

（3）禁止在禁渔区、禁渔期进行捕捞。禁渔区是指国家或地方政府为了保护一些重要的经济鱼类及其他水生动物的产卵场、索饵场、越冬场，规定禁止全部捕捞作业或某种捕捞作业的水域。禁渔期是指国家对一些重要的经济鱼、虾及其他水生动物的产卵场、索饵场、越冬场实行全面禁捕或禁止某种捕捞作业的期间。

（4）禁止使用的渔具、渔法。禁止使用炸鱼、毒鱼、电鱼等破坏渔业资源的方法进行捕捞。禁止制造、销售、使用禁用的渔具。禁止使用小于最小网目尺寸的网具进行捕捞。捕捞的渔获物中幼鱼不得超过规定的比例。

（5）渔业水域环境保护。渔业水域环境是指适宜水生经济动植物生长、繁殖、索饵、越冬的水域自然环境条件。

5. 监督管理制度

国家对渔业的监督管理，实行统一领导，分级管理。统一领导指国家对渔业的监督管理进行统筹考虑，统一安排；分级管理指各级政府应对所管辖的水域实行渔业监督管理。按照我国现行渔业法规的规定，县级以上地方人民政府渔业行政主管部门可设检查人员，有权对各种渔业及渔业船舶的证件、渔船、渔具、渔获物和捕捞方法进行检查。

6. 法律责任

依法追究民事责任、行政责任的，包括炸鱼、毒鱼，偷捕或抢夺他人养的水产品的行为等。依法追究刑事责任的：一是炸鱼、毒鱼，在禁渔区、禁渔期进行捕捞，使用禁用工具、方法捕捞，擅自捕捞国家禁止捕捞的珍贵水生动物，情节严重的；二是偷捕、抢夺他人养殖水产品，破坏他人养殖水体、养殖设施，情节严重的；三是拒绝、阻碍渔政检查人员执行职务，偷窃、哄抢或破坏渔具、渔船、渔获物，渔检人员玩忽职守或徇私枉法，构成犯罪的。

第五节　水资源保护法律制度

一、水的概念及其功能

水即水资源，是指地表水和地下水。水是人和一切动、植物赖以生存的环境条件，是人类社会生活和生产活动所需的物质基础，也是维持人类社会发展的主要能源之一。

二、水法的概念

水法是调整关于水的开发、利用、管理、保护、除害过程中所发生的经济关系的法律规范的总称。水法主要有：1984年的《中华人民共和国水污染防治法》；1988年的《中华人民共和国水法》；1991年的《中华人民共和国水土保持法》，与之相配套，国务院先后发布了《中华人民共和国河道管理条例》、《中华人民共和国防汛条例》、《中华人民共和国水土保持法实施条例》、《中华人民共和国城市供水条例》等法规。

三、水法的主要内容

1. 水法的适用范围

根据我国《水法》第2条的规定，适用于地表水和地下水。

2. 水的所有权

水资源属于国家所有，即全民所有。农业集体经济组织所有的水塘、水库中的水，属于集体所有。

3. 水资源合理开发利用措施

（1）对水资源进行综合科学考察和调查评价。全国水资源的综合科学考察和调查评价，由国务院水行政主管部门会同有关部门统一进行。

（2）对水资源开发利用实行统一规划。开发利用水资源，应按流域或者区域进行统一规划。规划分为综合规划和专业规划，其编制程序分别是国家确定的重要江河的流域综合规划，由国务院水行政主管部门会同有关部门和有关省级人民政府编制，报国务院批准。其他江河流域或区域的综合规划，由县级以上地方人民政府水行政主管部门会同有关部门和地区编制，报同级人民政府批准，并报上一级水行政主管部门备案。综合规划应与国土规划相协调，兼顾各地区、各行业的需要。

（3）开发利用水资源应遵循的原则。不损害公共利益和他人利益的原则；利益兼顾与兴利除害相结合的原则；生活用水优先原则；因地制宜原则。

4. 用水管理制度

（1）实行水长期供求计划和水量分配。全国和跨省区域的水长期供求计划，由国务院水行政主管部门会同有关部门制定，报国务院计划主管部门审批；地方的水长期供求计划，由县级以上地方人民政府水行政主管部门会同有关部门，依据上一级人民政府主管部门指定的水长期供求计划和本地区的实际情况制定，报同级人民政府计划主管部门批准。

（2）实行取水许可制度。国家对直接从地下或者江河、湖泊取水的，实行取水许可制度。为家庭生活、畜禽饮用取水和其他少量取水的，不需要申请取水许可。实行取水许可制度的步骤、范围和办法，由国务院规定。

5. 法律责任

对违反《中华人民共和国水法》的，应区别情况给予不同的处理，主要是由县级以上地方人民政府水行政主管部门或有关主管部门责令其停止违法行为，限期消除障碍或采取其他补救措施，并处罚款；对有关责任人员由其所在单位或上级主管机关给予行政处分；或按照《中华人民共和国治安管理处罚条例》的规定予以处罚；构成犯罪的，依照中华人民共和国刑法的规定追究刑事责任。

第六节　草原资源保护法律制度

一、草原资源及其立法

1. 概念及其分类

草原资源是指在温带半干旱气候条件下，由旱生或半旱生多年生草本植物组成的植被类型，分为草甸草原、典型草原、荒原草原、高寒草原。《中华人民共和国草原法》所称的草原，是指天然草原和人工草地。

2. 立法

1985年6月18日第六届全国人民代表大会常务委员会第十一次会议通过的《中华人民共和国草原法》，是我国第一部关于草原保护的专门法律。1993年，国务院发布了《中华人民共和国草原防火条例》。2002年12月28日第九届全国人民代表大会常务委员会第三十一次会议修订了《中华人民共和国草原法》，共计九章75条。

二、立法的主要内容

1. 所有权和使用权的规定

规定了两种所有权：一是国家所有，即全民所有；二是集体所有。规定了草原的使用权，即全民所有的草原，可固定给集体长期使用的；全民所有的草原、集体所有的草原和集体长期固定使用的全民所有的草原，可由集体或个人承包从事畜牧业生产。全民所有制单位使用的草原，由县级以上地方人民政府登记造册，核发证书确认使用权；集体所有的草原和集体长期固定使用的全民所有的草原，由县级人民政府登记造册，核发证书，确认所有权或使用权。草原权属发生争议时，由当事人协商解决；协商不成的，由人民政府依法定程序处理。单位之间的争议，由县级人民政府处理；个人之间、个人与单位之间的争议，由乡级或县级人民政府处理。当事人对有关人民政府的处理决定不服的,可在接到通知之日起1个月内向人民法院起诉。

2. 合理利用,保护草原植被的规定

防止过量放牧,地方各级人民政府负责组织本行政区域内的草原资源普查,制定草原畜牧业发展规划并纳入国民经济发展计划。同时,加强草原的保护、建设和合理利用,提高草原的载畜能力。

3. 保护的主要措施

(1) 禁止滥垦和破坏草原。草原使用者进行少量开垦,须经县级以上地方人民政府批准。已开垦并造成草原沙化或严重水土流失的,县级以上地方人民政府应限期封闭,责令恢复植被,退耕还牧。

(2) 维护草原生态平衡。未经草原使用者同意并经乡级或者县级人民政府批准,不准在草原上割灌木、挖药材、挖野生植物、刮碱土等。禁止在荒漠草原、半荒漠草原和沙化地区挖灌木、药材及其他固沙植物。未经县级人民政府批准不得采集草原上的珍稀野生植物,不准在草原捕猎捕鼠虫的益鸟益兽。

(3) 加强草原的防火和防鼠虫害管理。

4. 政府保护的责任

(1) 指导、组织农(牧)民和农(牧)业生产经营组织建设人工草场、饲草饲料基地和改良天然草原。

(2) 以草定畜,控制载畜量。

(3) 推行划区轮牧、休牧和禁牧制度。

(4) 保护草原植被,防止草原退化、沙化和盐渍化。

5. 法律责任

侵犯草原所有权、使用权开垦草原的,或在草原上砍挖固沙植物和其他野生植物或采土致使草原植被遭受破坏的,由乡级人民政府或有关农牧业部门分别给予责令停止侵权行为、恢复植被、赔偿损失、罚款的处罚。当事人对有关的农牧业部门或乡级人民政府作出的罚款或赔偿损失的决定不服的,可在接到处罚决定通知之日起1个月内,向人民法院起诉;对有关罚款的决定期满不起诉又不履行的,有关农牧业部门或乡级人民政府可申请人民法院强制执行。

第七节 农业生物资源保护法律制度

农业生物资源是指作为农业生产经营对象的天然生长和人工培养的动物、植物和微生物,包括作物品种、畜禽品种、野生动植物资源、水产资源、林种资源、草类资源和可用于农业防治的天敌资源。有关生物资源的保护法律制度,主要有1988年的《中华人民共和国野生动物保护法》、1996年的《中华人民共和国野生植物保护条例》、2000年的《全国生态环境保护纲要》、2001年的《中华人民共和国农业转基因生物安全管理条例》等法规。

一、野生动物保护法

1. 野生动物资源及其保护立法

野生动物是指在自然状态下生长且未被驯化的动物。法律上所要保护的野生动物，是指珍贵、濒危的陆生、水生野生动物或有重要经济、科学研究价值的陆生、水生野生动物。按照其保护程度，分为国家重点保护、地方重点保护和非重点保护野生动物。国家重点保护野生动物是指列入国家重点保护野生动物名录加以特殊保护的动物，分为一级和二级野生保护动物。

（1）立法

1988年的《中华人民共和国野生动物保护法》是我国第一部野生动物保护的综合性法律。其他包括《中华人民共和国陆生动物保护实施条例》、《中华人民共和国水生野生动物保护实施条例》、《中华人民共和国水产资源繁殖保护条例》、《中华人民共和国陆生野生动物资源保护管理费收费方法》、《中华人民共和国国家重点保护驯养繁殖许可证管理办法》《中华人民共和国国家重点保护野生动物名录》等。

（2）立法的主要内容

野生动物资源属国家所有。国家保护依法开发利用野生动物资源的单位和个人的合法权益。

野生动物资源保护的主要措施包括：①各级人民政府应将野生动物的保护纳入经济和社会发展的计划，制定保护、发展和合理利用野生动物资源的规划和措施；②划定自然保护区，保护野生动物的主要生态环境，并且禁止在自然保护区内建立污染环境的企业、事业单位及采取必要的特别保护措施；③加强环境对野生动物影响的监视，加强环境监测，出现环境对野生动物有危害时，应及时调查、处理；④凡建设可能对国家重点保护的野生动物的环境产生不利影响的项目，建设者应编制环境影响报告书，环境部门在审批时，应征求同级野生动物行政主管部门的意见。

（3）控制猎捕强度

①野生动物行政主管部门应定期组织对野生动物资源的调查，建立野生动物资源档案，以确定猎捕强度。②禁止猎捕、杀害国家重点保护的野生动物。因科学研究、驯养繁殖、展览或其他特殊原因，需要猎捕国家一级保护动物的，需经国务院野生动物行政主管部门批准并持有特许捕猎证；猎捕国家二级保护野生动物的，需经省级人民政府野生动物行政主管部门批准并持特许猎捕证。③对猎捕非国家重点保护野生动物的，实行限额管理，且应持有狩猎证。④禁止在自然保护区、禁猎区和禁猎期间，进行猎捕活动及其妨碍野生动物生息繁殖的活动。

（4）收购、经营、运输、出口的规定

①禁止收购和以任何形式买卖国家重点保护的野生动物及其产品，包括死体、血、骨、肉、皮、胚胎等。②经营野生动物及其产品，须持有许可证。③运输、携带国家重点保护野生动物或其产品出县境的，须经省级人民政府野生动物行政主管部门或其授权

部门批准。④严禁非法买卖和出口国家规定保护的珍稀野生动物及其产品。因科研、交换、赠送、展出、表演等出口珍稀野生动物及其标本，应报有关主管部门批准，并由中华人民共和国濒危物种科学组签署意见后，由中华人民共和国濒危物种进口管理办公室核发《允许出口证明书》。海关凭《允许出口证明书》和国家规定的其他有关文件查验放行，否则不得出口。

（5）法律责任

违反国家保护野生动物法律的，将根据违法事实，依法承担：①行政责任。对在禁猎区、禁猎期内或使用禁用猎具、猎法猎捕野生动物，未构成犯罪的，没收猎获物、猎具和违法所得，并可处罚款。对未取得狩猎许可证从事狩猎活动或未按狩猎许可证规定猎捕野生动物的，处以没收猎获物、没收违法所得、没收猎具、吊销狩猎证以及罚款。对未获得持枪证猎捕野生动物的，比照《治安管理处罚条例》有关规定处罚。②民事责任。在狩猎活动中，对他人的人员、财产造成民事不法侵害的，依法承担民事责任。③刑事责任。违法在禁猎区、禁猎期内或使用禁猎猎具、猎法进行狩猎，情节严重，构成犯罪的，依刑法的规定追究刑事责任。违法出售、收购、运输、携带国家重点保护野生动物或者其产品，情节严重的，构成投机倒把或走私罪的，依照刑法有关规定追究刑事责任。伪造、倒卖、转让特许猎捕证、狩猎证、驯养繁殖许可证、《允许出口证明书》，构成犯罪的，依刑法规定追究刑事责任。

二、野生植物资源保护法

1. 概述

野生植物资源保护法是指对野生植物资源进行保护的法律、法规。所称野生植物，是指原生地天然生长的珍贵植物和原生地天然生长并具有重要经济、科学研究、文化价值的濒危、稀有植物、药用野生植物和城市园林、自然保护区、风景名胜区内的野生植物。这方面的法规主要有1996年的《中华人民共和国野生植物保护条例》等。其目的是保护、发展和合理利用野生植物资源，保护生物多样性，维护生态平衡。其适用范围为在中华人民共和国境内从事野生植物的保护、发展和利用活动，中华人民共和国缔结或参加的与保护野生植物有关的国际条约有不同规定的，适用国际条约的规定；但中华人民共和国声明保留的条款除外。

2. 内容

野生植物资源保护法的主要内容包括：

（1）国家对野生植物资源实行加强保护、积极发展、合理利用的方针。

（2）国家保护依法开发利用和经营管理野生植物资源的单位和个人的合法权益。国家鼓励和支持野生植物科学研究、野生植物的就地保护和迁地保护。在野生植物资源保护、科学研究、培育利用和宣传教育方面成绩显著的单位和个人，由人民政府给予奖励。县级以上地方各级人民政府有关主管部门应当开展保护野生植物的宣传教育，普及野生植物知识，提高公民保护野生植物的意识。任何单位和个人都有保护野生植物资源的义务，对侵占或者破坏野生植物及其生长环境的行为有权检举和控告。

（3）国务院林业行政主管部门主管全国林区内野生植物和林区外珍贵野生树木的监督管理工作。国务院农业行政主管部门主管全国其他野生植物的监督管理工作。国务院建设行政部门负责城市园林、风景名胜区内野生植物的监督管理工作。国务院环境保护部门负责对全国野生植物环境保护工作的协调和监督。国务院其他有关部门依照职责分工负责有关的野生植物保护工作。县级以上地方人民政府负责野生植物管理工作的部门及其职责，由省、自治区、直辖市人民政府根据当地具体情况规定。

（4）保护措施。①国家保护野生植物及其生长环境。②野生植物分为国家重点保护野生植物和地方重点保护野生植物。③建立自然保护区或建立保护点，设立保护标志。④监视、监测环境对野生植物的影响，并采取措施维护其生长环境条件。⑤对生长受到威胁的野生植物采取拯救措施。

（5）管理措施。①对野生植物资源调查和档案的管理。②野生植物采集管理。③野生植物出售、收购管理。④野生植物的进出口管理。⑤外国人在中国境内对国家重点保护野生植物进行野外考察的，须向国家重点保护野生植物所在地的省、自治区、直辖市人民政府野生植物行政主管部门提出申请，经其审核后，报国务院野生植物行政主管部门或其授权的机构批准；直接向国务院野生植物行政主管部门提出申请的，国务院野生植物行政主管部门在批准前，应征求有关省、自治区、直辖市人民政府野生植物行政主管部门的意见。⑥地方重点保护野生植物的管理办法，由省、自治区、直辖市人民政府制定。

（6）法律责任。未取得采集证或未按照采集证的规定采集国家重点保护野生植物的，由野生植物行政主管部门没收所采集的野生植物和违法所得，可并处违法所得10倍以下的罚款；有采集证的，并可吊销采集证。违反规定，出售、收购国家重点保护野生植物的，由工商行政管理部门或野生植物行政主管部门按照职责分工没收野生植物和违法所得，可并处违法所得10倍以下的罚款。非法进出口野生植物的，由海关依照海关法的规定处罚。伪造、倒卖、转让采集证、允许进出口证明书或有关批准文件、标签的，由野生植物行政主管部门或工商行政管理部门按照职责分工收缴，没收违法所得，可并处5万元以下的罚款。外国人在中国境内采集、收购国家重点保护野生植物，或未经批准对国家重点保护野生植物进行野外考察的，由野生植物行政主管部门没收所采集、收购的野生植物和考察资料，可并处5万元以下的罚款；构成犯罪的，依法追究刑事责任。野生植物行政主管部门的工作人员滥用职权、玩忽职守、营私舞弊，构成犯罪的，依法追究刑事责任；尚不构成犯罪的，依法给予行政处分。依照规定没收的实物，由作出没收决定的机关按照国家有关规定处理。

3. 国家对野生药材资源的保护

（1）国家对野生药材资源实行保护、采猎相结合的原则，并创造条件开展人工种养。

（2）国家重点保护的野生药材分三级：一级是濒临灭绝状态的稀有珍贵野生药材

物种;二级是分布区域缩小、资源处于衰竭状态的重要野生药材物种;三级是资源严重减少的常用野生药材物种。

(3) 禁止采猎一级保护野生药材物种,采猎、收购二、三级保护野生药材物种的,须按照批准的计划执行,须有采药证,依据采药证取得采伐证或狩猎证,且不得在禁止采猎区、禁止采猎期进行采猎,也不得使用禁止采猎的工具进行采猎。

三、与农业生产有关的生物物种资源保护制度

1. 与农业生产有关的生物物种资源保护制度

2000年的《全国生态环境保护纲要》中明确指出:①生物物种资源的开发应在保护物种多样性和确保生物安全的前提下进行。②依法禁止一切形式的捕杀、采集濒危野生动植物的活动。③严厉打击濒危野生动植物的非法贸易行为。④严格限制捕杀、采集和销售益虫、益鸟、益兽。鼓励野生动植物的驯养、繁育。⑤加强野生生物资源开发管理,逐步划定准采区,规范采挖方式,严禁乱采滥挖。⑥严格禁止采集和销售发菜,取缔一切发菜贸易,坚决制止在干旱、半干旱草原滥挖具有重要固沙作用的各类野生药用植物。

2. 境外引进生物物种和农业转基因生物应用应采取安全控制措施

从境外引进生物物种和农业转基因生物应用应采取安全控制措施:①从境外引进生物物种应采取安全控制措施。为保障从境外引进生物物种的安全性,对从境外引进的生物物种资源应依法进行登记或审批,未经登记或审批的,不得引进,并采取相应的安全控制措施。对引进外来物种须进行风险评估,加强进口检疫工作,防止国外有害物种进入国内,避免生物入侵事件的发生。②农业转基因生物应用应采取安全控制措施。农业转基因生物,是指利用基因工程技术改变基因组构成,用于农业生产或农产品加工的动植物、微生物及其产品,主要包括:转基因动植物、微生物,转基因动植物、微生物产品;转基因农产品的直接加工品;含有转基因动植物、微生物或其产品成分安全控制措施的种子、种畜禽、水产苗种、农药、兽药、肥料和添加剂等产品。农业转基因生物安全,是指防范农业转基因生物对人类、动植物、微生物生态环境构成的危险或潜在风险的控制措施。

2001年的《中华人民共和国农业转基因生物安全管理条例》包括:①农业转基因生物的研究与试验的安全控制措施。②农业转基因生物的生产与加工的安全措施。③农业转基因生物的广告,应经国务院农业行政主管部门审查批准后,方可刊登、播放、设置和张贴。④农业转基因生物的出口与进口的安全措施。

3. 法律责任

(1) 从事农业转基因生物研究或进行中间试验,未向国务院农业行政主管部门报告的,由国务院农业行政主管部门责令暂停研究或中间试验,限期改正。

(2) 未经批准擅自从事环境释放、生产性试验的,已获批准但未按照规定采取安全管理、防范措施的,或超过批准范围进行试验的,由国务院农业行政主管部门或省、

自治区、直辖市人民政府农业行政主管部门依据职权，责令停止试验，并处1万元以上5万元以下的罚款。

（3）在生产性试验结束后，未取得农业转基因生物安全证书，擅自将农业转基因生物投入生产和应用的，由国务院农业行政主管部门责令停止生产和应用，并处2万元以上10万元以下的罚款。

（4）未经国务院农业行政主管部门批准，从事农业转基因生物研究与试验的，由国务院农业行政主管部门责令立即停止研究与试验，限期补办审批手续。

（5）未经批准生产、加工农业转基因生物或未按照批准的品种、范围、安全管理要求和技术标准生产、加工的，由国务院农业行政主管部门或省、自治区、直辖市人民政府农业行政主管部门依据职权，责令停止生产或加工，没收违法生产或加工的产品及违法所得；违法所得10万元以上的，并处违法所得1倍以上5倍以下的罚款；没有违法所得或违法所得不足10万元的，并处10万元以上20万元以下的罚款。

（6）转基因植物种子、种畜禽、水产苗种的生产、经营单位和个人，未按照规定制作、保存生产、经营档案的，由县级以上人民政府农业行政主管部门依据职权，责令改正，处1000元以上10万元以下的罚款。

（7）转基因植物种子、种畜禽、水产苗种的销售单位，不履行审批手续代办义务或者在代办过程中收取代办费用的，由国务院农业行政主管部门责令改正，处2万元以下的罚款。

（8）未经国务院农业行政主管部门批准，擅自进口农业转基因生物的，由国务院农业行政主管部门责令停止进口，没收已进口的产品和违法所得；违法所得10万元以上的，并处违法所得1倍以上5倍以下的罚款；没有违法所得或违法所得不足10万元的，并处10万元以上20万元以下的罚款。

（9）进口、携带、邮寄农业转基因生物未向口岸出入境检验检疫机构报检的，或未经国家出入境检验检疫部门批准过境转移农业转基因生物的，由口岸出入境检验检疫机构或国家出入境检验检疫部门比照进出境动植物检疫法的有关规定处罚。

（10）违反关于农业转基因生物标识管理规定的，由县级以上人民政府农业行政主管部门依据职权，责令限期改正，可没收非法销售的产品和违法所得，并可处1万元以上10万元以下的罚款。

（11）假冒、伪造、转让或买卖农业转基因生物有关证明文书的，由县级以上人民政府农业行政主管部门依据职权，收缴相应的证明文书，并处2万元以上20万元以下的罚款；构成犯罪的，依法追究刑事责任。

（12）在研究、试验、生产、加工、贮存、运输、销售或进口、出口农业转基因生物过程中发生基因安全事故，造成损害的，依法承担赔偿责任。

（13）国务院农业行政主管部门或省、自治区、直辖市人民政府农业行政主管部门违反规定核发许可证、农业转基因生物安全证书以及其他批准文件的，或核发许可证、农业转基因生物安全证书以及其他批准文件后不履行监督管理职责的，对直接责任的主管人员和其他直接责任人员依法给予行政处分；构成犯罪的，依法追究刑事责任。

第七章练习题

1. 简述我国农业自然资源保护法律制度的概念和原则。
2. 我国基本农田保护措施有哪些？
3. 我国农业转基因生物应用应采取的安全控制措施有哪些？
4. 我国野生植物保护措施有哪些方面？
5. 简述我国森林资源保护法律制度。
6. 简述我国渔业资源保护法律制度。
7. 简述我国水资源保护法律制度。
8. 简述我国草原资源保护法律制度。

第八章　村民自治法律制度

村民自治制度充分体现了人民当家做主的理念，是我国农村基层民主政治制度。村民自治是我国农村社会的基本治理模式，是我国农民实现宪法赋予的民主权利的重要途径。实现村民自治的基本途径，是民主选举、民主决策、民主管理和民主监督。村民委员会是村民自我管理、自我教育、自我服务的基层群众性自治组织。村民会议是村民实行自治的权力机构，村民委员会是村民实行自治的执行机构，村民委员会与村民会议的关系，是村民自治的执行机构与权力机构的关系。

第一节　村民自治制度概述

一、村民自治制度的含义及历史沿革

（一）村民自治制度的含义

村民自治制度是一项具有中国特色的农村基层民主政治制度，即农村村民依照《宪法》和《村民委员会组织法》的规定，由村民直接选举村民委员会，设立村民自治组织，行使自治权，实现村民的自我管理、自我教育和自我服务的制度。

（二）村民自治制度的历史沿革

村民委员会是在农村人民公社进行政社分开、建立乡政权的过程中，在全国农村逐步建立起来的。我国村民自治制度的产生和发展经历了以下几个阶段：

1. 第一阶段（1980—1982年），村民自治组织自发萌芽阶段

"村民委员会"这一称谓，最早出现在广西罗城县。1980年底，广西壮族自治区河池地区的宜山、罗城两县农村，农民自发组织村民委员会，取代日益瓦解的生产队、生产大队。村民委员会建立之初，其功能是维持社会治安和维护集体水利设施，后来扩展到对农村基层政治、经济生活中诸多事务的村民自我管理，村民委员会的性质逐步向群众自治组织演变。

截止到1982年4月，广西的宜山、罗城两县有675个村建立了村民委员会，与此同时，四川、河南、山东等省的部分农村地区也陆续出现类似村民委员会的组织。

2. 第二阶段（1982—1987年），宪法确认村民委员会的法律地位和性质

1982年12月，第五届全国人民代表大会第五次会议通过《宪法》，总结各地农村的实践经验，确认了村民委员会的法律地位。《宪法》第111条明确规定，村民委员会是基层群众性自治组织。全国随即根据《宪法》的要求，开始建立村民委员会的试点。1983年10月，中共中央发布《关于实行政社分开建立乡政府的通知》，提出了建立村

民委员会的具体要求。到1987年，全国农村普遍建立了村民委员会。

3. 第三阶段（1987—1990年），村民自治法律框架基本形成

1987年11月14日，全国人大常委会通过《村民委员会组织法（试行）》，该法对于村民委员会的性质、地位、职责、产生方式、组织机构、工作方式以及村民会议的组成和权利等问题，进行了全面的规范。此后，全国开始贯彻实施《村民委员会组织法（试行）》，村民自治制度在实践中得以建立和逐步完善。

4. 第四阶段（1990—1998年），村民自治制度深入发展并逐步走向规范化

1990年9月，民政部发布《关于在全国农村开展村民自治示范活动的通知》，1994年2月，民政部发布《全国农村村民自治示范活动指导纲要（试行）》，村民自治示范活动由此走向规范化和制度化。在村民自治模范单位的影响和促进之下，全国村民自治活动不断深入，基层民主制度进一步健全。1997年9月，中国共产党第十五大报告强调扩大基层民主，完善民主选举和村务公开制度。截至1998年6月，全国26个省、自治区、直辖市的人大常委会制定了实施《村民委员会组织法（试行）》的地方性法规，部分省还制定了专门的村民委员会选举办法。

5. 第五阶段（1998年至今），《村民委员会组织法》的实施与修订

《村民委员会组织法（试行）》自1988年6月1日起试行之后，对于扩大基层直接民主、维护社会稳定，发挥了重要作用。实践证明，试行法确定的方向、基本原则和制度是正确的，同时，社会主义民主政治建设的发展，要求进一步完善村民自治制度。第九届全国人大常委会总结村民自治的实践经验，于1998年11月4日修订通过了《村民委员会组织法》，自公布之日起施行。《村民委员会组织法》颁布实施以来，对推进以民主选举、民主决策、民主管理和民主监督为主要内容的村民自治发挥了重要作用。

随着农村社会经济的发展，特别是城乡户籍制度、农村税费制度的改革，村民自治在实施过程中出现了一些新的情况和问题，因此，有必要在总结经验的基础上，进一步修订和完善《村民委员会组织法》。2010年10月28日，第十一届全国人大常委会第十七次会议修订通过了《村民委员会组织法》，自公布之日起施行。

二、村民自治的基本途径

实现村民自治的基本途径，是民主选举、民主决策、民主管理和民主监督。

1. 民主选举

民主选举，是指村委会的主任、副主任和委员由村民直接选举产生，任何组织或个人不得指定、委派村委会成员。村委会选举实行公开、公平和公正的原则，凡年满十八周岁并享有政治权利的本村村民，都享有选举权和被选举权，候选人由本村有选举权的村民直接提名实行差额选举，选举实行无记名投票、公开计票和当场公布结果的方法。

2. 民主决策

民主决策，是指涉及村民切身利益的事项，必须由村民民主讨论，按多数人的意见作出决定。村民议事的基本形式是由本村十八周岁以上村民组成的村民会议。

3. 民主管理

民主管理，是指在对村内事务的管理过程中，应当吸收村民参加，遵循村民的意见。村民会议根据国家宪法、法律法规以及相关政策，结合本村实际情况，制定村民自治章程和村规民约，规定村民的权利和义务、村内组织的工作程序等，据此进行管理。

4. 民主监督

民主监督，是指由村民对村委会的工作和村内各项事务实行民主监督。民主监督主要体现在以下几方面：

（1）村委会成员接受村民监督。我国《村民委员会组织法》规定了对村委会成员的罢免制度和民主评议制度。

（2）村委会向村民会议、村民代表会议负责并报告工作。村民会议有权（或授权村民代表会议）审议村委会的年度工作报告，评议村委会成员的工作；有权撤销或者变更村委会不适当的决定；村民会议有权撤销或者变更村民代表会议不适当的决定。

（3）村设立村务监督机构。村应当设立村务监督委员会或者其他形式的村务监督机构，负责村民民主理财，监督村务公开等制度的落实，其成员由村民会议或者村民代表会议在村民中推选产生，其中应有具备财会、管理知识的人员。村委会成员及其近亲属不得担任村务监督机构成员。村务监督机构成员向村民会议和村民代表会议负责，可以列席村委会会议。

（4）村委会实行村务公开制度，这是《村民委员会组织法》规定的民主监督制度的核心。村委会应当及时公布相关事项，保证所公布事项的真实性，接受村民的监督，并接受村民的查询。

三、村民自治制度的特点

村民自治制度充分体现了人民当家做主的理念，是我国农民实现宪法赋予的民主权利的重要途径，其特点包括：

（1）自治的主体是农村的村民，村民自治是以农民为主的自治；

（2）自治的区域范围是村，即与村民工作生活联系最密切的社区；

（3）自治的内容主要是本村的公共事务和公益事业；

（4）自治组织即村委会是基层群众性自治组织；

（5）自治组织的组成人员不属于国家公职人员，从本村有选举权和被选举权的村民中直接选举产生即可，无须经由政府机关的任命程序。

第二节　村民委员会的组成和职能

一、村民委员会的性质和特点

（一）村委会的性质

《村民委员会组织法》第2条规定："村民委员会是村民自我管理、自我教育、自我服务的基层群众性自治组织，实行民主选举、民主决策、民主管理、民主监督。"

（二）村委会的特点

作为基层群众性自治组织的村委会，具有以下三个显著特点：

（1）基层性。村委会是我国农村社会最基层的组织形态。

（2）群众性。村委会不属于国家政权机关体系内的组织，它既不是一级政府，也不是政府的派出机关，也非一般的社会团体，它是村民为依法办理自己的事情，维护自身的合法权益而组织起来的，其主体是广大农村村民。

（3）自治性。村委会由村民选举产生，仅行使单一的村民自治职能，作为村民自治的组织者和执行者，向村民会议、村民代表会议负责并报告工作。村内的重大事项应当由村民决定，而不是由基层人民政府决定。

（三）村委会与乡镇人民政府、中国共产党在农村的基层组织的关系

1. 村委会与乡镇人民政府的关系

《村民委员会组织法》规定："乡镇人民政府与村委会的关系不是领导和被领导关系，而是指导和被指导的关系。村委会不是乡镇人民政府的下属机构，乡镇人民政府对村委会的工作给予指导、支持和帮助，但是不得干预依法属于村民自治范围内的事项。村委会协助乡、民族乡、镇的人民政府开展工作。人民政府对村民委员会协助政府开展工作应当提供必要的条件；人民政府有关部门委托村民委员会开展工作需要经费的，由委托部门承担。"

乡镇人民政府是我国的基层政权，大量的国家职能需要依靠它来实现。对村委会的工作给予指导、支持和帮助，是乡镇人民政府的一项法定职责。对于乡镇人民政府符合法律规定的指导、支持和帮助，村委会不得拒绝。对于依法属于村民自治范围内的事项，乡镇人民政府不得强迫、包办，但可以依法采取宣传、说明、解释、说服、动员等方式予以指导。村委会不是乡镇人民政府的派出机构，不能代替政府行使行政职权，但作为群众自治组织，有义务协助乡镇人民政府开展工作，协助的形式包括宣传、教育、动员、提供情况等，必要时可受乡镇人民政府的委托，办理部分事宜。

2. 村委会与中国共产党在农村的基层组织的关系

《村民委员会组织法》规定："中国共产党在农村的基层组织，按照中国共产党章程进行工作，发挥领导核心作用，领导和支持村民委员会行使职权；依照宪法和法律，支持和保障村民开展自治活动，直接行使民主权利。"

中国共产党在农村的基层组织，包括乡镇的党的基层委员会和村党支部，在一些规模较大的村，还建立了党委、党总支。中国共产党在农村的基层组织应当以多种方式，从政治上、思想上和组织上对村委会进行领导，发挥核心作用。

二、村民委员会的基本任务

村民委员会的任务包括两类：一类是宪法规定的开展村民自治的基本任务；另一类是作为基层群众组织，与基层人民政府和集体经济组织发生关系而承担的任务。其开展

村民自治的基本任务包括以下几个方面：

1. 办理本居住地区的公共事务和公益事业

公共事务是指与本村全体村民的生产和生活直接相关的事务。公益事业是指本村的公共福利事业。实践中，村委会兴办的公共事务和公益事业主要包括修桥建路，兴修水利，兴办学校、敬老院，植树造林，扶助贫困，整理村容等。

2. 依法调解民间纠纷

调解民间纠纷是村委会一项重要的经常性工作。这项工作主要由村委会下设的调解委员会或分管调解工作的村委会成员完成。村委会由村民选举产生，受村民信赖，在村民中享有威信，且熟悉本村情况和人际关系，有条件调解和解决村民之间的纠纷，避免矛盾的发展和激化。

村民委员会调解纠纷，应当坚持三项原则。第一，依法调解，依照法律、法规、规章和政策进行调解，是正确处理民间纠纷的根本保证；第二，在双方当事人自愿平等的基础上进行调解，切不可在当事人思想不通、未能取得谅解的情况下，勉强达成协议；第三，尊重当事人的诉讼权利，不得将调解作为起诉的必经程序，以未经调解为由或者调解不成而阻止当事人向人民法院提起诉讼，是侵犯当事人法定诉讼权利的行为。

3. 协助维护社会治安

这一任务主要靠村委会下设的治安保卫委员会或分管治安工作的村委会成员来完成。维护社会治安是公安机关的一项重要职责，但我国地域辽阔，人口众多，仅靠公安机关维护社会治安尚不够，因此，法律赋予村委会协助政府维护社会治安的任务。

村委会协助维护治安，首先要加强防范工作；其次，应开展法制宣传和教育工作，培养村民的法律意识和法制观念；最后，应协助有关部门，做好社会治安综合治理工作。

4. 向人民政府反映村民的意见、要求和建议

村委会是村民同人民政府之间联系的纽带和桥梁，由村委会反映村民的意见、要求和建议，可以集中各方面的意见，容易引起重视，做到上下沟通，下情上达。村委会反映村民的意见、建议和要求，主要是向乡镇人民政府提出，但又不限于乡镇人民政府，还可以向县级及县级以上的各级人民政府反映。

三、村委会的设立和组成

（一）村委会的设立

1. 村级组织设置的历史沿革

新中国建国之初，部分农村地区在乡镇之下设立村一级行政管理机构，1954 年后撤销。农村实行人民公社制度后，建立了人民公社、生产大队和生产小队三级组织管理体系。农村实行政社分开，建立乡政权后，农村地区或在原生产大队的基础上，或以自然村为基础建立村民委员会。考虑到自然村是历史上形成的基本社会单位，1987 年颁布试行的《村民委员会组织法》，规定村民委员会一般设在自然村，同时，为兼顾自然

村规模不同的情况，又规定几个自然村可以联合设立村民委员会，大的自然村可以设立几个村民委员会。1998年修订《村民委员会组织法》时，考虑到大部分村民委员会并未设在自然村的实际情况，删除了村委会一般设在自然村的规定。2010年修订的《村民委员会组织法》对村民委员会的设立原则、撤销、范围调整和村民小组的设立做了具体规定。

2. 村委会的设立原则

根据2010年修订后的《村民委员会组织法》的规定，设立村民委员会，应当根据村民居住状况、人口多少，按照以下原则设立：

（1）便于群众自治的原则。村民委员会规模适度，有利于开展村民自治。如果村委会规模过大，村民之间较难相互了解，会议召集比较困难；反之，村委会的规模过小，聚集人力、物力、财力相对困难，不利于发展集体经济，也会削弱村民自治。因此，村委会的规模不可过大或过小，应当以便于村民自治为基本原则。

（2）有利于经济发展的原则。我国农村的村，不仅是村民生活的共同体，还是经济共同体，多数村的社会自治事务和经济事务的管理合一，由村委会代表村民管理本村集体所有的土地和其他财产。因此，村委会如何设立，与村集体经济的发展关系密切，不能简单地以人口多少来决定。一般而言，经济实力相对雄厚、交通和通信较发达，实行村民自治的基础较好之地，村委会的规模可相对大些；反之，经济不发达、交通和通信不便之地，村的规模相应的应小一些。

（3）有利于社会管理的原则。村也是农村社会管理的基本单位，随着社会经济的发展、城镇化的快速推进，农村村民的居住状况和居住分布情况正在发生巨变。一方面，村民居住向集中化方向发展，另一方面，城乡居民的居住状况相互交织日益明显，村委会的设立，应当考虑这些新情况。

3. 村民委员会的设立、撤销、范围调整的程序

《村民委员会组织法》规定，村民委员会的设立、撤销、范围调整，由乡、民族乡、镇的人民政府提出，经村民会议讨论同意，报县级人民政府批准。

4. 村民小组的设立

村民小组是村民自治共同体内部的一种组织形式，是自治的一个层次。《村民委员会组织法》规定，村委会可以根据村民居住状况、集体土地所有权关系等分设若干村民小组。

（二）村民委员会的组成

1. 村委会的组成

《村民委员会组织法》规定："村民委员会由主任、副主任和委员共三至七人组成。村民委员会成员中，应当有妇女成员，多民族村民居住的村应当有人数较少的民族的成员。"

一般而言，村委会成员的人数，主要取决于村民数量、村民居住的分散或集中状况、村经济发展水平、村委会所承担任务的轻重等因素。《村民委员会组织法》规定，

村委会成员少则三人，多则七人，各地可根据具体情况确定。

《村民委员会组织法》关于村委会应当有女性成员的规定，体现了宪法和妇女权益保障法的男女平等精神。

在多个民族共同居住的村，各民族的风俗习惯和利益存在一定差异，村委会中有人数较少的少数民族的成员，便于村委会开展工作，有利于民族团结。

2. 村委会的下设委员会

《村民委员会组织法》规定："村民委员会根据需要设人民调解、治安保卫、公共卫生与计划生育等委员会。村民委员会成员可以兼任下属委员会的成员。人口少的村的村民委员会可以不设下属委员会，由村民委员会成员分工负责人民调解、治安保卫、公共卫生与计划生育等工作。"

村委会是否需要设立以及设立哪些下属委员会，应当根据本村的实际需要、经济发展状况以及村民意愿等来决定。村委会成员可以兼任下属委员会的成员，不设下属委员会的，由村委会成员分工负责各项工作，有利于提高效率和减轻农民负担。

人民调解委员会是依法设立的调解民间纠纷的群众性组织。《人民调解法》规定：村民委员会设立人民调解委员会。人民调解委员会由委员三至九人组成，设主任一人，必要时，可以设副主任若干人。村民委员会的人民调解委员会委员由村民会议或者村民代表会议推选产生，人民调解委员会委员每届任期三年，可以连选连任。村民委员会应当为人民调解委员会开展工作提供办公条件和必要的工作经费。《人民调解法》规定：县级以上地方人民政府司法行政部门负责指导本行政区域的人民调解工作，基层人民法院对人民调解委员会调解民间纠纷进行业务指导。人民调解委员会调解民间纠纷，不收取任何费用。

治安保卫委员会是发动群众协助人民政府维护社会治安、同犯罪作斗争的基层群众性治安保卫组织。根据我国《人民警察法》的规定，公安机关的人民警察依法指导治安保卫委员会的治安防范工作。

村委会可根据需要单独设立公共卫生委员会、计划生育委员会，也可合并设立公共卫生与计划生育委员会。公共卫生委员会负责卫生宣传、环境治理、疾病防治等公共卫生事务，计划生育委员会负责计划生育的宣传、检查和监督工作。

另外，村委会可以根据实际需要设立其他的委员会，如土地管理委员会、文化教育委员会等。

四、村民委员会的职能

根据《村民委员会组织法》的规定，村委会的职能主要包括以下几方面：

（一）经济职能

1. 支持和组织村民依法发展各种形式的合作经济和其他经济，促进农村生产建设和经济发展

目前，农村合作经济组织主要有三种情形：一种是按照一村一社的模式建立起来

的、由全体村民参加的区域性经济合作组织，比如村经济联合社、村合作社等；另一种是村并无统一的合作经济组织，由村委会直接管理全村的土地和村办的合作经济事宜；还有一种是部分村民自愿组织各类专业合作经济组织，包括村民小组投资兴办企业等。

2. 承担本村生产的服务和协调工作

农村实行家庭承包责任制，家庭成为农村生产的基本单位，村委会作为村民自治组织，应当承担生产过程的服务和协调工作：直接提供服务或通过建立各种服务组织提供服务，对本村各经济组织之间、经济组织与村民之间在经营活动中的用地、用水、用电等方面进行协调和统筹。

3. 依法管理本村属于村农民集体所有的土地和其他财产

依照物权法、土地管理法等相关法律的规定，对农民集体所有的土地的管理权分为四种情况：①属于全村农民集体所有的土地，如果没有建立全体村民参加的村集体经济组织，由村委会作为发包方，将土地承包给村民经营；②属于全村农民集体所有的土地，如果建立有全体村民参加的村集体经济组织，由村集体经济组织作为发包方，将土地承包给村民经营；③属于村民小组集体所有的土地，由村民小组作为发包方，将土地承包给村民经营；④属于全乡镇农民集体所有的土地，由乡镇集体经济组织经营管理。

本村其他财产，包括动产和不动产，是否属于村民委员会管理，也按照上述确定土地管理权的原则分别确定。

4. 引导村民合理利用自然资源，保护和改善生态环境

合理利用资源，保护和改善生态环境，是可持续发展的重要条件。村委会作为基层群众自治性组织，有责任引导村民合理利用包括土地在内的各种自然资源，建设资源节约型、环境友好型社会。

5. 尊重并支持集体经济组织依法独立进行经济活动的自主权，保障集体经济组织和村民、承包经营户、联户或者合伙的合法财产权和其他合法权益

集体经济组织依法享有经营自主权，村委会应当尊重并予以支持。集体经济组织和村民、承包经营户、联户或者合伙的合法财产权和其他合法权益，村民委员会应当予以维护。

6. 维护以家庭承包经营为基础、统分结合的双层经营体制

家庭承包经营是农村集体经济组织内部的一个经营层次。双层经营体制在稳定承包经营关系的基础上，根据村民意愿，将家庭分散经营与村民互助合作有机结合起来，实行双层经营，但必须实事求是，充分尊重农民的意愿，不得强迫农民参加。

（二）社会职能

（1）宣传宪法、法律、法规和国家的政策，教育和推动村民履行法律规定的义务。村委会作为基层群众性自治组织，向村民宣传宪法、法律、法规和国家政策，教育村民知法、懂法并自觉守法，是村民自我管理、自我教育、自我服务的一项重要内容和有效形式。

（2）维护村民的合法权益。我国的宪法、法律和法规规定人民享有广泛的权利，村

委会是基层群众性自治组织，维护村民的合法权益是村民自治的一项重要内容。

（3）开展多种形式的社会主义精神文明建设活动。社会主义精神文明是社会主义的重要特征，村委会通过广播、宣传栏、村规民约、社会主义新农村建设等多种形式，对村民进行道德教育、法制教育、科学技术教育、文化卫生教育，推动社会主义精神文明建设。

（4）支持服务性、公益性、互助性社会组织依法开展活动，推动农村社区建设。农村社区建设是促进社会主义新农村建设的一项重要举措，在农村建立社区组织，开展公益服务，有利于把农村建设成管理民主、治安良好、环境优美、文明祥和的新农村，村委会应当支持社区组织开展活动，推动农村社区建设。

（5）增进多民族居住村的民族团结。坚持民族平等，增进民族团结，是我国解决民族问题和处理民族关系的根本原则。多民族居住的村，村委会应当宣传民族政策，教育村民尊重不同民族的风俗习惯和宗教信仰，引导村民增进民族团结。

第三节　村民委员会的选举

一、村民委员会选举的基本原则

1. 直接选举原则

村委会主任、副主任和委员，由村民直接选举产生。任何组织或者个人不得指定、委派或者撤换村委会成员。直接选举意味着：①不能先选出村委会委员，再由委员相互推选主任和副主任；②不得采用户代表选举，或先推选村民代表，再由村民代表选出村委会成员的做法；③不得任命产生村委会成员，村党支部、乡镇党委、人大、政府和其他机关以及任何人，都无权任命、指定、委派或撤换村委会组成人员。

2. 选举权的普遍性原则

除依照法律被剥夺政治权利的人以外，年满十八周岁的村民，不分民族、种族、性别、职业、家庭出身、宗教信仰、教育程度、财产状况、居住期限，都有选举权和被选举权。

3. "双过半"原则

选举村委会，有登记参加选举的村民过半数投票，选举有效；候选人获得参加投票的村民过半数的选票，始得当选。

4. 无记名投票原则

选举实行无记名投票、公开计票的方法，选举结果应当场公布。选举时，应当设立秘密写票处。

5. 差额选举原则

选举村委会，由登记参加选举的村民直接提名候选人。候选人的名额应当多于应选名额。差额选举可以使村民对候选人进行比较，选出其最满意者，保证村民充分行使民主权利。

二、村民委员会成员的产生方式和任期

《村民委员会组织法》规定："村民委员会主任、副主任和委员，由村民直接选举产生。任何组织或者个人不得指定、委派或者撤换村民委员会成员。村民委员会每届任期三年，届满应当及时举行换届选举。村民委员会成员可以连选连任。"

村民直接选举村委会，是基层民主的重要体现，选举权利是法律赋予村民的一项基本权利，直接选举意味着不需要经过其他程序。

村委会的任期过短，容易引发短期行为，不利于农村的社会稳定，且任期过短，换届选举频繁、成本高。村委会三年一选，有利于村民通过换届实现对村委会及其成员的有效监督。另外，任期三年，与村中国共产党村支部的任期同步，有利于党支部成员在村委会交叉任职，发挥基层党组织在基层民主政治建设中的领导核心作用。村委会成员可以连选连任，可以激励村委会成员在任期内热心为村民服务，努力工作以争取下届连任，有利于保持村委会的连续性、稳定性。

法律并未限定村委会成员连选连任的届数，针对连选连任可能导致的终身制、家长制、一言堂、官僚主义等负面影响，《村民委员会组织法》规定了罢免程序和民主评议程序。

另外，《村民委员会组织法》还规定了村民委员会成员职务自行终止的情形："村民委员会成员丧失行为能力或者被判处刑罚的，其职务自行终止。"

三、村民选举委员会

（一）村民选举委员会的性质和职责

1. 村民选举委员会的性质

《村民委员会组织法》规定："村民委员会的选举，由村民选举委员会主持。"这一规定表明，村民选举委员会是主持村委会选举的唯一合法机构，其他任何机构和组织都无权主持村委会的选举。

村民选举委员会不是常设机构，它是为村委会选举而设立的临时性机构。《村民委员会组织法》规定："村民委员会应当自新一届村民委员会产生之日起10日内完成工作移交。工作移交由村民选举委员会主持。"故一般而言，村民选举委员会自原村委会完成工作移交后解散。实践中，亦有行使职权至新一届村委会召开第一次会议为止的情况。

2. 村民选举委员会的职责

村民选举委员会的职责主要包括以下几个方面：

（1）制定选举工作方案，组织村民学习法律法规；

（2）组织培训选举工作人员；

（3）进行选民登记，审查选民资格，公布登记的参选者名单，处理关于村民名单

的异议;

(4) 组织提名候选人,公布正式候选人名单;

(5) 确定选举日期、投票地点和投票方法;

(6) 组织投票选举,确定选举结果是否有效,公布选举结果并报乡镇人民政府备案;

(7) 总结选举工作,整理和建立选举档案;

(8) 办理选举工作中的其他事项。

(二) 村民选举委员会的组成和出缺的处理

《村民委员会组织法》规定:"村民选举委员会由主任和委员组成,由村民会议、村民代表会议或者各村民小组会议推选产生。村民选举委员会成员退出村民选举委员会或者因其他原因出缺的,按照原推选结果依次递补,也可以另行推选。"

选举村民委员会是村民的民主权利,因此,应当由村民推选的组织来主持。为了充分发扬民主,尊重村民的意愿,村民选举委员会的产生,应当依照前述法定方式推选,除此之外,任何个人和组织都不得任意委派、指定或者撤换村民选举委员会成员,这是由村民委员会的性质和村民自治的要求决定的。

(三) 村民选举委员会的回避程序

村民选举委员会是村委会选举的组织者和主持者。如果村民选举委员会成员被提名为村委会成员候选人,那么,该成员既是参与选举的竞争者,又是选举的组织者,既是裁判员,又是运动员,在身份重合与冲突的情形下,选举的公平性和公正性未免令人疑虑,回避制度可以解决这一问题。《村民委员会组织法》规定:"村民选举委员会成员被提名为村民委员会成员候选人,应当退出村民选举委员会。"

四、村民的选举权和被选举权

选举权和被选举权是公民享有的基本政治权利。村民的选举权,是指村民依法参加村民委员会选举的权利;村民的被选举权,是指村民可以依法被提名为候选人,被选为村民委员会成员的权利。根据《村民委员会组织法》的规定,村民享有选举权和被选举权,应当具备以下条件:

1. 必须年满十八周岁

选举权和被选举权是村民参与村民自治的一项基本权利,行使这一权利,需要一定的社会经验和参与社会生活的能力。一般而言,年满十八周岁的村民,具备独立思考能力和判断能力,能够以自己的行为行使法定权利,承担法定义务。

2. 应当是登记参加选举的村民

随着社会经济的发展,人口流动频繁,人户分离现象日益增多。户籍在本村并且在本村居住的村民;户籍在本村但不在本村居住,本人表示参加选举的村民;户籍不在本村,在本村居住一年以上,本人申请参加选举,并且经村民会议或者村民代表会议同意参加选举的这三类人,进行村民登记后方可参加选举。

3. 未被依照法律剥夺政治权利

选举权和被选举权是公民享有的基本政治权利,是一项神圣的权利,依照刑法被剥夺政治权利者,不能享有选举权和被选举权。

具备以上三个条件的村民,不分民族、种族、性别、职业、家庭出身、宗教信仰、教育程度、财产状况、居住期限,都有选举权和被选举权。

五、村民登记

村民登记是指村民选举委员会对依法享有选举权的村民进行登记,以便村民参加选举的一项选举制度。其实质是对村民选举权的确认,村民在法律上享有的选举权,经过村民登记程序,转化为实际上能够行使的权利。

根据1987年实施的《村民委员会组织法(试行)》,村委会选举主要以户籍制度为基础进行村民登记。随着我国社会的发展,人口流动日益频繁,在农村居住的人口呈现多样化趋势,"人在户不在"、"户在人不在"的人户分离现象越来越普遍。如果仅以户籍作为村民登记的唯一标准,影响户口不在当地的人员参与村中事务,不利于经济发展和社会进步。为了适应现实的需要,既保障本村村民的利益,又保障长期居住在村中的外来人口获得正当参与村公共事务决策的权利,2010年修订了《村民委员会组织法》,改变了过去以户籍制度为标准进行村民登记的做法,规定村委会选举前,应当对参加选举的村民名单进行登记,具体包括三类:户籍在本村并且在本村居住的村民;户籍在本村但不在本村居住,本人表示参加选举的村民;户籍不在本村,在本村居住一年以上,本人申请参加选举,并且经村民会议或者村民代表会议同意参加选举的公民。

村民平等地享有选举权,实现选举权的机会也是平等的。在同一次选举中,每一村民只能享有一个投票权,只能享有一个被选举权。为了防止村民在户籍地和居住地重复登记参加选举,《村民委员会组织法》规定:已在户籍所在村或者居住村登记参加选举的村民,不得再参加其他地方村民委员会的选举。

《村民委员会组织法》规定:登记参加选举的村民名单应当在选举日的20日前由村民选举委员会公布。对登记参加选举的村民名单有异议的,应当自名单公布之日起5日内向村民选举委员会申诉,村民选举委员会应当自收到申诉之日起3日内作出处理决定,并公布处理结果。

六、村民委员会选举程序

(一)候选人的提名

选举村民委员会,由登记参加选举的村民直接提名候选人。村民提名候选人,应当从全体村民的利益出发,推荐奉公守法、品行良好、公道正派、热心公益、具有一定文化水平和工作能力的村民为候选人。候选人的名额应当多于应选名额。

(二)候选人介绍

村民选举委员会应当组织候选人与村民见面,由候选人介绍履行职责的设想,回答村民提出的问题。

（三）投票程序

1. 村委会选举实行"双过半"原则

选举村民委员会，有登记参加选举的村民过半数投票，选举有效；候选人获得参加投票的村民过半数的选票，始得当选。

2. 另行选举

当选人数不足应选名额的，不足的名额另行选举。另行选举的，第一次投票未当选的人员得票多的为候选人，候选人以得票多的当选，但是所得票数不得少于已投选票总数的1/3。

3. 投票方式

选举实行无记名投票、公开计票的方法，选举结果应当当场公布。选举时，应当设立秘密写票处。

村民填写选票时，有四种选择：一是投赞成票，但赞成的名额超过应选名额的无效；二是投反对票，对于选票所列的候选人，村民可以全部或部分反对；三是另选他人，村民不同意选票所列的全部或部分候选人时，可以另选他人；四是投弃权票，村民可以选择对全部或者部分候选人投弃权票。

村民之间大多比较熟悉，在其他村民在场时，可能碍于情面或因其他原因，不便于按照真实意愿投票，法律规定设立秘密写票处，有利于保障村民充分行使权利。

4. 委托投票

《村民委员会组织法》规定："登记参加选举的村民，选举期间外出不能参加投票的，可以书面委托本村有选举权的近亲属代为投票。村民选举委员会应当公布委托人和受委托人的名单。"根据这一规定，委托投票必须符合以下条件：

（1）委托投票的原因，是选举期间外出，不能亲自参加投票，不能因其他原因委托投票。如果村民因患病行动不便，可以在流动投票箱投票，因文盲或残疾不能填写选票，可以委托他人代写选票，不适用委托投票。

（2）委托必须以书面方式进行，口头委托投票无效。

（3）被委托人必须是本村有选举权的近亲属。如果委托没有选举权的人、近亲属以外的人，委托无效。

另外，为了保证委托投票的真实性，在进行委托投票时，被委托人应当按照委托人的意愿代为投票，不能按照自己的意愿代为投票。

2010年修订的《村民委员会组织法》，增加了"村民选举委员会应当公布委托人和受委托人的名单"的规定，这一做法，一方面有利于选举委员会及时分析投票情况，另一方面也有利于村民监督选举。

七、村民委员会成员罢免程序和民主评议程序

1. 罢免程序

罢免村委会成员，是指村民对于其认为不称职或者不满意的村委会成员，在其任期届满之前，以投票表决的方式免除其职务的行为。罢免，不仅是村民监督村委会成员的一种手段，也是村民选举活动的延续。村民行使罢免权，是村民实现其自治权利，确保村委会代表村民的意志和利益的重要途径。

《村民委员会组织法》规定，本村1/5以上有选举权的村民或者1/3以上的村民代表联名，可以提出罢免村民委员会成员的要求，并说明要求罢免的理由。被提出罢免的村民委员会成员有权提出申辩意见。罢免村民委员会成员，须有登记参加选举的村民过半数投票，并须经投票的村民过半数通过。

"本村1/5以上有选举权的村民"，是指选举本届村委会成员时，在本村登记参加选举的村民的1/5。

2. 民主评议程序

村民委员会成员以及由村民或者村集体承担误工补贴的聘用人员，应当接受村民会议或者村民代表会议对其履行职责情况的民主评议。民主评议每年至少进行一次，由村务监督机构主持。村民委员会成员连续两次被评议不称职的，其职务终止。

八、破坏村民委员会选举的法律后果

《村民委员会组织法》规定："以暴力、威胁、欺骗、贿赂、伪造选票、虚报选举票数等不正当手段当选村民委员会成员的，当选无效。"

上述规定中的"暴力"，是指对村民、候选人、选举工作人员等进行人身攻击或者实行强制，如殴打、捆绑等，也包括以暴力故意捣乱选举场所，使选举工作无法进行等行为。

上述规定中的"威胁"，是指以杀害、伤害、毁坏财产、破坏名誉或者使其受到其他损害等手段进行要挟，使村民不能按照自己的意愿投票的行为。

上述规定中的"欺骗"，是指捏造事实、颠倒是非并加以传播、宣传，以虚假的事实扰乱正常的选举活动，影响村民和候选人自由地行使选举权和被选举权的行为。

上述规定中的"贿赂"，是指用金钱、财物等物质利益或者其他利益诱使或收买村民违反自己的真实意愿参加选举或者在选举工作中进行舞弊的行为。

上述规定中的"伪造选票"，是指假冒选举主持机构的名义，制造选票，使多数村民投票选举的候选人无法当选，扰乱选举的行为。

上述规定中的"虚报选举票数"，是指选举工作人员对于统计出来的选票数、赞成票数、反对票数等选举票数进行虚假申报，如多报、少报等行为。

对以暴力、威胁、欺骗、贿赂、伪造选票、虚报选举票数等不正当手段，妨害村民行使选举权、被选举权，破坏村民委员会选举的行为，《村民委员会组织法》规定：村民有权向乡、民族乡、镇的人民代表大会和人民政府或者县级人民代表大会常务委员会和人民政府及其有关主管部门举报，由乡级或者县级人民政府负责调查并依法处理。

需要注意的是，破坏村民委员会选举的行为，不构成刑法上的破坏选举罪，如果破坏村民委员会选举的行为构成刑法规定的其他罪名，如殴打村民构成故意伤害罪的，依照刑法的相关规定追究刑事责任。

第四节 村民会议和村民代表会议

一、村民会议的组成和召集

1. 村民会议的组成

村民会议由本村十八周岁以上的村民组成。首先，村民会议的组成人员应当年满十八周岁；其次，参加村民会议的必须是本村村民。根据《村民委员会组织法》第13条的规定，本村村民包括户籍在本村并且在本村居住的村民；户籍在本村但不在本村居住，本人表示参加选举的村民以及户籍不在本村，在本村居住一年以上，本人申请参加选举，并且经村民会议或者村民代表会议同意参加选举的公民。

2. 村民会议的召集

村民会议由村民委员会召集。村民委员会作为村民自治的组织者和执行者，召集村民会议既是其职权所在，也是其职责所系。

根据《村民委员会组织法》的规定，村民委员会在下列情况下应当召集村民会议：①村民委员会的设立、撤销、范围调整；②罢免村民委员会成员；③撤销或者变更村民代表会议不适当的决定；④决定授权村民代表会议事项；⑤制定、修改村民自治章程、村规民约；⑥有1/10以上的村民或者1/3以上的村民代表提议。

村民委员会在下列情况下可以召集村民会议：①审议村民委员会的年度工作报告，评议村民委员会成员的工作；②撤销或者变更村民委员会不适当的决定；③推选村民选举委员会；④补选出缺的村民委员会成员；⑤推选村务监督机构成员；⑥对村民委员会成员以及由村民或者村集体承担误工补贴的聘用人员进行民主评议；⑦讨论决定《村民委员会组织法》第24条规定的涉及村民切身利益的事项。

《村民委员会组织法》并未明确规定召开村民会议的时间和次数，有些地方性法规规定了每年召开村民会议的次数，如《广东省实施〈中华人民共和国村民委员会组织法〉办法》规定村民会议一般每半年举行一次。《福建省实施〈中华人民共和国村民委员会组织法〉办法》规定村民会议每年至少举行一次。

为了使村民更多地了解村民会议的待议事项，更好地为会议讨论做好时间和思想上的准备，同时也为了防止村委会成员利用程序之便，仓促将会议议题付诸表决，《村民委员会组织法》规定：召集村民会议，应当提前10天通知村民。

3. 关于列席村民会议

村办企业、出租土地，村庄与外界联系日益频繁，村民会议讨论本村事务，往往会涉及进驻村庄的单位，为保证其知情并协助村务的执行，需要邀请其列席村民会议，取得其配合和支持。《村民委员会组织法》规定：召开村民会议，根据需要可以邀请驻本村的企业、事业单位和群众组织派代表列席。

二、村民会议的表决

（一）村民会议的表决

村委会实行少数服从多数的民主决策机制和公开透明的工作原则，召开村民会议，应当有本村十八周岁以上村民的过半数，或者本村 2/3 以上的户的代表参加，除法律另有规定以外，村民会议所作决定应当经到会人员的过半数通过。村民会议所作的决定，只有经到会人员的过半数通过，才是合法有效的决定。需要注意的是，是到会人员的过半数，不是村民会议组成人员的过半数。村民会议组成人员未必全部参加村民会议，有本村十八周岁以上村民的过半数，或者本村 2/3 以上的户的代表参加，村民会议即可召开。

（二）其他法律关于村民会议的规定

1.《农村土地承包法》有关村民会议的规定

（1）关于承包方案。《农村土地承包法》第 18 条规定："承包方案应当按照本法第 12 条的规定，依法经本集体经济组织成员的村民会议 2/3 以上成员或者 2/3 以上村民代表的同意。"

（2）关于承包权的合理调整。《农村土地承包法》第 27 条规定："承包期内，因自然灾害严重毁损承包地等特殊情形，对个别农户之间承包的耕地和草地需要适当调整的，必须经本集体经济组织成员的村民会议 2/3 以上成员或者 2/3 以上村民代表的同意，并报乡（镇）人民政府和县级人民政府农业等行政主管部门批准。承包合同中约定不得调整的，按照其约定。"

（3）关于本集体经济组织以外的单位、个人承包。《农村土地承包法》第 48 条规定："发包方将农村土地发包给本集体经济组织以外的单位或者个人承包，应当事先经本集体经济组织成员的村民会议 2/3 以上成员或者 2/3 以上村民代表的同意，并报乡（镇）人民政府批准。"

2.《土地管理法》有关村民会议的规定

（1）关于土地承包经营期限内的个别调整。《土地管理法》第 14 条规定："在土地承包经营期限内，对个别承包经营者之间承包的土地进行适当调整的，必须经村民会议 2/3 以上成员或者 2/3 以上村民代表的同意，并报乡（镇）人民政府和县级人民政府农业行政主管部门批准。"

（2）关于本集体经济组织以外的单位或者个人的承包经营。《土地管理法》第 15 条规定："农民集体所有的土地由本集体经济组织以外的单位或者个人承包经营的，必须经村民会议 2/3 以上成员或者 2/3 以上村民代表的同意，并报乡（镇）人民政府批准。"

3.《草原法》有关村民会议的规定

（1）关于草原承包经营期内的个别调整。《草原法》第 13 条规定："在草原承包经营期内，不得对承包经营者使用的草原进行调整；个别确需适当调整的，必须经本集体经济组织成员的村（牧）民会议2/3以上成员或者2/3以上村（牧）民代表的同意，并报乡（镇）人民政府和县级人民政府草原行政主管部门批准。"

（2）关于本集体经济组织以外的单位或者个人的承包经营。《草原法》第13条规定："集体所有的草原或者依法确定给集体经济组织使用的国家所有的草原，由本集体经济组织以外的单位或者个人承包经营的，必须经本集体经济组织成员的村（牧）民会议2/3以上成员或者2/3以上村（牧）民代表的同意，并报乡（镇）人民政府批准。"

三、村民会议的职权

根据《村民委员会组织法》的规定，村民会议的职权主要包括以下三方面：

1. 审议村民委员会的年度工作报告，评议村民委员会成员的工作

村民会议是村民集体讨论决定涉及全村村民利益事项的一种组织形式，是村民直接行使民主权利的权力机构。村委会由村民直接选举产生，是村民会议决定的执行者和组织者，是村民自治的执行机构。村委会向村民会议和村民代表会议负责和报告工作，基于此，村民会议有权审议村委会的年度工作报告，评议村委会成员的工作，以增强村委会工作的公开性，将村委会的一切活动置于村民会议的监督之下。

2. 有权撤销或者变更村民委员会、村民代表会议不适当的决定

村民委员会是执行村民会议决议的机构，村民代表会议是根据村民会议的授权决定授权事项的组织形式，二者的职权均源自村民会议，村民会议撤销或者变更村民代表会议不适当的决定，作为一种纠错机制，是村民自治中民主监督的方式之一。

3. 村民会议对村民代表会议授权

村民会议可以授权村民代表会议审议村委会的年度工作报告，评议村委会成员的工作，撤销或者变更村委会不适当的决定。

村民会议对村民代表会议授权的方式一般有三种：一是一次性授权，如换届选举后，召开村民会议，授予本届村民代表会议若干事项的决定权；二是在村民自治章程中授权；三是专项授权，如针对某具体事项，专门召开村民会议授权村民代表会议。

四、经村民会议讨论决定方可办理的事项

村民自治作为农村基层的直接民主形式，其基本内容就是，凡关系到村民利益的事项，都应当由村民自行决定，村民通过村民会议这一基本形式，直接参与村级重大事项的决策，是村民自治的核心内容之一。《村民委员会组织法》第24条规定：除法律另有规定外，涉及村民利益的下列事项，经村民会议讨论决定方可办理：

（1）本村享受误工补贴的人员及补贴标准；

（2）本村集体经济所得收益的使用；

（3）本村公益事业的兴办和筹资筹劳方案及建设承包方案；

（4）本村土地承包经营方案；

(5) 本村集体经济项目的立项、承包方案；

(6) 宅基地的使用方案；

(7) 征地补偿费的使用、分配方案；

(8) 以借贷、租赁或者其他方式处分村集体财产；

(9) 村民会议认为应当由村民会议讨论决定的涉及村民利益的其他事项。

五、村民代表会议

人数较多或者居住分散的村，可以设立村民代表会议，讨论决定村民会议授权的事项。村民代表会议由村民委员会成员和村民代表组成，村民代表应当占村民代表会议组成人员的 4/5 以上，妇女村民代表应当占村民代表会议组成人员的 1/3 以上。

村民代表的任期与村民委员会的任期相同。村民代表可以连选连任。村民代表由村民按每五户至十五户推选一人，或者由各村民小组推选若干人。村民代表应当向其推选户或者村民小组负责，接受村民监督。

村民代表会议由村民委员会召集。村民代表会议每季度召开一次。有 1/5 以上的村民代表提议，应当召集村民代表会议。村民代表会议有 2/3 以上的组成人员参加方可召开，所作决定应当经到会人员的过半数同意。村民代表会议本身没有独立的职权，其超越村民会议的授权范围或者与村民会议决定相抵触的决定无效。

六、村民委员会与村民会议的关系

村民会议是村民实行自治的权力机构，村委会是村民实行自治的执行机构，村委会与村民会议的关系，是村民自治的执行机构与权力机构的关系。这种关系主要体现在以下方面：

1. 村委会执行村民会议、村民代表会议的决定

村委会由村民直接选举产生，其权力来源于村民会议。涉及村民利益的法定事项，经村民会议讨论决定方可办理，村委会不得擅自决定和处理。经村民会议或者村民代表会议讨论决定的事项，由村委会具体贯彻执行。

2. 村委会向村民会议、村民代表会议负责并报告工作

村委会是村民实行自治的执行机构和工作机构，是村民通过村民会议实现其意志和利益的组织者。我国《村民委员会组织法》规定了对村委会成员的罢免制度和民主评议制度，审议村委会的年度工作报告，评议村委会成员的工作，撤销或者变更村委会不适当的决定，这是村民会议的法定职权，也是村民行使自治权的表现。

七、村民自治章程和村规民约

村民自治是村民民主选举、民主决策、民主管理和民主监督构成的有机整体，其中，民主管理的核心就是依法建制，以制治村，即村民依据国家的法律法规和政策，立足于本村的实际情况，制定本村的章程和规则，建立各种村级管理制度，实行村级的规

范化管理。

（一）村民自治章程和村规民约的概念

村民自治章程，也被形象地称为农村"小宪法"，是村民会议根据国家法律、法规和政策，结合本村的实际情况，制定并通过的涉及村民自治活动和村务管理主要内容的综合性规范，是村民自治规范体系中层次最高、内容最全、结构最完整的行为规范。

村规民约是村民会议据国家法律、法规和政策，结合本村的实际情况，讨论制定的某一方面的行为规范。

（二）制定村民自治章程、村规民约的原则

制定村民自治章程、村规民约，必须遵循以下原则：

1. 合法性原则

村民自治章程、村规民约不得与宪法、法律、法规和国家的政策相抵触，不得有侵犯村民的人身权利、民主权利和合法财产权利的内容。

2. 民主性原则

村民会议可以制定和修改村民自治章程、村规民约，并报乡、民族乡、镇的人民政府备案。

村民是制定村民自治章程和村规民约的主体，也是实践村民自治章程和村规民约的主体，应当保证村民广泛参与村民自治章程和村规民约的制定过程，真实地反映全体村民的共同利益和愿望，应当避免村干部闭门造车、自行制定的情况，也要防止由政府统一提出条约内容，村民简单举手通过的做法。

3. 实效性原则

制定村民自治章程和村规民约，应当从本村的实际情况出发，充分考虑本村的经济情况、风土人情、村民文化程度等具体情况，尊重村民的意见和合理要求，不能简单地照抄照搬法律政策条文，或是完全仿效其他村的做法，而应切实可行、便于操作。

第五节 村务公开和村务监督

民主监督是村民自治的实施途径之一，村委会实行村务公开制度，这是《村民委员会组织法》规定的民主监督制度的核心。

一、村务公开制度的含义及其意义

村务公开制度，是指村委会根据法律和其他有关规定，将村委会办理村民自治事务的情况，按照一定的程序、时间和形式等要求，及时、全面、真实地向村民公开，让村民了解实情，接受村民监督的村务管理制度。

村委会实行公开透明的工作原则，这一原则包括以下几层含义：第一，村委会开展工作的各项制度、程序公开透明；第二，村委会组成人员的分工和职责、权利和义务公开透明；第三，村委会开展工作的情况透明，依法公布应当向村民公布的事项，包括村委会讨论决定职权范围内的村级事务的决策过程、决策结果和村务档案，决策结果的执行情况；第四，村务监督机构向村民会议或者村民代表会议报告对村务公开的监督情况。

实行村务公开制度，有利于村民自治逐步走上规范化、制度化和程序化的轨道，有利于强化村民对村民自治事务的监督，有利于引导村委会成员按章、公开、透明地办事。

二、村务公开的内容

村委会应当及时公布下列事项，接受村民的监督，村民委员会应当保证所公布事项的真实性，并接受村民的查询。

（1）《村民委员会组织法》规定应当由村民会议、村民代表会议讨论决定的事项及其实施情况；

（2）计划生育政策的落实方案；

（3）拨付和接受社会捐赠的救灾救助、补贴补助等资金、物资的管理使用情况；

（4）村民委员会协助人民政府开展工作的情况；

（5）涉及本村村民利益，村民普遍关心的其他事项。

村务公开的重点是财务公开，村集体经济组织应当按照《村集体经济组织财务公开暂行规定》、《村集体经济组织会计制度》等相关规定，以便于群众理解和接受的形式，将其财务活动情况及其有关账目，定期、如实地向全体村民公布，接受群众监督。

三、村务公开的时间

一般事项至少每季度公布一次；集体财务往来较多的，财务收支情况应当每月公布一次；涉及村民利益的重大事项应当随时公布。

四、对违反村务公开制度的行为的查处

村委会不及时公布应当公布的事项或者公布的事项不真实的，村民有权向乡、民族乡、镇的人民政府或者县级人民政府及其有关主管部门反映，有关人民政府或者主管部门应当负责调查核实，责令依法公布；经查证确有违法行为的，有关人员应当依法承担责任。

五、村务监督

（一）村务监督机构的组成

村应当建立村务监督委员会或者其他形式的村务监督机构，法律关于村务监督机构的组成规定如下：

1. 村务监督机构的成员由村民会议或者村民代表会议在村民中推选产生

村务监督机构成员向村民会议和村民代表会议负责，可以列席村民委员会会议。

2. 村务监督机构成员中应有具备财会、管理知识的人员

村务监督机构需要负责村民民主理财、监督村务公开，因此，其成员需要有人懂得一定的财务、管理知识，否则，将影响监督工作的顺利展开。

3. 村民委员会成员及其近亲属不得担任村务监督机构成员

村务监督机构监督村务公开，需要对村委会成员的工作进行监督。为了防止自己监督自己，防止村委会成员的近亲属在村务监督机构中任职导致的角色冲突，影响村务监督机构的正常运行，《村民委员会组织法》规定村委会成员及其近亲属不得担任村务监督机构成员。

（二）村务监督机构的职责

1. 负责村民民主理财

村务监督机构负责本村的村民民主理财。对于村务监督机构如何进行民主理财，《村民委员会组织法》并无具体规定，实践中一般表现为：村务监督机构负责对本村集体财务活动进行民主监督，参与制定本村集体的财务计划和各项财务管理制度，检查、审核财务账目及相关的经济活动事项，否决不合理开支等。

2. 监督村务公开制度的落实

村务监督机构负责监督村务公开制度的落实。对于如何实施监督，《村民委员会组织法》并无具体规定，实践中一般表现为：村务监督机构审查村务公开的内容是否真实、全面，公开时间是否及时，公开形式是否科学，公开程序是否规范，并向村民会议或者村民代表会议报告监督的情况。

六、村民委员会成员任期和离任经济责任审计

1. 任期和离任经济责任审计的意义

对村委会成员的任期和离任经济责任审计，具有以下重要意义：

（1）有利于保护村集体经济不受侵犯

村委会成员在任期间，有支配和使用村集体财产的权利，负有管理、保护集体财产的责任。经济责任审计，审计村委会成员任期内集体财产的完整性、经营盈亏的真实性、收益分配的合理性，从而发现并制止各种违法、违章、违纪行为，保护村集体经济利益不受损害。

（2）为村民提供换届选举时的依据

村委会成员任期经济指标的完成情况，受制于多种因素，通过经济责任审计，对村委会成员应当承担的经济责任进行鉴定，客观、全面、公正地评价其任期内的履职情况，以便村民了解其是否适合继续担任该职务，从而为换届选举提供依据。

（3）有利于核查村集体的财产状况

通过经济责任审计，有利于了解村集体的真实财产状况，掌握债权、债务增减变化情况，从而厘清任期目标是否科学、合理和完整，为正确确定下一届任期目标、完善村委会成员任期经济责任制提供依据。

（4）为评价村委会成员的工作提供依据

通过经济责任审计，可以较为全面地评价村委会成员在任职期间的工作成果，为确定对村委会成员的补贴奖励提供依据。

2. 审计内容

对村委会成员实行任期和离任经济责任审计，审计下列事项：

（1）本村财务收支情况；

（2）本村债权债务情况；

（3）政府拨付和接受社会捐赠的资金、物资管理使用情况；

（4）本村生产经营和建设项目的发包管理以及公益事业建设项目招标投标情况；

（5）本村资金管理使用以及本村集体资产、资源的承包、租赁、担保、出让情况，征地补偿费的使用、分配情况；

（6）本村 1/5 以上的村民要求审计的其他事项。

3. 审计主体及审计结果的公布

村委会成员的任期和离任经济责任审计，由县级人民政府农业部门、财政部门或者乡、民族乡、镇人民政府负责组织。

审计结果应当公布，其中离任经济责任审计结果应当在下一届村委会选举之前公布。

第八章练习题

1. 村民自治制度的概念、特点是什么？
2. 村民委员会的性质和特点是什么？
3. 村民委员会的基本任务有哪些？
4. 村民委员会的社会职能有哪些？
5. 村民自治制度中的民主监督体现在哪些方面？
6. 对村民委员会成员进行任期和离任经济责任审计的意义有哪些？

第九章 农村社会保障制度

农村社会保障制度，是指国家对暂时或永久丧失劳动能力，或因其他原因面临生活困难的农民，依法给予物质帮助，以保障其基本生活的社会制度。我国农村社会保障体系是随着经济的发展逐步建立的，制度种类较多，包括农村社会保险、农村社会救助等内容。农村社会保险是农村社会保障的核心，主要包括农村合作医疗和农村社会养老保险。农村社会救助主要涉及最低生活保障、医疗救助、五保供养等。

总体而言，我国目前在城镇和农村实行两套不尽相同的社会保障制度，这有悖于公平理念。尽管城乡差别不可能在短时期内完全消除，但社会保障制度的设计，应当有利于缩小城乡差距。在一些经济条件较好的地方，已经开始建设城乡统筹的农村社会保障体系，如北京市、上海市等地，建立了城乡统筹的居民养老保障制度。

第一节 农村合作医疗制度

一、我国农村合作医疗制度的历史沿革

1. 农村合作医疗制度的建立和发展

我国农村合作医疗制度的最早雏形，是20世纪40年代在陕甘宁边区和抗日根据地发展起来的，由群众集股的医疗互助合作组织。20世纪50年代，农业合作化时期，农业合作社举办了一批以集体经济为基础，互助互济的合作医疗站或统筹医疗站，具有保险性质的合作医疗制度由此在我国农村兴起。1958年，人民公社化运动展开后，农村合作医疗制度进一步发展，逐步覆盖了广大农村地区。

1979年，卫生部、农业部、财政部、国家医药管理总局和全国供销合作社联合发布《农村合作医疗章程》（试行草案），对农村合作医疗制度进行了规范。该章程规定："农村合作医疗是人民公社社员依靠集体力量，在自愿互助的基础上建立起来的一种社会主义性质的医疗制度，是社员群众的集体福利事业，根据宪法的规定，国家积极支持、发展合作医疗事业，使医疗卫生工作更好地为保护人民公社社员身体健康，发展农业生产服务。对于经济困难的社队，国家给予必要的扶持。"由此，农村合作医疗迅速发展起来。

2. 农村合作医疗制度的衰退与恢复

20世纪80年代，人民公社逐步解体，农村全面实行家庭联产承包责任制，家庭成为农业生产的基本经营单位，新的农村经济体制逐渐确立，农村合作医疗赖以存在的经济基础、组织基础和制度基础不复存在，随着农村经济体制改革的推进，计划经济时期

以统筹供给为主的农村合作医疗制度迅速崩溃，农村医疗卫生事业开始市场化，医疗费用快速上涨，但农民的收入水平和支付能力低下，农民"因病致贫、因病返贫"现象日益严重。

1993年，中共中央在《关于建立社会主义市场经济体制若干问题的决定》中提出要"发展和完善农村合作医疗制度"。1994年，国务院研究室、卫生部、农业部与世界卫生组织合作，在全国7个省14个县（市）开展"中国农村合作医疗制度改革"试点。1997年5月，国务院批转了卫生部等部门提交的《关于发展和完善农村合作医疗若干意见》，这在一定程度上促进了农村合作医疗的恢复发展。此后，农村合作医疗制度的覆盖率迅速提高，但就全国范围而言，重建工作并未取得理想效果，农村合作医疗再次陷入困境。

3. 新型农村合作医疗制度的重构

2002年，中共中央、国务院发布《关于进一步加强农村卫生工作的决定》，明确农村卫生工作的目标是"到2010年，在全国农村基本建立起适应社会主义经济体制要求和农村社会经济发展水平的农村卫生服务体系和农村合作医疗制度，建立以大病统筹为主的新型合作医疗制度和医疗救助制度"。

2003年，国务院转发卫生部、财政部和农业部《关于建立新型农村合作医疗制度的意见》，其后，卫生部印发《关于做好新型农村合作医疗试点工作的通知》，新型农村合作医疗制度试点工作在全国开始实施。到2008年，新农合全面覆盖农村地区，截止到2009年第一季度，参合人数达到8.3亿。这一制度的建立，减轻了农村居民的医疗负担，农民因病致贫、因病返贫的状况得到缓解。

2010年，第十一届全国人民代表大会常务委员会第十七次会议通过了《社会保险法》，该法第24条规定："国家建立和完善新型农村合作医疗制度。新型农村合作医疗的管理办法，由国务院规定。"新型农村合作医疗制度由此开始步入法制化轨道。目前，《新型农村合作医疗条例》草案已由卫生部报送国务院审批，部分地方已先行制定并开始实施相关的地方性法规，如江苏省第十一届人民代表大会常务委员会第二十一次会议于2011年3月24日通过《江苏省新型农村合作医疗条例》，自2011年6月1日起施行；青岛市第十四届人民代表大会常务委员会第二十二次会议通过《青岛市新型农村合作医疗条例》，自2011年7月1日起施行。

二、新型农村合作医疗制度概述

1. 新型农村合作医疗制度的含义

新型农村合作医疗制度，简称新农合，是相对于建国以后至农村财政体制改革以前这段时期我国实行的农村合作医疗制度而言的，是指为解决农村居民的看病就医问题，由政府组织、引导、支持，农民自愿参加，个人、集体和政府多方筹资，以大病统筹为主，以小病补偿为辅的农民医疗互助共济的一项基本医疗保障制度。

2. 新型农村合作医疗制度的特征

新型农村合作医疗制度是党中央、国务院为解决农村居民看病就医问题而建立的一项基本医疗保障制度，是落实科学发展观、构建社会主义和谐社会的重大举措。与我国传统的农村合作医疗制度相比，新型农村合作医疗制度具有以下特征：

（1）政府主导性。新型农村合作医疗由政府组织、引导，自上而下逐步推行。新型农村合作医疗基金由政府纳入财政专户管理和核算。

（2）准社会保障性。新型农村合作医疗制度实行个人缴费、集体扶持和政府资助相结合的筹资机制，农民可以自愿选择是否参加，没有必须参加的法定义务，这两点决定了新型农村合作医疗制度并非完全意义上的社会保障制度。

（3）统筹的高层次性。相比传统农村合作医疗实行的乡镇或村级统筹，新型农村合作医疗实行县（市）级统筹，抗风险能力和共济能力大大增强。

（4）参合的整体性。与传统农村合作医疗制度不同，新型农村合作医疗要求以家庭为单位整体参加，这一制度设计可以有效防范一人参合，全家搭便车的行为。

（5）农民参合的自愿性。与城镇职工医疗保险的强制性不同，农民按照自己的意愿，决定是否参加新型农村合作医疗，任何人不得强迫农民参加，农民没有必须参加的法定义务。

3. 新型农村合作医疗制度的原则

《关于建立新型农村合作医疗制度的意见》（国办发〔2003〕3号）规定，我国建立新型农村合作医疗制度，应当遵循以下原则：

（1）以家庭为单位，自愿参加。农民按照自己的意愿，决定是否参加新型农村合作医疗，任何人不得强迫农民参加。为了发挥合作医疗互助共济的作用，避免老弱病残者参加、身体健康者不参加的情况，农民参加合作医疗，应当以家庭为单位。

（2）以收定支，收支平衡，保障适度。合作医疗基金在扣除上年结余和风险资金后，大体上应当保持收支平衡，基金超支会造成支付风险，况且，基金超支后若降低补偿比例，会影响农民参与合作医疗的积极性，而基金过多结余则可能影响农民的受益程度，削弱合作医疗对减轻农民负担的共济作用。"以收定支，收支平衡"原则既保证了这一制度持续有效地运行，又使得农民能够享有最基本的医疗服务。

（3）多方筹资。新型农村合作医疗制度实行个人缴费、集体扶持和政府资助相结合的筹资机制。农民作为直接受益者，有责任为自己的健康进行必要的投资，因此需要履行相应的缴费义务。政府对保障农民的健康负有责任，中央和地方各级财政每年应当安排一定的专项资金予以支持。乡镇、村集体也应当给予资金支持。

4. 新型农村合作医疗与商业性医疗保险的区别

新型农村合作医疗与商业性医疗保险的区别，主要体现在以下几方面：

（1）性质不同。新型农村合作医疗是农民互助共济的一项基本医疗保障制度，实行个人缴费、集体扶持和政府资助相结合的筹资机制，不以营利为目的。商业性医疗保险，是指投保人根据合同约定，向保险人支付保险费，被保险人因疾病或分娩而就医或住院应当支付的医疗费用，扣除免赔额后，由保险人负责支付的保险；商业性保险公司以营利为目的，商业性医疗保险的保险费全部由投保人承担。

（2）适用对象不同。新农合的参保人限于农村居民，商业性医疗保险的投保人和被保险人范围更为广泛。

（3）相关权利、义务关系不同。政府组织、引导农民参加新型农村合作医疗，政府和农民之间不存在商业关系。商业性医疗保险以自然人为被保险人，保险公司与被保险人之间应当是完全自愿的契约关系。

（4）补偿标准不同。新型农村合作医疗提供基本的医疗保障。商业性医疗保险遵循"多投多保，少投少保，不投不保"的原则，保障水平完全取决于投保人缴纳保险费的多少和投保时间的长短。

三、新型农村合作医疗的统筹模式

根据《关于建立新型农村合作医疗制度的意见》的规定，新型农村合作医疗制度一般以县（市）为单位进行统筹，条件不具备的地方，在起步阶段也可以乡（镇）为单位进行统筹，逐步向县（市）统筹过渡。统筹模式主要有三种：

（1）大病统筹加门诊家庭账户，即设立大病统筹基金对住院和部分特殊病种大额门诊费用进行补偿，设立门诊家庭账户基金对门诊费用进行补偿。

（2）住院统筹加门诊统筹，即设立统筹基金，分别对住院费用和门诊费用进行补偿。

（3）大病统筹，即仅设立大病统筹基金对住院和部分特殊病种大额门诊费用进行补偿。

四、新型农村合作医疗的组织管理

卫生部是国务院确定的全国新型农村合作医疗工作的主管部门。

新型农村合作医疗制度以县（市）为单位进行统筹，省、地级人民政府成立由卫生、财政、农业、民政、审计、扶贫等部门组成的农村合作医疗协调小组。各级卫生行政部门内部应设立专门的农村合作医疗管理机构。

县级人民政府成立由有关部门和参加合作医疗的农民代表组成的农村合作医疗管理委员会，负责有关组织、协调、管理和指导工作。委员会下设经办机构，负责具体业务工作，人员由县级人民政府调剂解决。可根据需要在乡（镇）设立派出机构（人员）或委托有关机构管理。

五、新型农村合作医疗基金

1. 新型农村合作医疗基金的含义及性质

新型农村合作医疗基金，是指由参合农民个人缴纳、集体扶持、政府资助所筹集的，用于对参合农民医药费用进行补偿的专项资金，该基金主要用于补助参加新型农村合作医疗的农民的大额医疗费用或住院医疗费用。

新型农村合作医疗基金不同于一般性财政资金和其他政府性基金,它是由农民自愿缴纳、集体扶持、政府资助的民办公助社会性资金。各统筹地区财政部门应当在社会保障基金财政专户中设立新型农村合作医疗基金专账,专门管理和核算该基金。新农合基金实行收支两条线管理,必须专款专用,全部用于参合人员的医药费用补偿,任何地方、部门、单位和个人均不得挤占、挪用,不得用于平衡财政预算,不得用于经办机构人员和工作经费。

2. 新型农村合作医疗基金的筹集

新型农村合作医疗制度实行个人缴费、集体扶持和政府资助相结合的筹资机制。合作医疗基金的收入包括农民个人缴费收入、农村医疗救助资助收入、集体扶持收入、政府资助收入、利息收入和其他收入。

农民个人缴费收入是指参合农民以家庭为单位,按照规定的缴费标准缴纳的资金收入。

农村医疗救助资助收入是指农村医疗救助资金为资助医疗救助对象参加新型农村合作医疗,享受合作医疗待遇而缴纳的资金收入。

集体扶持收入是指乡(镇)、村等集体经济组织扶持新农合的资金收入。集体出资部分不得向农民摊派。

政府资助收入是指各级政府按照规定标准和参合农民人数,资助新农合的资金收入。

利息收入是指基金存入银行所取得的利息收入。

其他收入是指社会组织和个人对新农合的捐赠收入以及经财政部门核准的其他收入。

3. 新型农村合作医疗基金补偿范围

《关于建立新型农村合作医疗制度的意见》规定:"农村合作医疗基金主要补助参加新型农村合作医疗农民的大额医疗费用或住院医疗费用。有条件的地方,可实行大额医疗费用补助与小额医疗费用补助结合的办法。对参加新型农村合作医疗的农民,年内没有动用农村合作医疗基金的,要安排进行一次常规性体检。各省、自治区、直辖市要制订农村合作医疗报销基本药物目录。"

关于新型农村合作医疗基金的补偿范围,各地的具体规定不一,一般都规定了不予支付的例外情形。以广东省为例,《广东省新型农村合作医疗基本诊疗项目范围(2010年版)》规定:新农合基金不予支付医疗费用的情形有:①自杀、自残的(精神病除外);②斗殴、酗酒、吸毒及其他违法乱纪所致伤病的;③交通事故、意外事故、医疗事故等明确由他方负责的;④在国外或香港、澳门特别行政区以及台湾地区进行治疗的;⑤工伤明确由他方负责的;⑥按有关规定不予支付的其他情形。

4. 新型农村合作医疗基金的管理

农村合作医疗基金由农村合作医疗管理委员会及其经办机构,按照以收定支、收支平衡和公开、公平、公正的原则进行管理，必须专款专用，专户储存，不得挤占挪用。基金支出应按照新农合制度规定的项目和标准执行，任何部门、单位和个人不得擅自增加支出项目和随意提高补偿标准。经办机构的人员经费、银行手续费等工作经费不得在基金中列支。

农村合作医疗经办机构应在管理委员会认定的国有商业银行设立农村合作医疗基金专用账户，并建立健全农村合作医疗基金管理的规章制度，按照规定合理筹集、及时审核支付农村合作医疗基金，确保基金的安全和完整。

农民个人缴费及乡村集体经济组织的扶持资金，原则上按年由农村合作医疗经办机构在乡镇设立的派出机构（人员）或委托有关机构收缴，存入农村合作医疗基金专用账户；地方财政支持资金，由地方各级财政部门根据参加新型农村合作医疗的实际人数，划拨到农村合作医疗基金专用账户；中央财政补助中西部地区新型农村合作医疗的专项资金，由财政部根据各地区参加新型农村合作医疗的实际人数和资金到位等情况核定，向省级财政划拨。

农村合作医疗经办机构要定期向农村合作医疗管理委员会汇报农村合作医疗基金的收支、使用情况；要采取张榜公布等措施，定期向社会公布农村合作医疗基金的具体收支、使用情况。

县级人民政府可根据本地实际情况，成立由相关政府部门和参加合作医疗的农民代表共同组成的农村合作医疗监督委员会，定期检查、监督农村合作医疗基金使用和管理情况。农村合作医疗管理委员会应当定期向监督委员会和同级人民代表大会汇报工作，主动接受监督。审计部门应当定期对农村合作医疗基金收支和管理情况进行审计。

六、参加新农合的农民的权利

参加新型农村合作医疗的农民享有的权利，主要包括以下几方面：

（1）定点医疗服务机构的选择权。参合农民就诊时有权依照有关规定，自主选择定点医疗服务机构。

（2）获得补偿权。参合农民因病就诊后，享有依照有关规定获得补偿的权利。

（3）年内没有动用农村合作医疗基金的，享有进行一次常规性体检的权利。

（4）参与权。参加合作医疗的农民有权作为代表，参与县级人民政府成立的农村合作医疗管理委员会和农村合作医疗监督委员会。

（5）知情权。参合农民对于农村合作医疗基金的收支、使用情况，享有知情权，农村合作医疗经办机构应当定期向农村合作医疗管理委员会汇报农村合作医疗基金的收支、使用情况；应当采取张榜公布等措施，定期向社会公布农村合作医疗基金的具体收支、使用情况。

（6）监督权。参合农民有权监督合作医疗经办机构、定点医疗服务机构是否遵守新农合相关规定，有权监督农村合作医疗基金的使用情况。

第二节 农村医疗救助制度

一、农村医疗救助制度概述

农村医疗救助制度，是指通过政府拨款和社会各界自愿捐助等多渠道筹资，以资助救助对象缴纳个人应负担的全部或部分资金，参加农村合作医疗，或者对符合条件的救助对象予以补助医疗费用等形式，对患大病的农村五保户和贫困农民家庭实行医疗救助的制度。

长期以来，我国并无针对农村贫困人口实施医疗救助的制度性安排，直至2002年，中共中央、国务院发布《关于进一步加强农村卫生工作的决定》，明确农村卫生工作的目标是"到2010年，在全国农村基本建立起适应社会主义经济体制要求和农村社会经济发展水平的农村卫生服务体系和农村合作医疗制度，建立以大病统筹为主的新型合作医疗制度和医疗救助制度"。2003年，民政部、卫生部、财政部联合发布《关于实施农村医疗救助的意见》后，专门针对农村贫困人口的医疗救助试点工作在全国开始实施。2005年，农村医疗救助工作由试点转为在全国范围内正式施行。由此，我国建立起专业化、制度化的农村医疗救助制度。

二、农村医疗救助的对象

《关于实施农村医疗救助的意见》（以下简称《意见》）（民发［2003］158号）规定，农村医疗救助的对象包括两类：一是农村五保户、农村贫困户家庭成员；二是地方政府规定的其他符合条件的农村贫困农民。该《意见》规定救助对象的具体条件由地方民政部门会同财政部、卫生部门制定，报同级人民政府批准。

前述《意见》颁布后，相继有地方政府就本辖区的农村医疗救助问题制定了相关的规范性文件，对于救助对象的具体条件，各地的规定并不完全一致。如2010年3月1日起实施的《广东省城乡特困居民医疗救助办法》将广东省城乡特困居民医疗救助对象限定为具有本省户籍的三类人员：一是城乡最低生活保障对象；二是农村五保供养对象和城镇无经济来源、无劳动能力、无法定赡养人或抚养人的人员（简称城镇"三无"人员）；三是县级以上人民政府规定的其他特殊困难人员。

三、农村医疗救助的方式

《关于实施农村医疗救助的意见》规定的救助方式有以下几种：

（1）开展新型农村合作医疗的地区，资助医疗救助对象缴纳个人应负担的全部或部分资金，参加当地合作医疗，享受合作医疗待遇。因患大病经合作医疗补助后个人负担医疗费用过高，影响家庭基本生活的，再给予适当的医疗救助。

（2）尚未开展新型农村合作医疗的地区，对因患大病个人负担费用难以承担，影响家庭基本生活的，给予适当医疗救助。

（3）国家规定的特种传染病救治费用，按有关规定给予补助。

四、农村医疗救助的范围

对于农村医疗救助的范围，《关于实施农村医疗救助的意见》作出了原则性规定，相关地方性规范性文件对此多采取排除法，即明确列举不予救助的情形。以广东省为例，2010年3月1日起施行的《广东省城乡特困居民医疗救助办法》第11条规定：下列情形不予救助：

（1）未按规定办理相关手续，自行到非定点医疗机构就医或自行购买药品的费用（急诊、抢救除外）；

（2）因自身违法行为导致的医疗费用；

（3）因自杀、自残等发生的医疗费用（精神病除外）；

（4）交通事故、医疗事故等应由他方承担支付的医疗费用；

（5）超出城镇居民（职工）医保和新农合的药品目录、诊疗项目、医疗服务设施标准等规定范围的医疗费用。

五、农村医疗救助金的申请、审核、审批、发放程序

1. 申请

农村医疗救助实行属地化管理原则，申请人（户主）向村民委员会提出书面申请，填写申请表，如实提供医疗诊断书、医疗费用收据、必要的病史材料、已参加合作医疗按规定领取的合作医疗补助凭证、社会互助帮困情况证明等，经村民代表会议评议同意后报乡镇人民政府审核。

2. 审核

乡镇人民政府对上报的申请表和有关材料进行逐项审核，对符合医疗救助条件的，上报县（市、区）民政局审批。

乡镇人民政府根据需要，可以采取入户调查、邻里访问以及信函索证等方式对申请人的医疗支出和家庭经济状况等有关材料进行调查核实。

3. 审批

县级人民政府民政部门对乡镇上报的有关材料进行复审核实，并及时签署审批意见。对符合医疗救助条件的家庭核准其享受医疗救助的金额，对不符合享受医疗救助条件的，应当书面通知申请人，并说明理由。

4. 发放

医疗救助金由乡镇人民政府发放，也可以采取社会化发放或其他发放办法。《农村医疗救助基金管理试行办法》规定：用于资助救助对象参加当地新型合作医疗的资金，由县级财政部门从"农村医疗救助基金专账"核拨至新型农村合作医疗基金专户，并通知新型农村合作医疗经办机构为其办理有关手续。经县级民政部门批准的救助对象大

病医疗费用补助资金，由县级财政部门按时将医疗救助资金核拨至民政部门的农村医疗救助基金专账，由县级民政部门支付给乡镇人民政府发放，或由县级民政部门通过银行、邮局等直接支付给救助对象，也可以采取其他社会化发放方法。有条件的地方，应逐步实行国库集中支付。

六、农村医疗救助基金

1. 农村医疗救助基金的含义

农村医疗救助基金是通过政府拨款和社会各界自愿捐助等多渠道筹集，按照公开、公平、公正、专款专用、量入为出、收支平衡的原则进行管理，用于农民贫困家庭医疗救助、资助救助对象参加当地新型农村合作医疗或补助救助对象的大病医疗费用，以及符合国家规定的特种传染病救治费用的专用基金。

2. 农村医疗救助基金的来源

农村医疗救助基金来源于财政拨款、彩票公益金、社会各界自愿捐助、利息收入等。

（1）财政拨款。地方各级财政每年根据本地区开展农村医疗救助工作的实际需要和财力状况，在年初财政预算中合理安排农村医疗救助资金。

县级以上财政部门对实行农村医疗救助制度的困难地区给予资金支持。中央财政对中西部等贫困地区农村医疗救助给予适当支持，具体补助金额由财政部、民政部根据各地医疗救助人数和财政状况以及工作成效等因素确定。补助下级的预算资金全部通过国库划拨，预算外资金的划拨按相关规定办理。

对于财政向农村医疗救助基金拨款的标准，各地的规定不一。《广东省城乡特困居民医疗救助办法》规定：全省各地财政每年按当地城乡最低生活保障标准每人每月增加14%的比例预算，安排基本医疗救助资金。

（2）彩票公益金。地方各级民政部门每年从留归民政部门使用的彩票公益金中提取一定比例或一定数额的资金用于农村医疗救助。

各地关于提取比例的规定并不一致。如《广东省城乡特困居民医疗救助办法》规定：全省各地在社会福利彩票公益金的地方留成部分中按照20%比例安排基本医疗救助资金。《甘肃省城乡医疗救助试行办法》规定：提取各级当年福利彩票公益金的1%注入农村医疗救助基金。

（3）社会各界自愿捐助。国家鼓励社会各界自愿捐赠资金用于农村医疗救助。

（4）农村医疗救助基金形成的利息收入。

（5）按规定可用于农村医疗救助的其他资金。

第三节 农村社会养老保险制度

一、农村社会养老保险制度的历史沿革

社会养老保险制度是国家根据人民的体质和劳动力资源情况,规定一个年龄界限,当劳动者达到这个年龄界限时,作为年老丧失劳动能力者,解除劳动义务,由国家和社会提供物质帮助,保障其晚年基本生活的一种社会保障制度。

1986年之前,我国农民的养老问题基本依靠家庭解决。1986年,国家"七五"计划提出了建立农村社会养老保险制度的目标。1991年,我国在山东省的五个县开始农村社会养老保险(一般将其称为老农保)的试点。1992年,民政部颁布《县级农村社会养老保险基本方案(试行)》,我国开始实施以个人缴纳资金为主,集体补助为辅,国家以政策扶持,完全实行基金累积制个人账户模式的农村养老保险制度。

老农保在制度设计上存在诸多缺陷,其"含金量"遭到质疑,如农民收入普遍偏低,个人筹资能力有限,但养老金完全由个人账户支付,制度设计上未考虑物价上涨因素等,前述缺陷导致农民的参保积极性低,试点工作进展缓慢。1999年,国务院认为我国农村尚不具备普遍实行社会养老保险的条件,决定清理整顿老农保,停止办理相关业务,由此,历时十余年的老农保退出历史舞台。

2009年,国务院发布《关于开展新型农村社会养老保险试点的指导意见》(以下简称《指导意见》)(国发〔2009〕32号),决定从2009年起开展新型农村社会养老保险(简称新农保)试点,建立个人缴费、集体补助、政府补贴相结合的新农保制度,实行社会统筹与个人账户相结合,新农保与家庭养老、土地保障、社会救助等其他社会保障政策措施相配套,保障农村居民的老年基本生活。《指导意见》决定2009年试点覆盖面为全国10%的县(市、区、旗),以后逐步扩大试点,在全国普遍实施,2020年之前基本实现对农村适龄居民的全面覆盖。

2010年,人力资源和社会保障部发布《关于2010年扩大新型农村社会养老保险试点的通知》(人社部发〔2010〕27号),决定扩大新农保的试点工作,实行重点扩面与普遍扩面相结合,将全国总的试点覆盖范围扩大到23%左右。

第十一届全国人民代表大会常务委员会第十七次会议通过,自2011年7月1日起实施的《社会保险法》明确规定:"国家建立和完善新型农村社会养老保险制度。"这一规定,为我国建立新型农村社会养老保险制度提供了法律保障。

二、新型农村社会养老保险制度概述

(一)新型农村社会养老保险制度的含义

新型农村社会养老保险制度,是指以个人缴费、集体补助和政府补贴的方式筹集资金,为符合国家规定条件的农村居民,提供基本养老保险待遇的一种社会保障制度。

(二) 新型农村社会养老保险的原则

《关于开展新型农村社会养老保险试点的指导意见》（国发［2009］32号）规定：新农保工作要高举中国特色社会主义伟大旗帜，以邓小平理论和"三个代表"重要思想为指导，深入贯彻落实科学发展观，按照加快建立覆盖城乡居民的社会保障体系的要求，逐步解决农村居民老有所养的问题。

新农保试点的基本原则是"保基本、广覆盖、有弹性、可持续"。"保基本"意味着新农保的政策目标主要是保障农村居民老年时的基本生活，"广覆盖"意味着该制度将在全国范围内普遍实施，"有弹性"是指该制度将满足不同收入水平的农民的多样化的养老需求，"可持续"说明该制度将建立在科学决策的基础之上。

根据《关于开展新型农村社会养老保险试点的指导意见》的规定，推行新农保的过程中，应当注意以下几点：一是从农村实际出发，低水平起步，筹资标准和待遇标准要与经济发展及各方面承受能力相适应；二是个人（家庭）、集体、政府合理分担责任，权利与义务相对应；三是政府主导和农民自愿相结合，引导农村居民普遍参保；四是中央确定基本原则和主要政策，地方制订具体办法，对参保居民实行属地管理。

(三) 新型农村社会养老保险制度与传统农村社会养老保险制度的区别

新、老农保制度的区别，主要体现在以下几个方面：

1. 性质

新农保设立统筹基金账户，基础养老金由国家财政保证支付，带有社会福利性质。新农保是继取消农业税、农业直补、新型农村合作医疗等政策之后的又一项重大惠农政策。

老农保的参保人不能从国家获得任何补贴，养老保险实质上类似于个人储蓄，不具有社会福利的性质。

2. 筹资渠道

新农保实行个人缴费、集体补助、政府补贴相结合，政府对符合条件的参保人全额支付基础养老金，地方政府对参保人给予补贴，地方政府为农村重度残疾人等缴费困难群体代缴部分或全部最低标准的养老保险费。

老农保的资金筹集以个人交纳为主，集体补助为辅，国家给予政策扶持为原则。个人交纳占一定比例，集体补助主要从乡镇企业利润和集体积累中支付；国家予以政策扶持，主要通过对乡镇企业支付集体补助予以税前列支体现。

3. 养老金支付结构

新农保的养老金待遇由基础养老金和个人账户养老金组成，而基础养老金由国家财政全部保证支付，参保农民60岁以后都将享受国家普惠式的养老金。

老农保实行基金积累制个人账户模式，养老金待遇完全由个人账户累积总额确定。

4. 基金管理模式

新农保基金纳入社会保障基金财政专户，实行收支两条线管理，单独记账、单独核算。

老农保基金以县为单位统一管理，县（市）农村社会养老保险机构在指定的专业银行设立农村社会养老保险基金专户，专账专管，专款专用。

5. 保值增值方式

新农保基金的投资范围不限于银行存款，还包括买卖国债和其他具有良好流动性的金融工具，如上市流通的证券投资基金、股票、信用等级在投资级以上的企业债、金融债等有价证券。

老农保基金保值增值的方式主要是购买国家财政发行的高利率债券和存入银行，不直接用于投资。

三、新型农村社会养老保险的参保范围

《关于开展新型农村社会养老保险试点的指导意见》规定：年满16周岁（不含在校学生）、未参加城镇职工基本养老保险的农村居民，可以在户籍地自愿参加新农保。

《广东省新型农村社会养老保险试点实施办法》规定：年满16周岁，具有广东省户籍且未参加城镇职工基本养老保险的农村居民（含渔民、牧民等，不含在校学生），可在户籍地自愿参加新农保。

四、新农保基金

（一）新农保基金的来源

新农保基金由个人缴费、集体补助、政府补贴构成。《社会保险法》第21条规定："新型农村社会养老保险实行个人缴费、集体补助和政府补贴相结合。"《关于开展新型农村社会养老保险试点的指导意见》对新农保基金的具体规定如下：

1. 个人缴费

参加新农保的农村居民应当按规定缴纳养老保险费。缴费标准目前设为每年100元、200元、300元、400元、500元5个档次，地方可以根据实际情况增设缴费档次。参保人自主选择档次缴费，多缴多得。国家依据农村居民人均纯收入增长等情况适时调整缴费档次。

2. 集体补助

有条件的村集体应当对参保人缴费给予补助，补助标准由村民委员会召开村民会议民主确定。鼓励其他经济组织、社会公益组织、个人为参保人缴费提供资助。

3. 政府补贴

政府对符合领取条件的参保人全额支付新农保基础养老金，其中中央财政对中西部地区按中央确定的基础养老金标准给予全额补助，对东部地区给予50%的补助。

地方政府应当对参保人缴费给予补贴，补贴标准不低于每人每年30元；对选择较高档次标准缴费的，可给予适当鼓励，具体标准和办法由省（区、市）人民政府确定；对农村重度残疾人等缴费困难群体，地方政府为其代缴部分或全部最低标准的养老保险费。

(二) 新农保基金的管理

新农保基金纳入社会保障基金财政专户,实行收支两条线管理,单独记账、核算,按有关规定实现保值增值。新农保工作经费纳入同级财政预算,不得从新农保基金中开支。试点阶段,新农保基金暂时实行县级管理,随着试点扩大和推开,逐步提高管理层次;有条件的地方也可直接实行省级管理。

《关于开展新型农村社会养老保险试点的指导意见》规定:各级人力资源社会保障部门要切实履行新农保基金的监管职责,制定并完善新农保各项业务管理规章制度,规范业务程序,建立健全内控制度和基金稽核制度,对基金的筹集、上解、划拨、发放进行监控和定期检查,并定期披露新农保基金筹集和支付的信息,做到公开透明,加强社会监督。财政、监察、审计部门按各自职责实施监督,严禁挤占挪用,确保基金安全。试点地区新农保经办机构和村民委员会每年在行政村范围内对村内参保人缴费和待遇领取资格进行公示,接受群众监督。

五、养老金待遇

1. 养老金领取条件

《社会保险法》第 20 条规定:"参加新型农村社会养老保险的农村居民,符合国家规定条件的,按月领取新型农村社会养老保险待遇。"

年满 60 周岁、未享受城镇职工基本养老保险待遇的农村有户籍的老年人,可以按月领取养老金。

新农保制度实施时,已年满 60 周岁、未享受城镇职工基本养老保险待遇的,不用缴费,可以按月领取基础养老金,但其符合参保条件的子女应当参保缴费;距领取年龄不足 15 年的,应按年缴费,也允许补缴,累计缴费不超过 15 年;距领取年龄超过 15 年的,应按年缴费,累计缴费不少于 15 年。

2. 养老金计发办法

《社会保险法》第 20 条规定:"新型农村社会养老保险待遇由基础养老金和个人账户养老金组成。"

国家为每个新农保参保人建立终身记录的养老保险个人账户。个人缴费,集体补助及其他经济组织、社会公益组织、个人对参保人缴费的资助,地方政府对参保人的缴费补贴,全部记入个人账户。个人账户储存额目前每年参考中国人民银行公布的金融机构人民币一年期存款利率计息。

中央确定的基础养老金标准为每人每月 55 元。地方政府可以根据实际情况提高基础养老金标准。对于长期缴费的农村居民,可适当加发基础养老金,提高和加发部分的资金由地方政府支出。

个人账户养老金的月计发标准为个人账户全部储存额除以 139(与现行城镇职工基本养老保险个人账户养老金计发系数相同)。参保人死亡,个人账户中的资金余额,除政府补贴外,可以依法继承;政府补贴余额用于继续支付其他参保人的养老金。农村居民缴纳养老保险费的年限越长，个人账户中的储存额越多，领取的养老金越多。

3. 待遇调整

新农保实行养老待遇增长机制，国家根据经济发展和物价变动等情况，适时调整全国新农保基础养老金的最低标准。

六、相关制度衔接

1. 新农保和老农保的衔接

《关于开展新型农村社会养老保险试点的指导意见》规定：在新农保试点地区，凡已参加了老农保、年满60周岁且已领取老农保养老金的参保人，可直接享受新农保基础养老金；对已参加老农保、未满60周岁且没有领取养老金的参保人，应将老农保个人账户资金并入新农保个人账户，按新农保的缴费标准继续缴费，待符合规定条件时享受相应待遇。

2. 新农保与城镇职工基本养老保险的衔接

我国原有的在县级统筹基础上发展起来，并以城镇企业职工为重点的养老保险制度，难以适应农民工进入城镇务工这一变化，农民工跨城乡就业，产生了新农保和城镇企业职工养老保险的转移接续问题。

由人力资源和社会保障部、财政部制定，于2010年1月1日起实施的《城镇企业职工基本养老保险关系转移接续暂行办法》第9条规定："农民工中断就业或返乡没有继续缴费的，由原参保地社保经办机构保留其基本养老保险关系，保存其全部参保缴费记录及个人账户，个人账户储存额继续按规定计息。农民工返回城镇就业并继续参保缴费的，无论其回到原参保地就业还是到其他城镇就业，均按前述规定累计计算其缴费年限，合并计算其个人账户储存额，符合待遇领取条件的，与城镇职工同样享受基本养老保险待遇；农民工不再返回城镇就业的，其在城镇参保缴费记录及个人账户全部有效，并根据农民工的实际情况，或在其达到规定领取条件时享受城镇职工基本养老保险待遇，或转入新型农村社会养老保险。"

国务院在《关于开展新型农村社会养老保险试点的指导意见》中，授权由人力资源和社会保障部会同财政部，制定农民工在城镇参加企业职工基本养老保险与在农村参加新型农村社会养老保险的具体衔接办法。

第四节　农村最低生活保障制度

一、农村最低生活保障制度概述

（一）农村最低生活保障制度的含义和目标

农村最低生活保障制度，是指对于家庭人均收入低于当地农村居民最低生活保障标准的农村贫困人口，由地方政府按照最低生活保障标准，提供维持其基本生活的物质帮助的社会救济制度。

建立农村最低生活保障制度的目标,是通过在全国范围建立农村最低生活保障制度,将符合条件的农村贫困人口全部纳入保障范围,稳定、持久、有效地解决全国农村贫困人口的温饱问题。

(二) 农村最低生活保障制度的发展

1996年,民政部印发《关于加快农村社会保障体系建设的意见》(以下简称《意见》),指出:"农村最低生活保障制度是对家庭人均收入低于最低生活保障标准的农村贫困人口,按最低生活保障标准进行差额补助的制度。建立农村最低生活保障制度是农村社会救济制度的重大改革,是确保农村贫困人口基本生活的重要措施,也是完善农村社会保障制度的一项重要内容。"该《意见》还确立了"保障资金由当地各级财政和村集体分担"的筹资原则,并要求"各地要积极试点,稳步推进"。

2007年7月,国务院发布《关于在全国建立农村最低生活保障制度的通知》(以下简称《通知》)(国发〔2007〕19号),决定在全国建立农村最低生活保障制度,《通知》对农村最低生活保障制度的意义、目标、总体要求、保障标准和适用对象等问题作出了具体规定。2007年8月,民政部宣告全国31个省、区、市已经建立了农村最低生活保障制度。

2010年5月,国务院办公厅转发扶贫办、民政部、财政部、统计局、中国残联等部门《关于做好农村最低生活保障制度和扶贫开发政策有效衔接扩大试点工作意见》(以下简称《意见》)(国办发〔2010〕31号),《意见》决定通过探索两项制度的有效衔接,充分发挥农村低保制度和扶贫开发政策的作用,保障农村贫困人口的基本生活,提高农村贫困人口的收入水平和自我发展能力,从而稳定解决温饱并实现脱贫致富,为全面实施两项制度的有效衔接、实现到2020年基本消除绝对贫困现象的目标奠定基础。

(三) 实施农村最低生活保障制度的意义

国务院于2007年发布《关于在全国建立农村最低生活保障制度的通知》,这是我国社会保障制度建设的一个重大转折,实施农村最低生活保障制度对我国社会经济持续、稳定、协调发展具有极为重要的意义。

1. 有利于保障农民的基本生存权利,解决农村贫困人口问题

我国宪法明确规定,中华人民共和国公民在年老、疾病和丧失劳动能力的情况下,有从国家和社会获得物质帮助的权利。改革开放以来,我国经济持续发展,农村贫困人口数量大幅减少,但仍有部分贫困人口尚未解决温饱问题,需要政府给予必要的救助,以保障其基本生活。农村最低生活保障制度,实质上是保障贫困农民基本生存权的制度,这一制度有利于从根本上解决农村贫困人口问题。

2. 有利于农村社会保障体系的建立和完善

农村最低生活保障制度是社会保障体系的重要组成部分,是农村贫困人口的最后一道生活保障线。较之传统的社会救济制度,农村最低生活保障制度覆盖所有农村贫困人口,能够更为直接、及时、最大限度地解决农民的生活困难问题,为贫困农民的基本生

活提供最起码的保障。农村最低生活保障制度，是农村社会保障体系的基础和关键，只有建立了农村最低生活保障制度，农村社会保障制度才能够得以健全，我国的社会保障体系才可能真正建立和完善。

3. 有利于维护农村的稳定

贫困农民的生活困难是农村社会不稳定的重要诱发因素，农村最低生活保障制度为农村贫困农户提供必要的生活保障，这对于缓解社会矛盾、维护农村社会的稳定起到十分积极的作用。

4. 有利于维护社会公正

在全国建立农村最低生活保障制度，是践行"三个代表"重要思想、落实科学发展观和构建社会主义和谐社会的必然要求，是解决农村贫困人口温饱问题的重要举措，也是建立覆盖城乡的社会保障体系的重要内容。做好这一工作，对于促进农村经济社会发展，逐步缩小城乡差距，维护社会公平具有重要意义。

二、农村最低生活保障的标准

建立农村最低生活保障制度的目的在于保障农村贫困户的基本生存，而非改善其生活质量和提高其福利待遇。既要保障农村贫困户的最低生存需要，又要防范道德风险，避免保障对象产生依赖心理乃至不劳而获的思想。

低保标准是低保制度的关键环节，是界定低保范围、核定低保对象、确定补助水平以及安排补助资金的重要依据。如果保障面过宽，可能影响低保对象劳动就业的积极性；如果不及时根据经济社会发展水平和财政承受能力，随着生活必需品的价格变化和人民生活水平的提高而适时调整低保标准，又将影响低保制度的实施效果和困难群众的基本生活保障力度。

国务院《关于在全国建立农村最低生活保障制度的通知》对保障标准作了原则性规定："农村最低生活保障标准由县级以上地方人民政府按照能够维持当地农村居民全年基本生活所必需的吃饭、穿衣、用水、用电等费用确定，并报上一级地方人民政府备案后公布执行。农村最低生活保障标准要随着当地生活必需品价格变化和人民生活水平提高适时进行调整。"各地确立农村居民最低生活保障标准的具体方法并不完全一致，如按照城市居民最低生活保障标准或最低工资标准的一定比例来确定、直接规定最低生活保障线标准等。

2011年5月18日，民政部、国家发展改革委员会、财政部、国家统计局印发《关于进一步规范城乡居民最低生活保障标准制定和调整工作的指导意见》（以下简称《意见》）（民发〔2011〕80号），《意见》进一步规范城乡低保标准的制定和调整工作，明确各地在制定和调整城乡低保标准时，可以采用基本生活费用支出法、恩格尔系数法或消费支出比例法，并要求低保标准的制定和调整，应当坚持以下原则：第一，坚持科学性原则，以维持当地居民基本生活所必需的消费品支出数据为基础，科学测算，充分论证；第二，坚持合理性原则，统筹考虑困难群众基本生活保障需要、当地经济社会发展水平和财力状况,使城乡低保标准与失业保险、最低工资、扶贫开发等政策标准合理衔接;第三,坚持动态性原则,建立和完善城乡低保标准与物价上涨挂钩的联动机制,并随着当地居民生活必需品价格变化和人民生活水平的提高定期调整城乡低保标准;第四,坚持规范性原则,制定和调整城乡低保标准要严格遵循有关政策规定和程序规范,确保公开、公正和透明。

《关于进一步规范城乡居民最低生活保障标准制定和调整工作的指导意见》的发布,标志着我国城乡低保标准动态调整机制正式建立。

三、农村最低生活保障的对象

农村最低生活保障的对象是特定的,这有别于社会保险、社会福利和优抚安置,社会保险的对象为全体劳动者,且具有国家强制性,社会福利则面向全体公民,通常采用"按人头发放"的做法,而社会优抚则只适用于特定的群体如军人及其家属。

国务院《关于在全国建立农村最低生活保障制度的通知》规定:"农村最低生活保障对象是家庭年人均纯收入低于当地最低生活保障标准的农村居民,主要是因病残、年老体弱、丧失劳动能力以及生存条件恶劣等原因造成生活常年困难的农村居民。"

各地对于农村居民最低生活保障对象的具体规定并不完全一致,广东省的具体规定如下:

《广东省城乡居(村)民最低生活保障制度实施办法》第10条规定:"最低生活保障对象是指有本辖区内常住户口,家庭人均月收入低于当地最低生活保障标准的城乡居(村)民,主要有以下四类人员:①无经济来源、无劳动能力、无法定赡养人或抚养人(以下简称'三无'人员)的居民;②领取失业救济金期间或失业救济期满仍未能重新就业,家庭人均收入低于当地最低生活保障标准的居民;③在职和下(待)岗人员在领取工资或最低工资、基本生活费后,以及退休人员领取养老金后,其家庭人均月收入仍低于当地最低生活保障标准的居民;④其他家庭人均月收入低于当地最低生活保障标准的城乡居(村)民(不包括农村五保对象)。"

《广东省城乡居(村)民最低生活保障制度实施办法》第11条规定:"申请者有下列情形之一的不予批准:①家庭实际生活水平明显高于一般家庭生活水平的;②家庭有非生活必需的高档消费品、有超出家庭人员居住面积需要并用于牟利的房产或其他不动产的;③家庭有劳动能力的成员无正当理由拒绝就业或参加劳动的;④违反《广东省计划生育条例》未采取补救措施的。"

四、农村最低生活保障金的管理程序

国务院《关于在全国建立农村最低生活保障制度的通知》对农村最低生活保障金的管理程序规定如下:

1. 申请、审核和审批

申请农村最低生活保障,一般由户主本人向户籍所在地的乡(镇)人民政府提出

申请；村民委员会受乡（镇）人民政府委托，也可受理申请。

受乡（镇）人民政府委托，在村党组织的领导下，村民委员会对申请人开展家庭经济状况调查，组织村民会议或村民代表会议民主评议后提出初步意见，报乡（镇）人民政府；乡（镇）人民政府审核后，报县级人民政府民政部门审批。

乡（镇）人民政府和县级人民政府民政部门应当核查申请人的家庭收入，了解其家庭财产、劳动力状况和实际生活水平，并结合村民民主评议，提出审核、审批意见。在核算申请人家庭收入时，申请人家庭按国家规定所获得的优待抚恤金、计划生育奖励与扶助金以及教育、见义勇为等方面的奖励性补助，一般不计入家庭收入，具体核算办法由地方人民政府确定。

2. 民主公示

村民委员会、乡（镇）人民政府以及县级人民政府民政部门应当及时向社会公布有关信息，接受群众监督。公示的内容重点为：最低生活保障对象的申请情况和对最低生活保障对象的民主评议意见，审核、审批意见，实际补助水平等情况。对公示没有异议的，按程序及时落实申请人的最低生活保障待遇；对公示有异议的，进行调查核实，认真处理。

3. 资金发放

最低生活保障金原则上按照申请人家庭年人均纯收入与保障标准的差额发放，也可以在核查申请人家庭收入的基础上，按照其家庭的困难程度和类别，分档发放。国家推行国库集中支付方式，通过代理金融机构直接、及时地将最低生活保障金支付到最低生活保障对象的账户。

4. 动态管理

乡（镇）人民政府和县级人民政府民政部门应当采取多种形式，定期或不定期调查了解农村困难群众的生活状况，及时将符合条件的困难群众纳入保障范围；并根据其家庭经济状况的变化，及时按程序办理停发、减发或增发最低生活保障金的手续。保障对象和补助水平变动情况都应当及时向社会公示。

五、农村最低生活保障资金

《关于在全国建立农村最低生活保障制度的通知》规定：农村最低生活保障资金的筹集以地方为主，地方各级人民政府应当将农村最低生活保障资金列入财政预算，省级人民政府应当加大投入。地方各级人民政府民政部门根据保障对象人数等提出资金需求，经同级财政部门审核后列入预算。中央财政对财政困难地区给予适当补助。国家鼓励和引导社会力量为农村最低生活保障提供捐赠和资助。农村最低生活保障资金实行专项管理，专账核算，专款专用，严禁挤占挪用。

各地农村最低生活保障资金的来源不一，存在完全由县（区）财政负担，由省、市、县三级财政负担，由县（市、区）、乡镇和村三级负担等情形，《广东省城乡居（村）民最低生活保障制度实施办法》第22条规定："农村村民最低生活保障资金由财政和乡镇、村民委员会集体经济共同负担。"

第五节 农村五保供养制度

一、农村五保供养制度概述

1. 农村五保供养制度的含义

农村五保供养制度，是指依照《农村五保供养工作条例》的规定，对于无法定赡养、抚养、扶养义务人（或者其法定赡养、抚养、扶养义务人无赡养、抚养、扶养能力），无劳动能力、无生活来源的老年、残疾或者未满16周岁的农村村民，在吃、穿、住、医、葬等方面，给予生活照顾和物质帮助的社会保障制度。

2. 农村五保供养制度的历史沿革

农村五保供养制度始于20世纪50年代农业合作化时期，农村高级合作社吸收鳏寡孤独和残疾人入社，安排他们参加力所能及的劳动，利用集体公积金、公益金助其解决生产、生活困难。1956年，第一届全国人民代表大会第三次会议通过的《高级农业生产合作社示范章程》规定："农业生产合作社对于缺乏劳动力或者完全丧失劳动力，生活没有依靠的老、弱、孤、寡、残疾的社员，在生产上和生活上给以适当的安排和照顾，保证他们的吃、穿和柴火的供应，保证年幼的受到教育和年老的死后安葬，使他们生养死葬都有依靠。"由此，农村五保供养制度正式形成。

十一届三中全会以后，我国农村全面推行以家庭联产承包为主的生产经营责任制，土地承包到个人，五保供养费用的筹集方式开始多样化，主要有村提留、乡镇统筹、亲属供养、代耕代养等多种形式。但随着农村生产管理和分配形式的变革，村级集体组织可供支配的公益金日益减少，原来依托集体经济实施的五保供养制度开始面临资金危机。

1991年，国务院颁布的《农民承担费用和劳务管理条例》规定"村提留包括公积金、公益金和管理费"，"公益金，用于五保户供养、特别困难户补助、合作医疗保健以及其他集体福利事业"，"乡统筹费可以用于五保户供养"。这一规定为农村五保供养主要依靠集体公益金运行的模式向主要以村提留、乡统筹为其经费和实物来源的模式转变，奠定了制度基础。

1994年，国务院颁布《农村五保供养工作条例》，以国家行政法规的形式明确规定了五保供养的对象、内容、标准以及资金来源等事项，这是我国第一部关于农村五保供养的专门法规，其颁布与实施标志着农村五保供养工作逐步规范化、法制化。

2000年，我国开始实行农村税费改革，取消乡镇统筹款，改革村提留征收和使用办法，以农业税的20%为上限征收农业税附加，替代原来的村提留。税费改革后，五保供养经费由原来主要从"三提五统"资金中解决，改为在农业税20%的附加中支出，但因这20%的附加还要用于村组干部的工资和办公经费等支出，导致用于五保供养的部分往往被挤占。

为了适应农村税费改革之后的新形势，2006年，国务院颁布了新的《农村五保供养工作条例》，该条例对传统农村五保供养制度进行了全面改革，确立了新型农村五保供养制度的框架，改变了五保供养经费由农村集体经济组织负担的做法，将农村五保供养对象纳入了公共财政的保障范围，实现了五保供养由传统的农民互助共济模式，向国家财政供养为主、集体保障和社会帮扶为辅的现代社会保障模式的转变。新条例还创建了五保供养标准的自然增长机制，这对于保障农村五保供养对象的正常生活，促进社会主义新农村建设具有重要意义。

3. 农村五保供养的原则

农村五保供养工作遵循下列原则：

（1）公开、公平、公正；

（2）集中供养与分散供养相结合；

（3）供养标准与经济社会发展水平相适应。

二、农村五保供养的对象

1. 农村五保供养的对象

根据《农村五保供养工作条例》的规定，老年、残疾或者未满16周岁的村民，无劳动能力、无生活来源又无法定赡养、抚养、扶养义务人，或者其法定赡养、抚养、扶养义务人无赡养、抚养、扶养能力的，享受农村五保供养待遇。已满16周岁但仍在接受义务教育的未成年人，无生活来源又无法定赡养、抚养、扶养义务人，或者其法定赡养、抚养、扶养义务人无赡养、抚养、扶养能力的，享受农村五保供养待遇。

有的地方性规章对五保供养对象的规定与《农村五保供养工作条例》并不完全一致，如《广东省农村五保供养工作规定》规定：已满16周岁但仍在接受义务教育、高中阶段教育的未成年人，无生活来源又无法定赡养、抚养、扶养义务人，或者其法定赡养、抚养、扶养义务人无赡养、抚养、扶养能力的，享受农村五保供养待遇。

2. 法定赡养、抚养、扶养义务人的范围

根据我国《婚姻法》的规定，法定赡养、抚养、扶养义务人的具体范围如下：

（1）法定赡养义务人包括：①子女有赡养父母的义务；②有负担能力的孙子女、外孙子女，对于子女已经死亡或子女无力赡养的祖父母、外祖父母，有赡养的义务。

（2）法定抚养义务人包括：①父母有抚养子女的义务；②有负担能力的祖父母、外祖父母，对于父母已经死亡或父母无力抚养的未成年的孙子女、外孙子女，有抚养的义务。

（3）法定扶养义务人包括：①有负担能力的兄、姐，对于父母已经死亡或父母无力抚养的未成年的弟、妹，有扶养的义务；②由兄、姐扶养长大的有负担能力的弟、妹，对于缺乏劳动能力又缺乏生活来源的兄、姐，有扶养的义务；③夫妻有互相扶养的义务。

三、农村五保供养的内容、标准和形式

1. 农村五保供养的内容

农村五保供养包括吃、穿、住、医、葬等方面的供养内容：

（1）供给粮油、副食品和生活用燃料。

（2）供给服装、被褥等生活用品和零用钱。

（3）提供符合基本居住条件的住房。

（4）提供疾病治疗，对生活不能自理的给予照料。农村五保供养对象的疾病治疗，应当与当地农村合作医疗和农村医疗救助制度相衔接。如《广东省农村五保供养工作规定》规定：农村五保供养对象参加农村合作医疗个人应缴纳费用，由县级农村医疗救助基金给予全额资助。

（5）办理丧葬事宜。

（6）农村五保供养对象未满16周岁或者已满16周岁仍在接受义务教育的，应当保障他们依法接受义务教育所需费用。

2. 农村五保供养的标准

农村五保供养标准，是指五保供养对象所需的基本生活费用标准，是确定五保供养水平的依据。《农村五保供养工作条例》确立了五保供养标准的自然增长机制，具体规定为：农村五保供养标准不得低于当地村民的平均生活水平，并根据当地村民平均生活水平的提高适时调整。农村五保供养标准，可以由省、自治区、直辖市人民政府制定，在本行政区域内公布执行，也可以由设区的市级或者县级人民政府以本行政区农村村民在吃、穿、住、医、教、葬等方面的人均消费支出指标为基础，同时考虑农民人均生活消费支出指标，制定当地农村五保供养标准，报所在的省、自治区、直辖市人民政府备案后公布执行。

《广东省农村五保供养工作规定》规定：农村五保供养标准由县级人民政府或者不设区的地级市人民政府每年按照不低于当地上年度农村居民人均纯收入的60%确定，并报省人民政府备案后公布执行。

3. 农村五保供养的形式

农村五保供养的形式包括集中供养和分散供养两种。农村五保供养对象可以在当地的农村五保供养服务机构集中供养，也可以在家分散供养。农村五保供养对象可以自行选择供养形式。

集中供养的农村五保供养对象，由农村五保供养服务机构提供供养服务；分散供养的农村五保供养对象，可以由村民委员会提供照料，也可以由农村五保供养服务机构提供有关供养服务。村民委员会可以委托村民对分散供养的农村五保供养对象提供照料。

乡、民族乡、镇人民政府应当与村民委员会或者农村五保供养服务机构签订供养服务协议，保证农村五保供养对象享受符合要求的供养。

四、农村五保供养资金

《农村五保供养工作条例》规定：农村五保供养资金，在地方人民政府财政预算中安排。有农村集体经营等收入的地方，可以从农村集体经营等收入中安排资金，用于补助和改善农村五保供养对象的生活。农村五保供养对象将承包土地交由他人代耕的，其收益归该农村五保供养对象所有。具体办法由省、自治区、直辖市人民政府规定。中央财政对财政困难地区的农村五保供养，在资金上给予适当补助。农村五保供养资金，应当专门用于农村五保供养对象的生活，任何组织或者个人不得贪污、挪用、截留或者私分。

五、农村五保资格的审批和管理

（一）农村五保资格的审批程序

对于供养对象的审批管理，《农村五保供养工作条例》确定了"本人自愿申请，本村范围内公告，村委会民主评议，乡镇人民政府审核，县级人民政府民政部门审批"的程序，申请享受农村五保供养待遇，应当按照下列程序办理：

1. 申请和公告

申请农村五保供养待遇，应当由村民本人向村民委员会提出；因年幼或者智力残疾无法表达意愿的，由村民小组或者其他村民代为提出申请。经村民委员会民主评议，对符合《农村五保供养工作条例》第6条规定条件的，在本村范围内公告；无重大异议的，由村民委员会将评议意见和有关材料报送乡、民族乡、镇人民政府审核。

2. 审核

乡、民族乡、镇人民政府应当对申请人的家庭状况和经济条件进行调查核实，申请人、有关组织或者个人应当配合、接受调查，如实提供有关情况。乡、民族乡、镇人民政府应当自收到评议意见之日起20日内提出审核意见，并将审核意见和有关材料报送县级人民政府民政部门审批。

3. 审批

县级人民政府民政部门应当自收到审核意见和有关材料之日起20日内作出审批决定。对批准给予农村五保供养待遇的，发给《农村五保供养证书》；对不符合条件不予批准的，应当书面说明理由。

需要注意的是，国家维护农村五保供养对象的财产权益，尊重农村五保供养对象合法使用、处分个人财产的自由，禁止将是否把财产交给集体或国家作为批准享受农村五保供养待遇的前提条件。

4. 复核

必要时，县级人民政府民政部门可以对申请人的家庭状况和经济条件进行复核。申请人、有关组织或者个人应当配合、接受调查，如实提供有关情况。

（二）农村五保资格的核销

农村五保供养对象有下列情形之一，不再符合《农村五保供养工作条例》第6条规定的五保条件，村民委员会或者敬老院等农村五保供养服务机构应当向乡、民族乡、镇人民政府报告，由乡、民族乡、镇人民政府审核并报县级人民政府民政部门核准后，核销其《农村五保供养证书》：

(1) 已具备劳动能力；
(2) 已获得稳定的生活来源；
(3) 已有具备供养能力的法定赡养、抚养、扶养义务人；
(4) 死亡并且丧葬事宜办理完毕。

六、农村五保供养工作的监督管理

《农村五保供养工作条例》规定了五保供养工作按行政区划分级负责的监管机制，具体规定如下：

国务院民政部门主管全国的农村五保供养工作；县级以上地方各级人民政府民政部门主管本行政区域内的农村五保供养工作。乡、民族乡、镇人民政府管理本行政区域内的农村五保供养工作。村民委员会协助乡、民族乡、镇人民政府开展农村五保供养工作。

县级以上地方各级人民政府民政部门和乡、民族乡、镇人民政府应当制定农村五保供养工作的管理制度，并负责督促实施。财政部门应当按时足额拨付农村五保供养资金，确保资金到位，并加强对资金使用情况的监督管理。审计机关应当依法加强对农村五保供养资金使用情况的审计。

农村五保供养待遇的申请条件、程序、民主评议情况以及农村五保供养的标准和资金使用情况等，应当向社会公告，接受社会监督。

农村五保供养服务机构应当遵守治安、消防、卫生、财务会计等方面的法律、法规和国家的有关规定，向农村五保供养对象提供符合要求的供养服务，并接受地方人民政府及其有关部门的监督管理。

七、违反农村五保供养制度的法律责任

对于违反农村五保供养制度的法律责任，《农村五保供养工作条例》规定如下：

有关行政机关及其工作人员有以下行为之一的：对符合农村五保供养条件的村民不予批准享受农村五保供养待遇，或者对不符合农村五保供养条件的村民批准其享受农村五保供养待遇；贪污、挪用、截留、私分农村五保供养款物；有其他滥用职权、玩忽职守、徇私舞弊行为。对直接负责的主管人员以及其他直接责任人员依法给予行政处分；构成犯罪的，依法追究刑事责任。

村民委员会组成人员贪污、挪用、截留农村五保供养款物的，依法予以罢免；构成犯罪的，依法追究刑事责任。

农村五保供养服务机构工作人员私分、挪用、截留农村五保供养款物的，予以辞退；构成犯罪的，依法追究刑事责任。

村民委员会或者农村五保供养服务机构对农村五保供养对象提供的供养服务不符合要求的，由乡、民族乡、镇人民政府责令其限期改正；逾期不改正的，乡、民族乡、镇人民政府有权终止供养服务协议；造成损失的，依法承担赔偿责任。

第九章练习题

1. 新型农村合作医疗制度的概念、原则是什么？
2. 参加新型农村合作医疗的农民享有哪些权利？
3. 《农村五保供养工作条例》规定的农村五保供养对象有哪些？
4. 农村五保供养的内容有哪些？
5. 新型农村合作医疗制度的特征是什么？
6. 新型农村合作医疗与商业性医疗保险的区别有哪些？
7. 实施农村最低生活保障制度的意义是什么？

附录　中华人民共和国村民委员会组织法

（1998年11月4日第九届全国人民代表大会常务委员会第五次会议通过 2010年10月28日第十一届全国人民代表大会常务委员会第十七次会议修订）

目　录

第一章　总　则

第二章　村民委员会的组成和职责

第三章　村民委员会的选举

第四章　村民会议和村民代表会议

第五章　民主管理和民主监督

第六章　附　则

第一章　总　则

第一条　为了保障农村村民实行自治，由村民依法办理自己的事情，发展农村基层民主，维护村民的合法权益，促进社会主义新农村建设，根据宪法，制定本法。

第二条　村民委员会是村民自我管理、自我教育、自我服务的基层群众性自治组织，实行民主选举、民主决策、民主管理、民主监督。

村民委员会办理本村的公共事务和公益事业，调解民间纠纷，协助维护社会治安，向人民政府反映村民的意见、要求和提出建议。

村民委员会向村民会议、村民代表会议负责并报告工作。

第三条　村民委员会根据村民居住状况、人口多少，按照便于群众自治，有利于经济发展和社会管理的原则设立。

村民委员会的设立、撤销、范围调整，由乡、民族乡、镇的人民政府提出，经村民会议讨论同意，报县级人民政府批准。

村民委员会可以根据村民居住状况、集体土地所有权关系等分设若干村民小组。

第四条　中国共产党在农村的基层组织，按照中国共产党章程进行工作，发挥领导核心作用，领导和支持村民委员会行使职权；依照宪法和法律，支持和保障村民开展自治活动、直接行使民主权利。

第五条　乡、民族乡、镇的人民政府对村民委员会的工作给予指导、支持和帮助，但是不得干预依法属于村民自治范围内的事项。

村民委员会协助乡、民族乡、镇的人民政府开展工作。

第二章　村民委员会的组成和职责

第六条　村民委员会由主任、副主任和委员共三至七人组成。

村民委员会成员中，应当有妇女成员，多民族村民居住的村应当有人数较少的民族的成员。

对村民委员会成员，根据工作情况，给予适当补贴。

第七条　村民委员会根据需要设人民调解、治安保卫、公共卫生与计划生育等委员会。村民委员会成员可以兼任下属委员会的成员。人口少的村的村民委员会可以不设下属委员会，由村民委员会成员分工负责人民调解、治安保卫、公共卫生与计划生育等工作。

第八条　村民委员会应当支持和组织村民依法发展各种形式的合作经济和其他经济，承担本村生产的服务和协调工作，促进农村生产建设和经济发展。

村民委员会依照法律规定，管理本村属于村农民集体所有的土地和其他财产，引导村民合理利用自然资源，保护和改善生态环境。

村民委员会应当尊重并支持集体经济组织依法独立进行经济活动的自主权，维护以家庭承包经营为基础、统分结合的双层经营体制，保障集体经济组织和村民、承包经营户、联户或者合伙的合法财产权和其他合法权益。

第九条　村民委员会应当宣传宪法、法律、法规和国家的政策，教育和推动村民履行法律规定的义务，爱护公共财产，维护村民的合法权益，发展文化教育，普及科技知识，促进男女平等，做好计划生育工作，促进村与村之间的团结、互助，开展多种形式的社会主义精神文明建设活动。

村民委员会应当支持服务性、公益性、互助性社会组织依法开展活动，推动农村社区建设。

多民族村民居住的村，村民委员会应当教育和引导各民族村民增进团结、互相尊重、互相帮助。

第十条　村民委员会及其成员应当遵守宪法、法律、法规和国家的政策，遵守并组织实施村民自治章程、村规民约，执行村民会议、村民代表会议的决定、决议，办事公道，廉洁奉公，热心为村民服务，接受村民监督。

第三章　村民委员会的选举

第十一条　村民委员会主任、副主任和委员，由村民直接选举产生。任何组织或者个人不得指定、委派或者撤换村民委员会成员。

村民委员会每届任期三年，届满应当及时举行换届选举。村民委员会成员可以连选连任。

第十二条　村民委员会的选举，由村民选举委员会主持。

村民选举委员会由主任和委员组成，由村民会议、村民代表会议或者各村民小组会议推选产生。

村民选举委员会成员被提名为村民委员会成员候选人，应当退出村民选举委员会。

村民选举委员会成员退出村民选举委员会或者因其他原因出缺的，按照原推选结果依次递补，也可以另行推选。

第十三条　年满十八周岁的村民，不分民族、种族、性别、职业、家庭出身、宗教信仰、教育程度、财产状况、居住期限，都有选举权和被选举权；但是，依照法律被剥夺政治权利的人除外。

村民委员会选举前，应当对下列人员进行登记，列入参加选举的村民名单：

（一）户籍在本村并且在本村居住的村民；

（二）户籍在本村，不在本村居住，本人表示参加选举的村民；

（三）户籍不在本村，在本村居住一年以上，本人申请参加选举，并且经村民会议或者村民代表会议同意参加选举的公民。

已在户籍所在村或者居住村登记参加选举的村民，不得再参加其他地方村民委员会的选举。

第十四条　登记参加选举的村民名单应当在选举日的二十日前由村民选举委员会公布。

对登记参加选举的村民名单有异议的，应当自名单公布之日起五日内向村民选举委员会申诉，村民选举委员会应当自收到申诉之日起三日内作出处理决定，并公布处理结果。

第十五条　选举村民委员会，由登记参加选举的村民直接提名候选人。村民提名候选人，应当从全体村民利益出发,推荐奉公守法、品行良好、公道正派、热心公益、具有一定文化水平和工作能力的村民为候选人。候选人的名额应当多于应选名额。村民选举委员会应当组织候选人与村民见面,由候选人介绍履行职责的设想,回答村民提出的问题。

选举村民委员会,有登记参加选举的村民过半数投票,选举有效;候选人获得参加投票的村民过半数的选票,始得当选。当选人数不足应选名额的,不足的名额另行选举。另行选举的,第一次投票未当选的人员得票多的为候选人,候选人以得票多的当选,但是所得票数不得少于已投选票总数的三分之一。

选举实行无记名投票、公开计票的方法,选举结果应当当场公布。选举时,应当设立秘密写票处。

登记参加选举的村民,选举期间外出不能参加投票的,可以书面委托本村有选举权的近亲属代为投票。村民选举委员会应当公布委托人和受委托人的名单。

具体选举办法由省、自治区、直辖市的人民代表大会常务委员会规定。

第十六条 本村五分之一以上有选举权的村民或者三分之一以上的村民代表联名,可以提出罢免村民委员会成员的要求,并说明要求罢免的理由。被提出罢免的村民委员会成员有权提出申辩意见。

罢免村民委员会成员,须有登记参加选举的村民过半数投票,并须经投票的村民过半数通过。

第十七条 以暴力、威胁、欺骗、贿赂、伪造选票、虚报选举票数等不正当手段当选村民委员会成员的,当选无效。

对以暴力、威胁、欺骗、贿赂、伪造选票、虚报选举票数等不正当手段,妨害村民行使选举权、被选举权,破坏村民委员会选举的行为,村民有权向乡、民族乡、镇的人民代表大会和人民政府或者县级人民代表大会常务委员会和人民政府及其有关主管部门举报,由乡级或者县级人民政府负责调查并依法处理。

第十八条 村民委员会成员丧失行为能力或者被判处刑罚的,其职务自行终止。

第十九条 村民委员会成员出缺,可以由村民会议或者村民代表会议进行补选。补选程序参照本法第十五条的规定办理。补选的村民委员会成员的任期到本届村民委员会任期届满时止。

第二十条 村民委员会应当自新一届村民委员会产生之日起十日内完成工作移交。工作移交由村民选举委员会主持,由乡、民族乡、镇的人民政府监督。

第四章 村民会议和村民代表会议

第二十一条 村民会议由本村十八周岁以上的村民组成。

村民会议由村民委员会召集。有十分之一以上的村民或者三分之一以上的村民代表提议,应当召集村民会议。召集村民会议,应当提前十天通知村民。

第二十二条 召开村民会议,应当有本村十八周岁以上村民的过半数,或者本村三分之二以上的户的代表参加,村民会议所作决定应当经到会人员的过半数通过。法律对召开村民会议及作出决定另有规定的,依照其规定。

召开村民会议,根据需要可以邀请驻本村的企业、事业单位和群众组织派代表列席。

第二十三条 村民会议审议村民委员会的年度工作报告,评议村民委员会成员的工作;有权撤销或者变更村民委员会不适当的决定;有权撤销或者变更村民代表会议不适当的决定。

村民会议可以授权村民代表会议审议村民委员会的年度工作报告,评议村民委员会成员的工作,撤销或者变更村民委员会不适当的决定。

第二十四条 涉及村民利益的下列事项,经村民会议讨论决定方可办理:

（一）本村享受误工补贴的人员及补贴标准；
（二）从村集体经济所得收益的使用；
（三）本村公益事业的兴办和筹资筹劳方案及建设承包方案；
（四）土地承包经营方案；
（五）村集体经济项目的立项、承包方案；
（六）宅基地的使用方案；
（七）征地补偿费的使用、分配方案；
（八）以借贷、租赁或者其他方式处分村集体财产；
（九）村民会议认为应当由村民会议讨论决定的涉及村民利益的其他事项。

村民会议可以授权村民代表会议讨论决定前款规定的事项。

法律对讨论决定村集体经济组织财产和成员权益的事项另有规定的，依照其规定。

第二十五条　人数较多或者居住分散的村，可以设立村民代表会议，讨论决定村民会议授权的事项。村民代表会议由村民委员会成员和村民代表组成，村民代表应当占村民代表会议组成人员的五分之四以上，妇女村民代表应当占村民代表会议组成人员的三分之一以上。

村民代表由村民按每五户至十五户推选一人，或者由各村民小组推选若干人。村民代表的任期与村民委员会的任期相同。村民代表可以连选连任。

村民代表应当向其推选户或者村民小组负责，接受村民监督。

第二十六条　村民代表会议由村民委员会召集。村民代表会议每季度召开一次。有五分之一以上的村民代表提议，应当召集村民代表会议。

村民代表会议有三分之二以上的组成人员参加方可召开，所作决定应当经到会人员的过半数同意。

第二十七条　村民会议可以制定和修改村民自治章程、村规民约，并报乡、民族乡、镇的人民政府备案。

村民自治章程、村规民约以及村民会议或者村民代表会议的决定不得与宪法、法律、法规和国家的政策相抵触，不得有侵犯村民的人身权利、民主权利和合法财产权利的内容。

村民自治章程、村规民约以及村民会议或者村民代表会议的决定违反前款规定的，由乡、民族乡、镇的人民政府责令改正。

第二十八条　召开村民小组会议，应当有本村民小组十八周岁以上的村民三分之二以上，或者本村民小组三分之二以上的户的代表参加，所作决定应当经到会人员的过半数同意。

村民小组组长由村民小组会议推选。村民小组组长任期与村民委员会的任期相同，可以连选连任。

属于村民小组的集体所有的土地、企业和其他财产的经营管理以及公益事项的办理，由村民小组会议依照有关法律的规定讨论决定，所作决定及实施情况应当及时向本村民小组的村民公布。

第五章　民主管理和民主监督

第二十九条　村民委员会应当实行少数服从多数的民主决策机制和公开透明的工作原则，建立健全各种工作制度。

第三十条　村民委员会实行村务公开制度。

村民委员会应当及时公布下列事项，接受村民的监督：

（一）本法第二十三条、第二十四条规定的由村民会议、村民代表会议讨论决定的事项及其实施

情况;

（二）国家计划生育政策的落实方案;

（三）政府拨付和接受社会捐赠的救灾救助、补贴补助等资金、物资的管理使用情况;

（四）村民委员会协助人民政府开展工作的情况;

（五）涉及本村村民利益，村民普遍关心的其他事项。

前款规定事项中，一般事项至少每季度公布一次；集体财务往来较多的，财务收支情况应当每月公布一次；涉及村民利益的重大事项应当随时公布。

村民委员会应当保证所公布事项的真实性，并接受村民的查询。

第三十一条　村民委员会不及时公布应当公布的事项或者公布的事项不真实的，村民有权向乡、民族乡、镇的人民政府或者县级人民政府及其有关主管部门反映，有关人民政府或者主管部门应当负责调查核实，责令依法公布；经查证确有违法行为的，有关人员应当依法承担责任。

第三十二条　村应当建立村务监督委员会或者其他形式的村务监督机构，负责村民民主理财，监督村务公开等制度的落实，其成员由村民会议或者村民代表会议在村民中推选产生，其中应有具备财会、管理知识的人员。村民委员会成员及其近亲属不得担任村务监督机构成员。村务监督机构成员向村民会议和村民代表会议负责，可以列席村民委员会会议。

第三十三条　村民委员会成员以及由村民或者村集体承担误工补贴的聘用人员，应当接受村民会议或者村民代表会议对其履行职责情况的民主评议。民主评议每年至少进行一次，由村务监督机构主持。

村民委员会成员连续两次被评议不称职的，其职务终止。

第三十四条　村民委员会和村务监督机构应当建立村务档案。村务档案包括：选举文件和选票，会议记录，土地发包方案和承包合同，经济合同，集体财务账目，集体资产登记文件，公益设施基本资料，基本建设资料，宅基地使用方案，征地补偿费使用及分配方案等。村务档案应当真实、准确、完整、规范。

第三十五条　村民委员会成员实行任期和离任经济责任审计，审计包括下列事项：

（一）本村财务收支情况；

（二）本村债权债务情况；

（三）政府拨付和接受社会捐赠的资金、物资管理使用情况；

（四）本村生产经营和建设项目的发包管理以及公益事业建设项目招标投标情况；

（五）本村资金管理使用以及本村集体资产、资源的承包、租赁、担保、出让情况，征地补偿费的使用、分配情况；

（六）本村五分之一以上的村民要求审计的其他事项。

村民委员会成员的任期和离任经济责任审计，由县级人民政府农业部门、财政部门或者乡、民族乡、镇的人民政府负责组织，审计结果应当公布，其中离任经济责任审计结果应当在下一届村民委员会选举之前公布。

第三十六条　村民委员会或者村民委员会成员作出的决定侵害村民合法权益的，受侵害的村民可以申请人民法院予以撤销，责任人依法承担法律责任。

村民委员会不依照法律、法规的规定履行法定义务的，由乡、民族乡、镇的人民政府责令改正。

乡、民族乡、镇的人民政府干预依法属于村民自治范围事项的，由上一级人民政府责令改正。

第六章　附　则

第三十七条　人民政府对村民委员会协助政府开展工作应当提供必要的条件；人民政府有关部门

委托村民委员会开展工作需要经费的,由委托部门承担。

村民委员会办理本村公益事业所需的经费,由村民会议通过筹资筹劳解决;经费确有困难的,由地方人民政府给予适当支持。

第三十八条　驻在农村的机关、团体、部队、国有及国有控股企业、事业单位及其人员不参加村民委员会组织,但应当通过多种形式参与农村社区建设,并遵守有关村规民约。

村民委员会、村民会议或者村民代表会议讨论决定与前款规定的单位有关的事项,应当与其协商。

第三十九条　地方各级人民代表大会和县级以上地方各级人民代表大会常务委员会在本行政区域内保证本法的实施,保障村民依法行使自治权利。

第四十条　省、自治区、直辖市的人民代表大会常务委员会根据本法,结合本行政区域的实际情况,制定实施办法。

第四十一条　本法自公布之日起施行。

参考文献

[1] 周建华，陈亚平. 农业政策与法规［M］. 广州：华南理工大学出版社，2004.
[2] 应瑞瑶，张秋林. 农业政策与法规［M］. 北京：北京理工大学出版社，2000.
[3] 李昌麒，吴越. 农业法教程［M］. 北京：法律出版社，2007.
[4] 韩荣和. 农村社会保障法律政策解答［M］. 北京：法律出版社，2010.
[5] 吴革. 农村社会保障热点法律问题有问有答［M］. 北京：法律出版社，2010.
[6] 赵曼. 新型农村合作医疗政策问答［M］. 北京：中国人事出版社，2010.
[7] 李立清. 新型农村合作医疗制度［M］. 北京：人民出版社，2009.
[8] 潘嘉玮，周贤日. 村民自治与行政权的冲突［M］. 北京：中国人民大学出版社，2004.
[9] 黄文煌. 农村选举与村委会法律政策解答［M］. 北京：法律出版社，2010.
[10] 符启林. 城市化与农民土地问题［M］. 北京：法律出版社，2008.
[11] 陈锡文，赵阳. 中国农村制度变迁60年［M］. 北京：人民出版社，2009.
[12] 秦智杰，邓良德. 土地与市场知识问答［M］. 南宁：广西科学技术出版社，1994.
[13] 许月明. 农村土地管理政策与实务［M］. 北京：金盾出版社，2009.
[14] 徐汉明. 中国农民土地持有产权制度新论［M］. 北京：社会科学文献出版社，2009.
[15] 郭建平. 新型农村经营管理［M］. 北京：中国社会出版社，2008.
[16] 董藩，徐青，刘德英. 土地经济学［M］. 北京：北京师范大学出版社，2010.
[17] 赵慧峰，王春平. 农村政策与法规［M］. 北京：金盾出版社，2008.
[18] 郭明瑞. 物权法［M］. 北京：中国法制出版社，2009.
[19] 丁关良. 土地承包经营权基本问题研究［M］. 杭州：浙江大学出版社，2007.
[20] 法律出版社法规中心. 最新农村土地承包法律实用问答［M］. 北京：法律出版社，2009.
[21] 王有年，王孝东. 大学生村官培训教程［M］. 北京：化学工业出版社，2009.
[22] 李刚，范小强. 农业政策与法规［M］. 北京：气象出版社，2009.
[23] 中央农业广播电视学校组编. 农业政策与农村法规［M］. 北京：中国农业出版社，2005.
[24] 黄河. 土地法教程［M］. 北京：中国政法大学出版社，2005.
[25] 史卫民. 农村土地纠纷的主要类型与发展趋势［J］. 现代经济探讨，2010（1）.
[26] 毕美家. 农民专业合作社培训教材［M］. 北京：中国农业出版社，2008.
[27] 廖富洲，王珏. 农业产业化与农村经济合作组织［M］. 北京：中国言实出版社，2009.
[28] 安菁蔚，李晓聪. 农民专业合作社法律知识［M］. 北京：中国农业出版社，2010.
[29] 陈昆明. 农民专业合作社财务管理任务、目标、特点、问题及对策建议［J］. 安徽农学通报，2010，16（12）.
[30] 黄祖辉，赵光泉，赵铁桥. 中国农民合作经济组织发展：理论、实践与政策［M］. 杭州：浙江大学出版社，2009.
[31] 农业部农民科技教育培训中心，中央农业广播电视学校组编. 农民专业合作社建设与管理［M］. 北京：中国农业出版社，2008.
[32] 阿蒂亚. 合同法概论［M］. 程正康，等译. 北京：法律出版社，1982.

［33］岳彩申. 合同法比较研究［M］. 成都：西南财经大学出版社，1995.
［34］郑玉波. 民法债编总论［M］. 台北：中国台湾地区三民书局，1996.
［35］崔建远. 合同法［M］. 修订本. 北京：法律出版社，2000.
［36］王泽鉴. 债法原理：第一册［M］. 北京：中国政法大学出版社，2001.
［37］郭明瑞、王轶. 合同法新论·分则［M］. 北京：中国政法大学出版社，1997.